Windows XP
Professional Edition

**Unser Online-Tipp
für noch mehr Wissen ...**

... aktuelles Fachwissen rund
um die Uhr – zum Probelesen,
Downloaden oder auch auf Papier.

www.InformIT.de

Günter Born

M+T easy

Windows XP
Professional Edition

✓ *leicht*
✓ *klar*
✓ *sofort*

Markt+Technik Verlag

Die Deutsche Bibliothek – CIP-Einheitsaufnahme

Ein Titeldatensatz für diese Publikation ist bei
Der Deutschen Bibliothek erhältlich.

Die Informationen in diesem Produkt werden ohne Rücksicht auf einen
eventuellen Patentschutz veröffentlicht.
Warennamen werden ohne Gewährleistung der freien Verwendbarkeit benutzt.
Bei der Zusammenstellung von Texten und Abbildungen wurde mit größter
Sorgfalt vorgegangen.
Trotzdem können Fehler nicht vollständig ausgeschlossen werden.
Verlag, Herausgeber und Autoren können für fehlerhafte Angaben
und deren Folgen weder eine juristische Verantwortung noch
irgendeine Haftung übernehmen.
Für Verbesserungsvorschläge und Hinweise auf Fehler sind Verlag und
Herausgeber dankbar.

Alle Rechte vorbehalten, auch die der fotomechanischen Wiedergabe und der
Speicherung in elektronischen Medien.
Die gewerbliche Nutzung der in diesem Produkt gezeigten Modelle und Arbeiten
ist nicht zulässig.

Fast alle Hardware- und Softwarebezeichnungen, die in diesem Buch erwähnt werden,
sind gleichzeitig auch eingetragene Warenzeichen oder sollten als solche betrachtet werden.

Umwelthinweis:
Dieses Buch wurde auf chlorfrei gebleichtem Papier gedruckt.
Die Einschrumpffolie – zum Schutz vor Verschmutzung – ist aus umweltverträglichem
und recyclingfähigem PE-Material.

10 9 8 7 6 5 4 3 2

06 05 04 03 02

ISBN 3-8272-6222-4

© 2002 by Markt+Technik Verlag,
ein Imprint der Pearson Education Deutschland GmbH,
Martin-Kollar-Straße 10–12, D-81829 München/Germany
Alle Rechte vorbehalten
Umschlaggrafik: circa drei GmbH, München
Lektorat: Veronika Gerstacker, vgerstacker@pearson.de
Herstellung: Ulrike Hempel, uhempel@pearson.de
Satz: Borstelmann, Dortmund
Druck und Verarbeitung: Kösel, Kempten (www.KoeselBuch.de)
Printed in Germany

Inhaltsverzeichnis

Liebe Leserin, lieber Leser 9

Die Tastatur 10

Schreibmaschinen-Tastenblock 11
Sondertasten, Funktionstasten,
Kontrollleuchten, Zahlenblock 12
Navigationstasten 13

Die Maus 14

»Klicken Sie ...« 14
»Doppelklicken Sie ...« 15
»Ziehen Sie ...« 15

1 Windows, das erste Mal 16

Es geht los 18
Arbeiten mit Fenstern 27
Programme im Griff 36
Arbeiten mit mehreren Programmen 42
Hilfe und Support gefällig? 47
Abmelden und beenden 56
Lernkontrolle 59

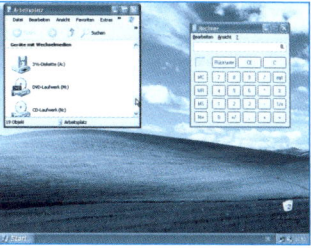

2 Laufwerke, Ordner und Dateien 60

Laufwerke unter Windows 62
Was sind Ordner und Dateien? 65
Arbeiten im Ordnerfenster 67
Ordner und Dateien handhaben 82
Lernkontrolle 104

3 Arbeiten im Netzwerk 106

Netzwerke, eine Einführung 108
Arbeiten im Netzwerk 113
Netzwerkressourcen verwalten 117
Netzlaufwerke verwalten 121
Ressourcen freigeben 123
Lernkontrolle 127

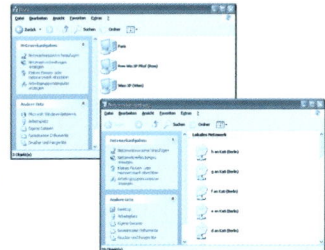

4 Spezialfunktionen 128

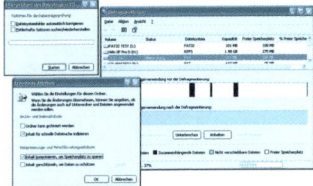

Laufwerke auf Fehler prüfen 130
Laufwerke defragmentieren 132
Attribute anpassen 134
Laufwerke aufräumen 141

5 Sicherheit 144

Benutzerkonten pflegen 146
Berechtigungen verwalten 152

Inhaltsverzeichnis

6 Schreiben unter Windows — 158

Schriftstücke mit WordPad erstellen 160
Texte bearbeiten 165
WordPad-Dokumente speichern,
laden und drucken 173
Ein Textdokument formatieren 180
Lernkontrolle 191

7 Arbeiten mit Bildern — 192

Bilder scannen und drucken 194
Arbeiten mit Paint 201
Bildteile ausschneiden, kopieren
und einfügen 208
Speichern, laden und drucken in Paint 211
Lernkontrolle 215

8 Surfen im Web — 216

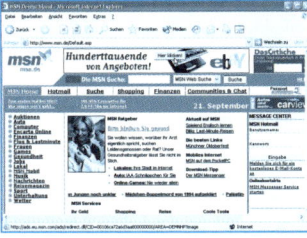

Einführung ins Internet 218
Surfen im Internet 227
Webseiten merken 234
Webseiten speichern und drucken 237
Startseite und andere Optionen einstellen ... 240
Suchen im World Wide Web 242
Download von Dateien 244
Lernkontrolle 247

9 E-Mail mit Outlook Express — 248

Einführung in Outlook Express 250
Nachrichten bearbeiten 257
Adressen verwalten 273
Lernkontrolle 277

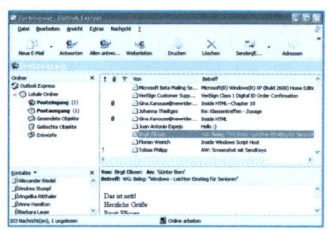

10 Drucken unter Windows — 278

Drucker neu einrichten 280
Druckaufträge verwalten 287
Druckeinstellungen ändern 290

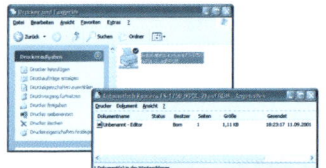

11 Windows anpassen — 294

Die Systemsteuerung nutzen 296
Softwarepflege 301
Das Startmenü ändern 305
Verknüpfungen einrichten 306

Kleine Hilfe bei Problemen — 308

Probleme beim Rechnerstart 308
Probleme mit Tastatur und Maus 309
Probleme mit dem Windows-Desktop 312
Fenster, Ordner und Dateien 314
Probleme beim Drucken 316

Lexikon — 318

Stichwortverzeichnis — 324

Liebe Leserin, lieber Leser

Dieses Buch hilft Ihnen beim Einstieg in Windows XP Professional. Sie lernen schrittweise und auf leichte und lockere Art, was Windows aus Sicht des Anwenders alles zu bieten hat. Mit etwas Zeit und Motivation sind der Umgang mit Tastatur oder Maus kein Problem mehr. Lernen Sie außerdem mit Laufwerken, Disketten, Dateien und Dokumenten umzugehen. Dann ist es nur noch ein kleiner Schritt, um selbst Briefe zu schreiben, Grafiken oder Bilder zu bearbeiten, im Internet zu surfen oder elektronische Post (E-Mail) auszutauschen.

Dieses Buch zeigt Ihnen, welche Programme Windows für diese Zwecke bietet und wie diese aufgerufen bzw. genutzt werden. Nehmen Sie sich etwas Zeit und gehen Sie die Sache locker an. Dann klappt der Einstieg bestimmt – vieles lernt sich durch Wiederholen quasi nebenbei. In dieser Hinsicht wünsche ich Ihnen viel Erfolg mit Windows XP und diesem Buch.

Die Tastatur

Auf den folgenden drei Seiten sehen Sie, wie Ihre Computertastatur aufgebaut ist. Damit es für Sie übersichtlich ist, werden Ihnen immer nur bestimmte Tastenblöcke auf einmal vorgestellt. Ein großer Teil der Computertasten funktioniert wie bei der Schreibmaschine. Es gibt aber noch einige zusätzliche Tasten, die auf Besonderheiten der Computerarbeit zugeschnitten sind. Sehen Sie selbst ...

Schreibmaschinen-Tastenblock

Diese Tasten bedienen Sie genauso wie bei der Schreibmaschine. Mit der Eingabetaste schicken Sie außerdem Befehle an den Computer ab.

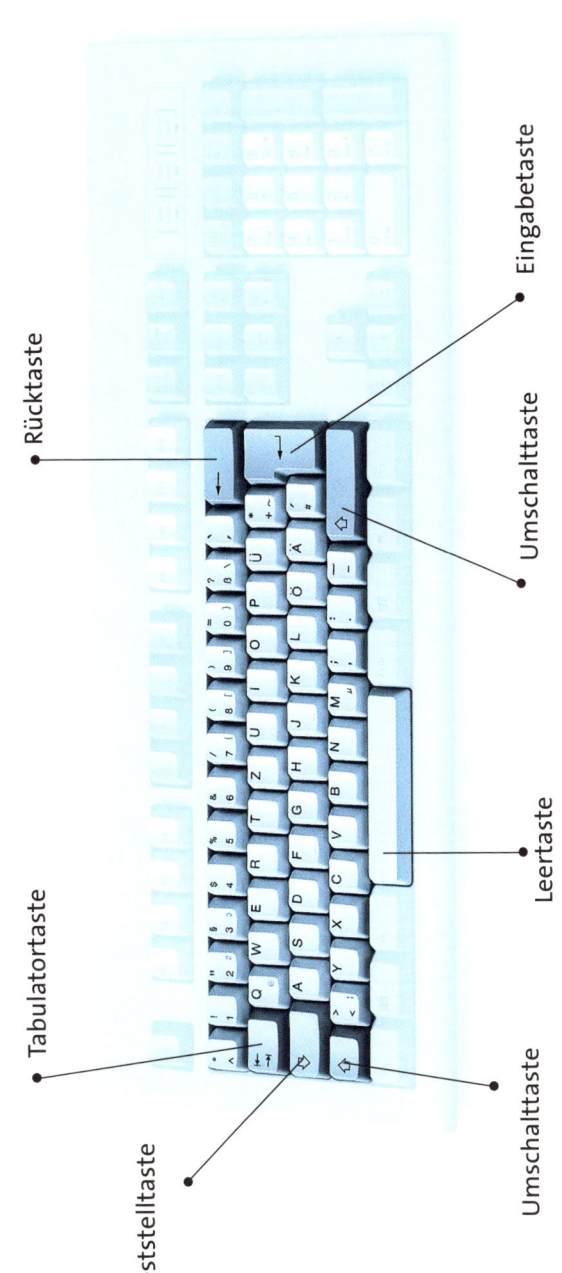

Sondertasten, Funktionstasten, Kontrollleuchten, Zahlenblock

Sondertasten und Funktionstasten werden für besondere Aufgaben bei der Computerbedienung eingesetzt. [Strg]-, [Alt]- und [AltGr]-Taste meist in Kombination mit anderen Tasten. Mit der [Esc]-Taste können Sie Befehle abbrechen, mit Einfügen und Entfernen u.a. Text einfügen oder löschen.

- Escape-Taste
- Funktionstasten
- Drucktaste
- Einfügetaste
- Unterbrechentaste
- Kontrollleuchten
- Zahlenblock
- Entfernentaste
- Strg-Taste
- Kontextmenü
- AltGr-Taste
- Windows-Startmenü
- Alt-Taste
- Strg-Taste

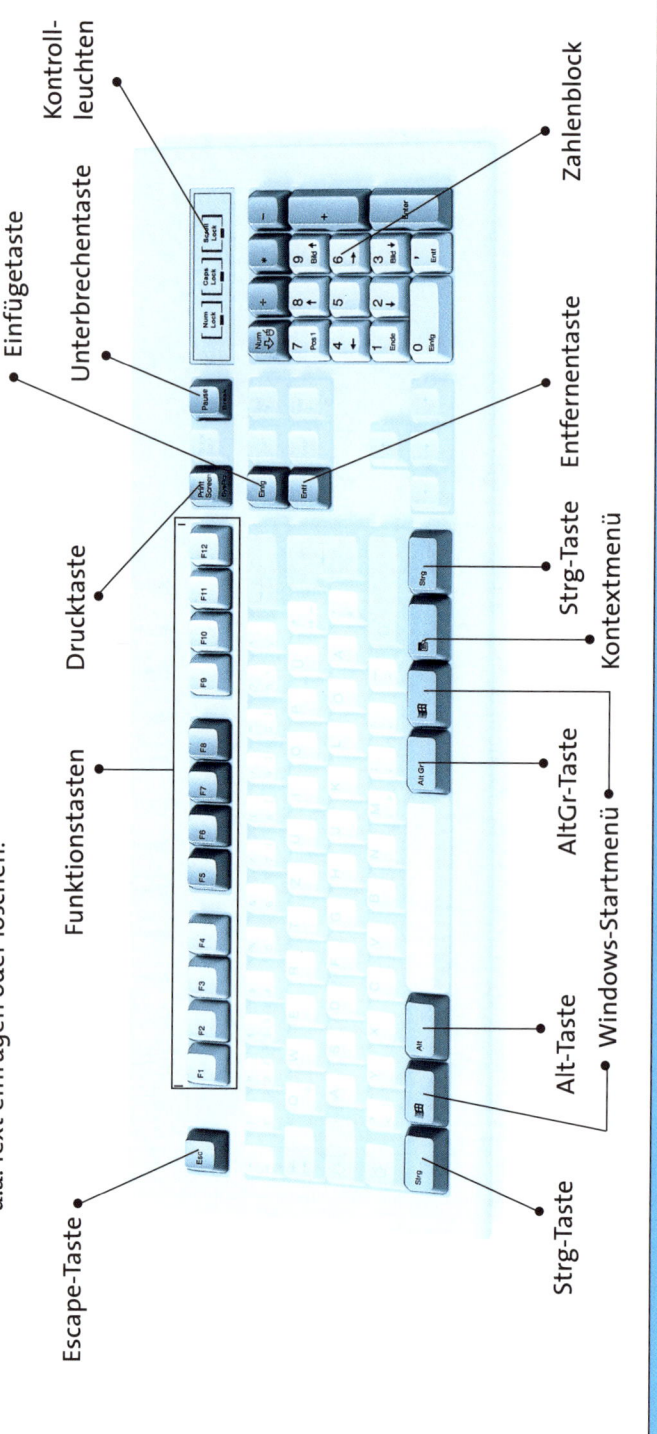

Die Tastatur

Navigationstasten

Mit diesen Tasten bewegen Sie sich auf dem Bildschirm.

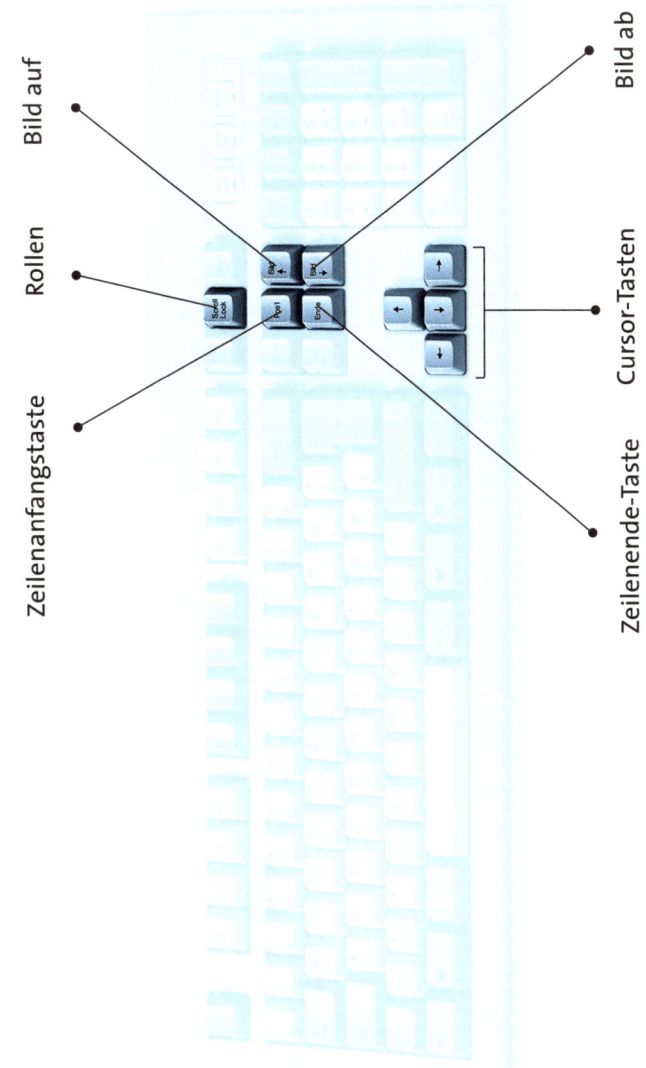

- Bild auf
- Bild ab
- Rollen
- Cursor-Tasten
- Zeilenanfangstaste
- Zeilenende-Taste

13

Die Maus

»Klicken Sie ...«
heißt: einmal kurz
auf eine Taste drücken.

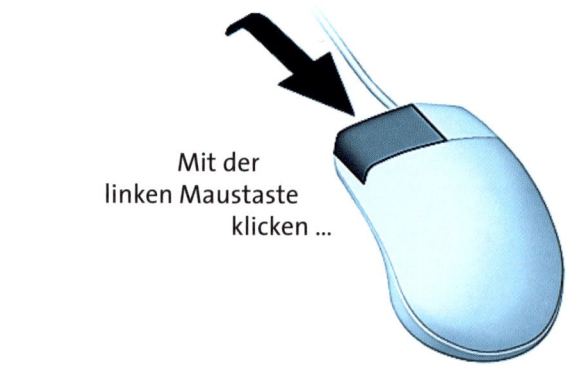

Mit der
linken Maustaste
klicken ...

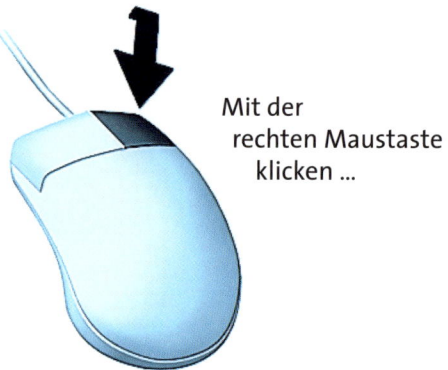

Mit der
rechten Maustaste
klicken ...

»Doppelklicken Sie ...«

heißt: die linke Taste zweimal schnell hintereinander ganz kurz drücken.

Doppelklicken

»Ziehen Sie ...«

heißt: auf bestimmte Bildschirmelemente mit der linken Maustaste klicken, die Taste gedrückt halten, die Maus bewegen und dabei das Element auf eine andere Position ziehen.

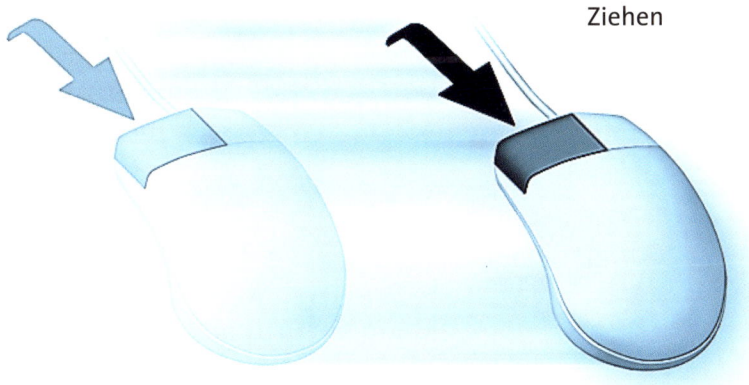

Ziehen

1

Windows, das erste Mal

Was bringt Ihnen dieses Kapitel?

Dieses Kapitel zeigt Ihnen, wie Sie sich unter Windows anmelden und wie Windows herunter gefahren wird. Weiterhin lernen Sie mit der Maus umzugehen und werden in die Grundlagen für den Umgang mit Windows XP Professional eingeführt. Sie können anschließend Programme starten und mit Fenstern arbeiten. Zusätzlich beherrschen Sie die Techniken, um über das »Hilfe- und Supportcenter« weitere Informationen abzurufen.

Ihr Erfolgsbarometer

Das lernen Sie neu:

Es geht los	18
Arbeiten mit Fenstern	27
Programme im Griff	36
Arbeiten mit mehreren Programmen	42
Hilfe und Support gefällig?	47
Abmelden und beenden	56

Es geht los

Um mit Windows zu arbeiten, müssen Sie den Rechner einschalten. Dann wird das Betriebssystem (also Windows) gestartet.

1 Schalten Sie den Rechner und den Monitor ein.

Nach einigen Sekunden wird Windows geladen. Sie sehen dies an einigen Meldungen auf dem Bildschirm. Wenn alles klappt, erscheint irgendwann diese (oder eine ähnliche) Darstellung auf dem Bildschirm.

Für jeden unter Windows eingerichteten Benutzer erscheint ein kleines Symbol und der Benutzername (hier zum Beispiel Benni, Born, Kati). Windows erwartet nun Ihre Anmeldung, d.h., Sie teilen Windows Ihren Benutzernamen mit. Diese Information erlaubt Windows, Ihnen unter einem so genannten Benutzerkonto eine persönliche Arbeitsumgebung bereitzustellen.

Jetzt kommt die Maus

Für die weiteren Schritte brauchen Sie die Maus. Dies trifft sich gut, denn bei dieser Gelegenheit lernen Sie bereits den Umgang mit diesem Gerät.

ES GEHT LOS

> **HINWEIS**
> Eine **Maus** besitzt meist zwei **Tasten** (manchmal auch drei). Die Maus können Sie auf einer Unterlage verschieben, und die Tasten lassen sich drücken. Für Windows benötigen Sie nur die beiden äußeren Tasten. Häufig wird die Maus auf einer Gummiunterlage, auch **Mauspad** – sprich »Mauspäd« – genannt, bewegt.

1 Nehmen Sie jetzt die Maus in die Hand. - - - - - - - ▶ **2** Bewegen Sie die Maus auf der Unterlage.

Auf dem Bildschirm ist ein kleiner Pfeil, auch als **Mauszeiger** bezeichnet, zu sehen.

Sobald Sie die Maus auf der Unterlage verschieben, bewegt sich der Mauszeiger auf dem Bildschirm mit.

3 Verschieben Sie die Maus so lange, bis der Mauszeiger auf ein Symbol zeigt.

Dieses **Verschieben** des Mauszeigers wird als **Zeigen** mit der Maus bezeichnet. Dies ist sprachlich zwar etwas ungenau, Sie zeigen ja mit dem Mauszeiger, wird aber allgemein benutzt. Sie können mit der Maus in Windows auf verschiedene Elemente zeigen.

Vielleicht ist Ihnen beim Zeigen auf das Bild noch etwas aufgefallen? Der **Mauszeiger ändert** seine **Form** und wird zu einer stilisierten Hand. Windows ändert gelegentlich beim Zeigen auf ein Element automatisch die Form des Mauszeigers. Außerdem hebt Windows das Symbol, auf das Sie gerade zeigen, optisch etwas hervor. Sie erkennen also besser, welches Element sich unter dem Mauszeiger befindet.

4 Drücken Sie jetzt kurzzeitig die linke Maustaste und lassen diese los.

19

Dies wird als **Klicken mit der Maus** bezeichnet und wird Ihnen noch häufig unter Windows begegnen.

Was jetzt passiert, hängt etwas von den Windows-Einstellungen ab. In vielen Fällen meldet Windows, dass die Benutzereinstellungen geladen werden. Nach kurzer Zeit gelangen Sie dann zum Windows-Desktop (siehe unten). Windows lässt sich aber auch so einrichten, dass zum Arbeiten ein Kennwort eingegeben werden muss.

Dann erscheint ein Textfeld zur Kennwortabfrage.

In dem weißen Feld bleibt jetzt ein blinkender senkrechter Strich stehen, egal ob Sie die Maus bewegen oder nicht.

5 Tippen Sie per Tastatur das zu Ihrem Namen gehörende Kennwort ein.

Für jedes eingetippte Zeichen erscheint im Kennwortfeld ein Punkt. Dies verhindert, dass Dritte das Kennwort mitlesen.

HINWEIS Das Kennwort sollte Ihnen vom Betreuer, auch als Administrator bezeichnet, des Systems mitgeteilt worden sein oder Sie haben es selbst festgelegt. Haben Sie das Kennwort vergessen, zeigen Sie per Maus auf die Schaltfläche mit dem Fragezeichen. Windows blendet dann eine so genannte QuickInfo mit einem Kennworthinweis ein.

6 Klicken Sie jetzt auf diese Schaltfläche oder drücken Sie die ⏎-Taste.

Windows übernimmt Ihre Eingaben und gibt bei korrektem Kennwort das System zum Arbeiten frei.

WAS IST DAS

Die kleinen Vierecke (z.B. mit dem Fragezeichen oder dem Pfeil) nennt man **Schaltflächen**. Durch Klicken mit der Maus lässt sich eine Funktion einschalten. Schaltflächen begegnen Ihnen unter Windows an vielen Stellen. Die weißen Rechtecke (z.B. zur Kennworteingabe) werden als **Eingabefelder** oder **Textfelder** bezeichnet. Eine **QuickInfo** ist ein Fenster mit Hinweisen. Solche QuickInfos lassen sich häufig beim Zeigen auf ein Element einblenden und geben Ihnen Zusatzinformationen zu einer Funktion.

Hat bei der Anmeldung alles geklappt, gelangen Sie zum **Desktop** (siehe folgender Abschnitt). So ganz nebenbei haben Sie bereits den Umgang mit der Maus kennen gelernt, denn Sie können bereits **Zeigen** und **Klicken**. Welche weiteren Maustechniken es gibt, erfahren Sie auf den folgenden Seiten.

HINWEIS

Bleibt bei Ihnen der Bildschirm dunkel? Vielleicht haben Sie vergessen, den Bildschirm einzuschalten. Prüfen Sie bitte auch, ob alle Kabel angeschlossen und die Stecker in der Steckdose eingesteckt sind. Dies gilt auch, wenn der Computer nach dem Einschalten absolut gar nichts tut.

Was ist ein Desktop?

Nach einer erfolgreichen Anmeldung präsentiert Windows Ihnen den Arbeitsbereich, auch als **Benutzeroberfläche** oder als **Desktop** bezeichnet (Desktop ist der englische Name für Schreibtisch).

Sie sehen vermutlich ein Motiv (hier eine Hügellandschaft), das Symbol des Papierkorbs und eine Art »Balken« am unteren Bildrand. Dies ist die Umgebung, unter der Sie zukünftig arbeiten. In den verschiedenen Kapiteln dieses Buches lernen Sie die Elemente dieser Umgebung und ihre Funktionen kennen.

> **HINWEIS**
> Enthält der Desktop bei Ihnen mehr Symbole, Fenster oder einen anderen Hintergrund? Dies ist nicht weiter tragisch. Jeder Benutzer kann Windows bzw. den Desktop entsprechend seinen Bedürfnissen anpassen, und bei der Installation von Programmen wird der Desktop ebenfalls häufig verändert. Das obige Bild zeigt die Ausgangskonfiguration von Windows. Auf den folgenden Seiten benutze ich bereits eine angepasste Konfiguration mit weißem Hintergrund, damit die Bildausschnitte besser erkennbar sind.

Der »Balken« am unteren Rand des Bildschirms wird als **Taskleiste** bezeichnet.

In dieser Leiste zeigt Ihnen Windows verschiedene Informationen an.

Rechts in der Taskleiste befindet sich der **Infobereich**. Dort wird die **Uhrzeit** und der Zustand verschiedener Geräte über Symbole angezeigt.

 Die **Schaltfläche** START in der linken Ecke der Taskleiste wird zum Beispiel benutzt, um Programme aufzurufen.

Die Funktionen der Taskleiste lernen Sie auf den folgenden Seiten kennen.

Dies ist das Symbol des Papierkorbs. Brauchen Sie ein Dokument (zum Beispiel einen Brief) nicht mehr, »verschieben« Sie dieses einfach in den Papierkorb.

Windows zeigt Ihnen übrigens am Symbol, ob der Papierkorb leer ist oder ob Sie bereits etwas »gelöscht« haben. Wie Sie mit dem Papierkorb arbeiten, erfahren Sie in Kapitel 2.

Ein paar Lockerungsübungen gefällig?

Auf den vorhergehenden Seiten habe ich Ihnen einige Elemente des Desktops vorgestellt und Ihnen auch gezeigt, wie Sie sich unter Windows anmelden. Falls Sie ganz neu eingestiegen sind, haben Sie so ganz nebenbei den Umgang mit der Maus geübt. Sie können bereits **Zeigen** und auch **Klicken** (d.h. kurz die linke Maustaste drücken und wieder loslassen).

HINWEIS
Falls es noch etwas Schwierigkeiten mit der Maus gibt, hier noch zwei Tipps: Nehmen Sie die Maus so in die Hand, dass der Zeigefinger auf der linken Taste und der Mittelfinger (oder der Ringfinger) auf der rechten Taste liegt. Achten Sie darauf, die Maus möglichst auf einer Unterlage aus Gummi oder Schaumstoff (**Mauspad**) zu bewegen, da sich diese Unterlage besser als eine glatte Tischplatte zum Arbeiten mit der Maus eignet.

Jetzt wissen Sie jetzt schon eine ganze Menge und es kann weiter gehen. Aber vielleicht haben Sie zu Beginn noch etwas Schwierigkeiten, sich zu merken, wofür ein bestimmtes Symbol steht? Dies ist nicht weiter schlimm; Windows greift Ihnen unter die Arme, wenn Sie einmal nicht weiter wissen. Lassen Sie uns einmal einige Versuche machen.

1 Zeigen Sie jetzt mit der Maus in der Taskleiste auf die Schaltfläche START.

Auch hier blendet Windows beim Zeigen auf das Element eine **QuickInfo** mit Hinweisen zur Funktion dieser Schaltfläche ein.

2 Zeigen Sie jetzt mit der Maus im Infobereich der Taskleiste auf die Uhrzeit.

Windows blendet den **Wochentag** und das **Datum** als QuickInfo ein. Sobald die Maus nicht mehr auf das Element zeigt, schließt Windows automatisch das QuickInfo-Fenster.

HINWEIS Dies sollten Sie sich merken: Windows und viele Programme leisten auf diese Weise Hilfestellung und geben Ihnen über QuickInfos zusätzliche Informationen. Sie brauchen nur auf das betreffende Element wie zum Beispiel eine Schaltfläche zu zeigen. Zum Schließen müssen Sie nur auf einen Bereich neben der »Sprechblase« zeigen.

Beim Anmelden unter Windows haben Sie bereits das **Klicken** mit der Maus kennen gelernt. Schauen wir uns jetzt an, was sich mit der Mausfunktion **Klicken** noch machen lässt.

1 Klicken Sie mit der Maus auf das Symbol *Papierkorb*.

Das Symbol, welches Sie gerade angeklickt haben, wird farblich hervorgehoben. Wenn Sie ein Element farblich hervorheben, nennt man dies auch **Markieren**.

2 Klicken Sie mit der Maus auf eine freie Stelle des Desktops.

Windows hebt jetzt die farbige Markierung des Symbols auf, das Symbol sieht dann wie vorher aus.

Es geht los

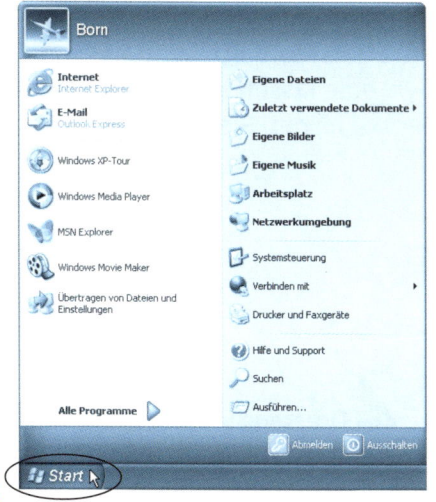

3 Klicken Sie jetzt versuchsweise mit der linken Maustaste auf die Schaltfläche START.

Es öffnet sich ein kleines Fenster. Dieses Fenster wird als **Startmenü** bezeichnet.

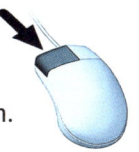

4 Klicken Sie auf eine freie Stelle des Desktops, um das Startmenü wieder zu schließen.

WAS IST DAS

Der Begriff **Menü** wird Ihnen in Windows häufiger begegnen. Es handelt sich dabei um ein kleines Fenster, welches verschiedene Namen enthält. Ähnlich wie bei einer Speisenkarte können Sie auch unter Windows etwas per Mausklick aus einem Menü wählen.

Über das **Startmenü** können Sie Programme oder andere Windows-Funktionen aufrufen. Wie das genau funktioniert, erfahren Sie auf den folgenden Seiten.

Anhand dieser Beispiele haben Sie gesehen, dass das Klicken mit der Maus durchaus unterschiedliche Reaktionen auslösen kann. Beim Klicken auf eine Schaltfläche (oder einen Menübefehl, wie Sie weiter unten lernen) wird eine Funktion ausgeführt. Klicken Sie dagegen auf ein (Desktop-)Symbol, markiert Windows dieses. Aber mit der Maus lässt sich noch mehr tun. Standardmäßig besitzt

Windows XP nur noch das Symbol des Papierkorbs in der Ecke rechts unten – je nach Konfiguration kann Ihr Windows aber weitere Symbole enthalten. Diese Symbole lassen sich per Maus auf dem Desktop verschieben. Ganz nebenbei lernen Sie eine weitere Mausfunktion, das **Ziehen**, kennen:

1 Zeigen Sie mit dem Mauszeiger auf das Symbol des Papierkorbs.

2 Drücken Sie die linke Maustaste, halten diese aber weiterhin gedrückt, und ziehen Sie jetzt das Symbol des Papierkorbs über den Bildschirm.

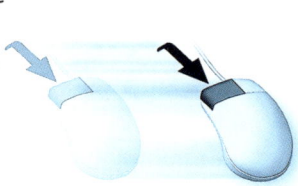

  Unter dem Mauszeiger wird ein zweites Symbol des Papierkorbs angezeigt, welches mit dem Mauszeiger mitwandert.

3 Sobald Sie das Symbol des Papierkorbs etwas auf dem Desktop verschoben haben, lassen Sie die linke Maustaste wieder los.

Windows setzt jetzt das Symbol des Papierkorbs an jene Stelle, an der Sie die linke Maustaste losgelassen haben.

> **HINWEIS**
> Das **Verschieben** der Maus **bei gedrückter linker** (oder manchmal auch rechter) **Maustaste** nennt man **Ziehen**. Nach dem Ziehen eines Symbols oder Fensters ist dieses noch markiert. Um die Markierung des Symbols nach dem Ziehen aufzuheben, klicken Sie mit der Maus auf eine freie Stelle des Desktops.

Arbeiten mit Fenstern

In Windows benutzen Programme und Funktionen Fenster (engl. »windows«), um darin Informationen anzuzeigen. Um sich schnell zurechtzufinden, sollten Sie die wichtigsten Elemente eines Windows-Fensters kennen. Weiterhin müssen Sie wissen, wie sich solche Fenster öffnen, in der Größe verändern und auch wieder schließen lassen.

Es gibt viele Möglichkeiten, um unter Windows Fenster zu öffnen. Da der Umgang mit Fenstern aber immer gleich ist, möchte ich für die folgenden Übungen einfach den Papierkorb benutzen. So ganz nebenbei lernen Sie noch eine weitere Maustechnik, das **Doppelklicken**, kennen. Diese Technik brauchen Sie später, um mit Dokumenten und Ordnerfenstern etc. zu arbeiten.

1 Zeigen Sie auf das Symbol *Papierkorb*.

2 Drücken Sie kurz hintereinander zweimal die linke Maustaste.

Dieses zweimalige Drücken der linken Maustaste wird als Doppelklicken bezeichnet. Wichtig ist, dass beim **Doppelklicken** diese beiden Tastendrücke ganz schnell aufeinander folgen.

> **HINWEIS**
> Gerade für Anfänger ist das Doppelklicken etwas schwierig. Häufig dauert es zwischen dem ersten und dem zweiten Tastendruck zu lange. Wenn es überhaupt nicht klappen will, versuchen Sie folgenden Trick: Markieren Sie das Symbol mit einem Mausklick und drücken Sie dann die ⏎-Taste. Dies wirkt wie ein Doppelklick.

Wenn alles geklappt hat, öffnet Windows jetzt ein Fenster mit dem Namen *Papierkorb*. Der Inhalt des jeweiligen Fensters hängt dabei vom zugehörigen Programm ab (oder hier, was der Papierkorb gerade enthält).

Um mit Windows zu arbeiten, sollten Sie die wichtigsten Elemente eines Fensters kennen. Das Schöne an Windows ist aber, dass der grundlegende Aufbau der Fenster bei allen Windows-Programmen und -Funktionen gleich ist. Das Fenster *Papierkorb* ist deshalb typisch für viele Windows-Fenster, d.h. wir können es quasi als Stellvertreter für (fast) alle Windows-Fenster nutzen, um die Grundlagen kennen zu lernen.

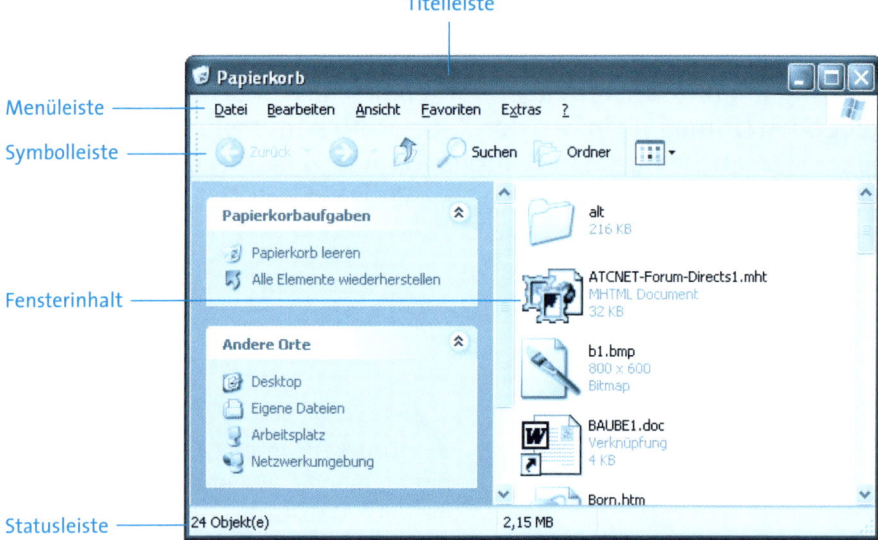

- Am oberen Fensterrand finden Sie die so genannte **Titelleiste**, in der Windows Ihnen den Namen des Fensters anzeigt. Das in der linken oberen Ecke des Fensters befindliche Symbol des so genannten Systemmenüs sowie die Schaltflächen in der rechten oberen Fensterecke dienen zum Abrufen bestimmter Fensterfunktionen (z.B. Schließen).

- Unterhalb der Titelleiste ist bei vielen Fenstern eine **Menüleiste** mit Namen wie DATEI, BEARBEITEN, ANSICHT etc. zu sehen. Über die Menüs lassen sich Funktionen aufrufen.

- Manche Fenster besitzen zusätzlich eine (oder mehrere) **Symbolleiste(n)**, über deren Symbole Sie häufig benutzte Funktionen direkt aufrufen können, ohne zunächst mühsam den Weg über die Menüs gehen zu müssen.

➡ Am unteren Rand besitzen viele Fenster noch eine (optionale) **Statusleiste**, in der zusätzliche Informationen angezeigt werden. Im hier gezeigten Beispiel meldet Windows, dass das Fenster 24 Symbole (auch als **Objekte** bezeichnet) enthält. Wie Sie die Statusleiste ein- oder ausblenden, erfahren Sie in Kapitel 2.

Innen im Fenster wird dann sein Inhalt dargestellt. Details zu den einzelnen Funktionen lernen Sie im Verlauf dieses Buches noch kennen.

Für die ersten Schritte benötigen Sie nur die drei kleinen Schaltflächen rechts in der Titelleiste. Über diese Schaltflächen lässt sich ein Fenster schließen oder in der Größe verändern. Die meisten Fenster weisen zumindest eine oder zwei dieser Schaltflächen auf.

1 Zeigen Sie versuchsweise im geöffneten Fenster *Papierkorb* auf die mittlere der drei Schaltflächen in der Titelleiste.

Windows blendet bereits beim Zeigen auf die Schaltfläche einen Hinweis auf ihre Funktion in einem QuickInfo-Fenster ein.

2 Klicken Sie jetzt auf die mittlere Schaltfläche MAXIMIEREN.

Windows vergrößert das Fenster so weit, bis es den gesamten Bildschirm einnimmt. Man sagt, das Fenster ist **maximiert**. Beachten Sie, dass sich das Symbol für die mittlere Schaltfläche verändert hat.

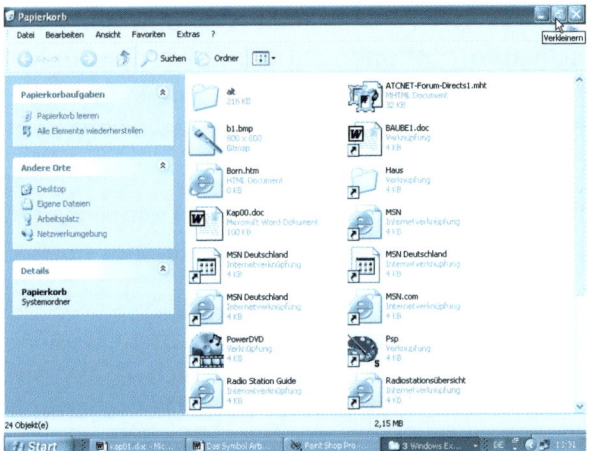

3 Um das Fenster auf die vorherige Größe zurückzusetzen, klicken Sie wieder auf die mittlere, jetzt mit VERKLEINERN bezeichnete, Schaltfläche.

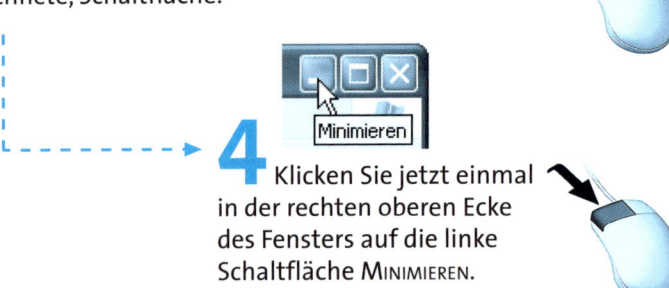

4 Klicken Sie jetzt einmal in der rechten oberen Ecke des Fensters auf die linke Schaltfläche MINIMIEREN.

Das Fenster verschwindet vom Desktop. Wenn Sie aber genau hinschauen, wurde es lediglich zum Symbol verkleinert. Sie finden das Symbol als Schaltfläche in der Taskleiste.

5 Um das Fenster erneut zu öffnen, klicken Sie in der Taskleiste auf die Schaltfläche des Fensters (hier *Papierkorb*).

Arbeiten mit Fenstern

HINWEIS Windows zeigt in der Taskleiste die Symbole der meisten geöffneten Fenster und Programme an. Klicken Sie auf eine solche Schaltfläche, holt Windows das zugehörige Fenster auf dem Desktop in den Vordergrund. Ist das Fenster bereits im Vordergrund zu sehen, verkleinert ein Mausklick auf die Schaltfläche in der Taskleiste das Fenster erneut zum Symbol. Auf den folgenden Seiten finden Sie weitere Hinweise, wie sich die Taskleiste zum Umschalten zwischen Fenstern verwenden lässt.

Bleibt nur noch die Aufgabe, ein geöffnetes Fenster endgültig zu schließen.

6 Klicken Sie in der rechten oberen Ecke des Fensters auf die Schaltfläche SCHLIESSEN.

HINWEIS Die meisten Fenster weisen die Schaltfläche ☒ auf. Möchten Sie also ein Programm beenden oder ein Fenster schließen, genügt ein Mausklick auf diese Schaltfläche.

Über diese Schaltfläche wird das Fenster komplett geschlossen. Sie erkennen dies daran, dass das Symbol aus der Taskleiste verschwindet.

Die Fenstergröße verändern

Auf den vorhergehenden Seiten haben Sie ein Fenster über die Schaltflächen in der rechten oberen Ecke zur vollen Bildschirmgröße vergrößert oder zu einem Symbol verkleinert. Häufig ist es jedoch vorteilhafter, ein Fenster stufenlos auf die gewünschte Größe einzustellen. Dies ist in Windows sehr einfach möglich.

1 Öffnen Sie erneut das Fenster *Papierkorb* durch einen Doppelklick auf das gleichnamige Desktop-Symbol.

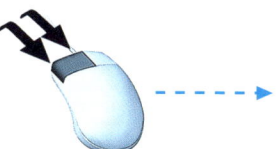

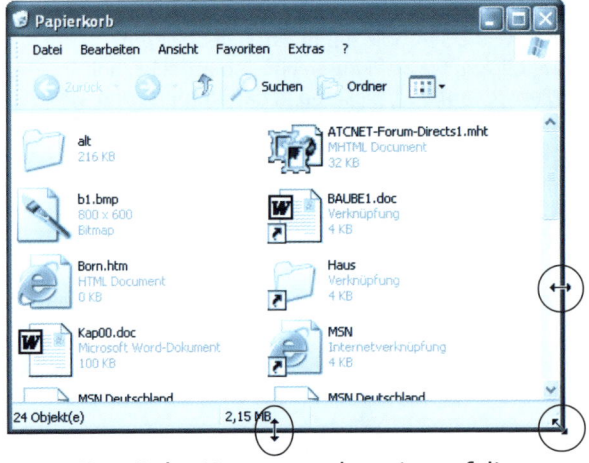

2 Zeigen Sie mit der Maus versuchsweise auf die so genannte Ziehmarke in der rechten unteren Ecke des betreffenden Fensters.

3 Zeigen Sie auf den unteren und den linken Rand.

HINWEIS

Sobald Sie auf die richtige Stelle am Fensterrand zeigen, nimmt der Mauszeiger die Form eines Doppelpfeils an. Notfalls müssen Sie die Maus etwas verschieben, bis dieser Doppelpfeil erscheint. Der Doppelpfeil zeigt dabei die Richtung an, in der sich das Fenster in der Größe verändern lässt. Sie können daher den linken/rechten Fensterrand zum Verändern der Fensterbreite verwenden. Der untere/obere Fensterrand ändert die Höhe, und mit den Ecken lässt sich die Fenstergröße proportional einstellen.

4 Zeigen Sie erneut auf den Rand des Fensters.

5 Erscheint der Doppelpfeil, ziehen Sie den Fensterrand bei gedrückter linker Maustaste in die gewünschte Richtung.

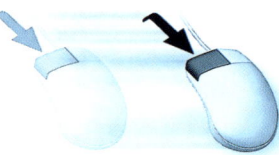

ARBEITEN MIT FENSTERN

Je nach Einstellung zeigt Windows bereits beim Ziehen die neue Fenstergröße an oder stellt diese durch eine gestrichelte Linie dar.

6 Erreicht das Fenster die gewünschte Größe, lassen Sie die linke Maustaste los.

Windows passt jetzt die Größe des Fensters entsprechend an. Sie können auf diese Weise die Größe eines Fensters beliebig verändern. Ziehen Sie den Rahmen per Maus nach außen, wird das Fenster größer. »Schieben« Sie den Rahmen in das Fenster hinein, verkleinert Windows dieses.

Fenster verschieben

Eine der Stärken von Windows liegt darin, dass Sie gleichzeitig mit mehreren Programmen oder Fenstern arbeiten können (siehe auch folgende Seiten). Dann kommt es aber vor, dass ein Fenster die dahinterliegenden Teile des Desktops oder andere Fenster verdeckt. In diesem Fall kann das Verschieben eines Fensters notwendig werden.

1 Falls erforderlich, öffnen Sie das Fenster *Papierkorb* durch einen Doppelklick auf das Desktop-Symbol.

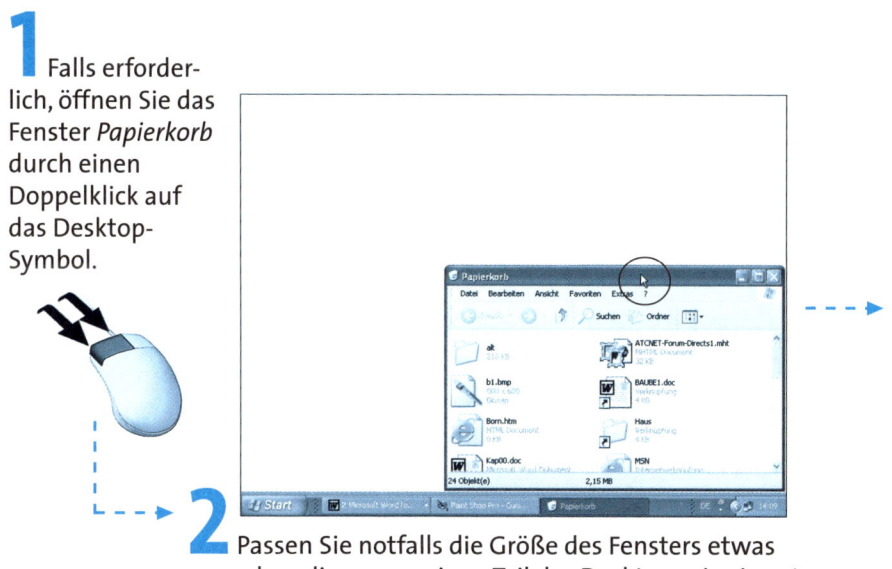

2 Passen Sie notfalls die Größe des Fensters etwas an, sodass dieses nur einen Teil des Desktops einnimmt.

3 Zeigen Sie mit der Maus auf die Titelleiste des Fensters, drücken Sie die linke Maustaste und halten diese gedrückt.

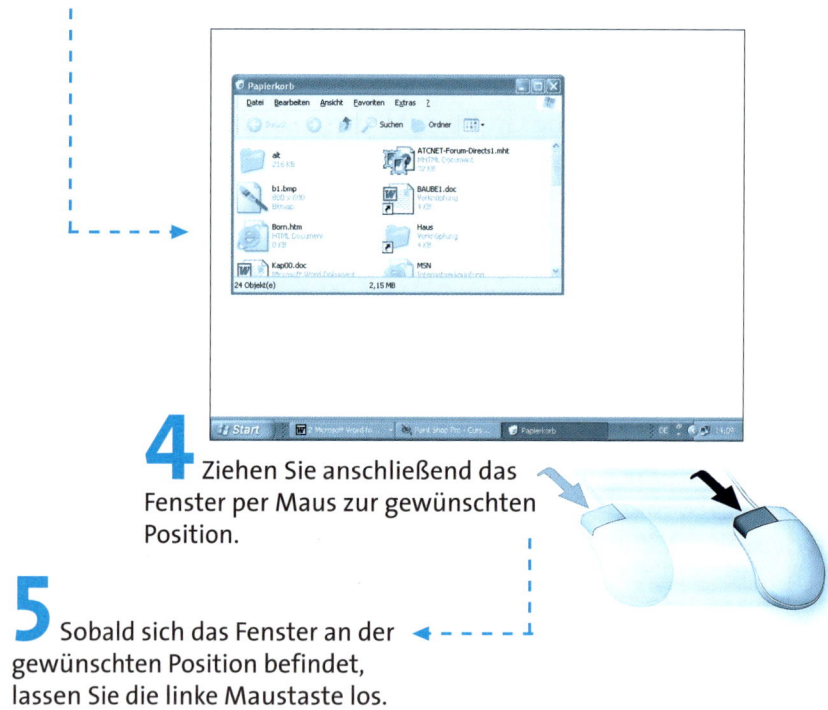

4 Ziehen Sie anschließend das Fenster per Maus zur gewünschten Position.

5 Sobald sich das Fenster an der gewünschten Position befindet, lassen Sie die linke Maustaste los.

Windows verschiebt das Fenster an die neue Position. Auf diese Weise können Sie jedes Fenster durch Ziehen der Titelleiste zur gewünschten Position auf dem Desktop schieben.

Blättern im Fenster

Manchmal ist der Inhalt eines Fensters zu umfangreich, um angezeigt zu werden (z.B. ein mehrseitiger Brief, ein Papierkorb, der sehr viele Elemente enthält etc.). Dann enthält das Fenster am rechten oder manchmal auch am unteren Rand eine so genannte **Bildlaufleiste**. Diese Bildlaufleiste erlaubt es Ihnen, im Fenster zu blättern, um andere Dokumentteile anzuzeigen. Sehen wir uns dieses Verhalten einmal an.

ARBEITEN MIT FENSTERN

1 Klicken Sie in der Taskleiste auf die Schaltfläche START und im Startmenü auf das Symbol ARBEITSPLATZ.

Windows öffnet jetzt ein Fenster mit dem Namen *Arbeitsplatz*.

2 Verkleinern Sie das Fenster *Arbeitsplatz*, bis ein Teil des Inhalts verschwindet.

Hier sehen Sie das Fenster *Arbeitsplatz*, welches entsprechend verkleinert wurde. Die Bildlaufleiste findet sich am rechten Fensterrand.

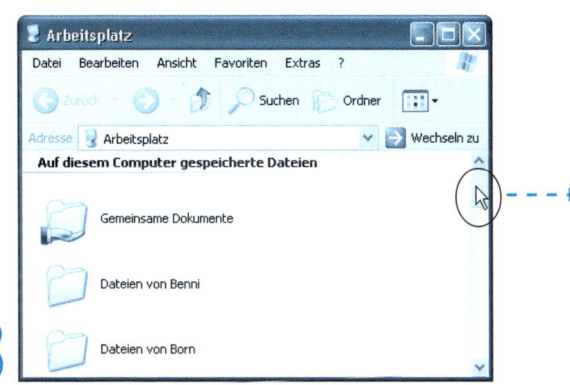

3 Zeigen Sie mit der Maus auf die rechteckige, als Bildlauffeld bezeichnete Fläche innerhalb der Bildlaufleiste.

35

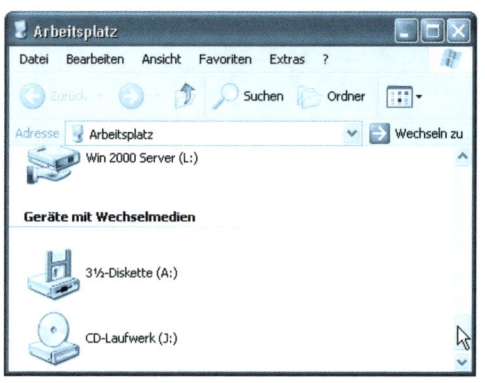

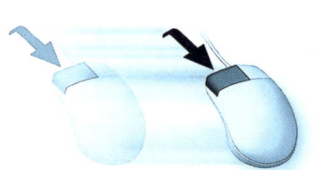

4 Ziehen Sie jetzt das Bildlauffeld per Maus in die gewünschte Richtung.

Windows zeigt dann andere Ausschnitte des Fensterinhalts an.

> **HINWEIS**
>
> In den beiden obigen Bildern ist nur eine vertikale Bildlaufleiste zu sehen. Fenster können jedoch auch eine horizontale Bildlaufleiste besitzen. Dann lässt sich der Fensterinhalt nach rechts oder links verschieben. Beim Schreiben eines Texts können Sie beispielsweise über diese Bildlaufleiste im Text blättern.
>
> An den Enden der Bildlaufleiste sehen Sie die zwei Schaltflächen ⌃ und ⌄. Ist Ihnen das Blättern mit dem Bildlauffeld zu grob, können Sie mit einem Mausklick auf die jeweilige Schaltfläche schrittweise im Dokument blättern. Die Spitze des Pfeils zeigt dann die Richtung an, in die geblättert wird.

Programme im Griff

Wenn Sie mit Windows arbeiten, einen Brief schreiben, ein Foto anzeigen etc. werden die betreffenden Funktionen durch Programme bereitgestellt. Diese Programme können im Lieferumfang von Windows enthalten sein oder zugekauft werden. Nachdem Sie nun die grundlegenden Funktionen für den Umgang mit Fenstern kennen, ist es an der Zeit, die Techniken für den Umgang mit Programmen zu lernen. Auch wenn die Programme unterschiedliche Funktionen aufweisen, sind die Techniken zum Aufrufen und Arbeiten mit Programmen gleich. Nachfolgend erfahren Sie alles Wichtige über den Umgang mit Programmen.

Was ist das Startmenü?

Eingangs haben Sie bereits kurz das **Startmenü** kennen gelernt. Das Startmenü ist so etwas wie das »Regiezentrum« von Windows, über das Sie verschiedene Programme und Funktionen aufrufen.

1 Klicken Sie in der Taskleiste auf die Schaltfläche START.

Windows öffnet das hier gezeigte Fenster des **Startmenüs**. Die Symbole mit den zugehörigen Texten stehen für Windows-Befehle, mit denen Sie durch Anklicken verschiedene Funktionen aufrufen, Untermenüs öffnen oder Programme starten können.

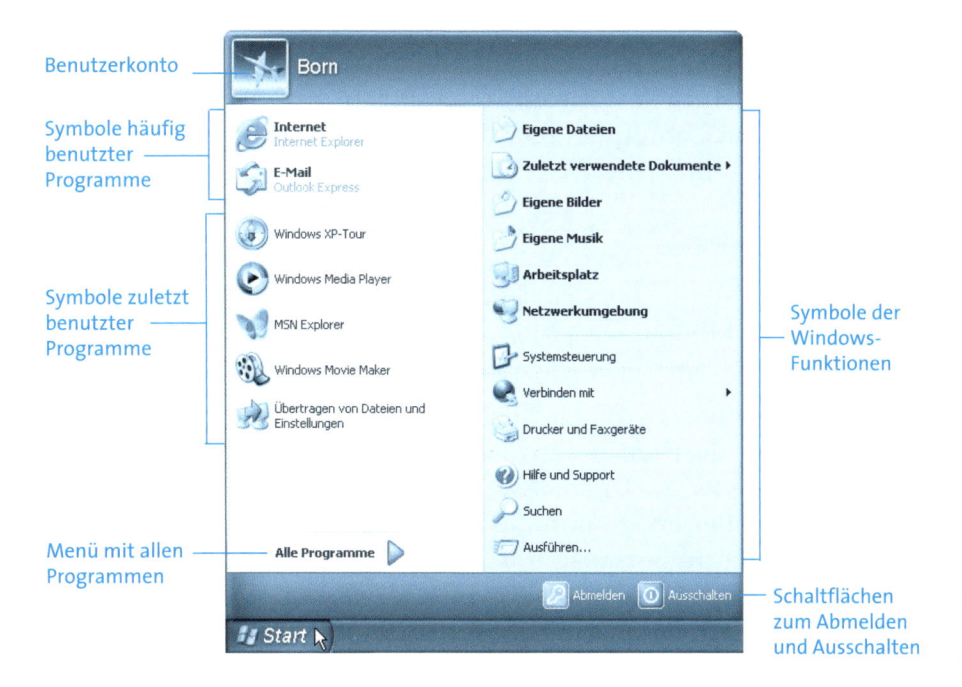

Benutzerkonto

Symbole häufig benutzter Programme

Symbole zuletzt benutzter Programme

Menü mit allen Programmen

Born

Internet — Internet Explorer
E-Mail — Outlook Express
Windows XP-Tour
Windows Media Player
MSN Explorer
Windows Movie Maker
Übertragen von Dateien und Einstellungen

Eigene Dateien
Zuletzt verwendete Dokumente
Eigene Bilder
Eigene Musik
Arbeitsplatz
Netzwerkumgebung
Systemsteuerung
Verbinden mit
Drucker und Faxgeräte
Hilfe und Support
Suchen
Ausführen…

Alle Programme

Abmelden   Ausschalten

Start

Symbole der Windows-Funktionen

Schaltflächen zum Abmelden und Ausschalten

Am oberen Rand des Startmenüs wird das Symbol des Kontos mit dem Namen des aktuellen Benutzers angezeigt. Die restlichen Einträge hängen etwas von der Konfiguration des Computers ab, Sie sollten aber die meisten der hier beschriebenen Einträge vorfinden.

Das Symbol **Internet Explorer** ermöglicht Ihnen den Zugriff auf das Internet (siehe Kapitel 8).

Mit diesem Symbol rufen Sie **Outlook Express** auf, ein Programm, mit dem sich elektronische Post bearbeiten lässt (siehe Kapitel 9).

Die darunter befindlichen Symbole der linken Spalte werden automatisch durch Windows verwaltet und verweisen auf die zuletzt von Ihnen benutzten Programme. In der rechten Spalte finden Sie noch eine Liste mit häufig benötigten Windows-Funktionen.

Diese Symbole öffnen Fenster, in denen Sie Musik, Bilder oder eigene Dokumente wie Briefe etc. speichern können.

Das Symbol **Arbeitsplatz** enthält alle Funktionen (man sagt dazu auch **Ressourcen**), um mit den Laufwerken Ihres Computers zu arbeiten. Näheres erfahren Sie in den folgenden Kapiteln.

Ist das Symbol **Netzwerkumgebung** auf Ihrem Desktop zu sehen? Dann ist der Computer über ein Kabel mit anderen Rechnern in ein Netzwerk eingebunden. Das Symbol erlaubt den Zugriff auf Funktionen des Netzwerks (siehe auch Kapitel 3).

Die weiteren Symbole ermöglichen Ihnen, zusätzliche Windows-Funktionen wie die Hilfe etc. anzuwählen. Über den Eintrag *Alle Programme* können Sie beispielsweise die meisten der unter Windows installierten Programme aufzurufen. Auf diese Funktion kommen wir gleich zu sprechen. Die unterste Zeile enthält Schaltflächen, mit denen Sie sich von Windows abmelden können oder mit denen Sie das Betriebssystem beenden. Dies wird am Kapitelende erläutert.

Wie Sie mit den einzelnen Einträgen des Startmenüs umgehen, erfahren Sie im Verlauf der folgenden Seiten und Kapitel noch detaillierter. An dieser Stelle reicht es, wenn Sie die grundlegenden Techniken kennen.

Programme starten

Um ein Programm unter Windows zu starten, brauchen Sie nur sein Symbol im Startmenü per Maus anzuklicken. Einzige Voraussetzung ist, dass das betreffende Symbol im Startmenü auftaucht. Betrachten wir dies einmal am Beispiel der Windows-Funktion *Arbeitsplatz*. Diese haben Sie bereits auf den vorhergehenden Seiten genutzt:

1 Klicken Sie in der Taskleiste auf die Schaltfläche START.

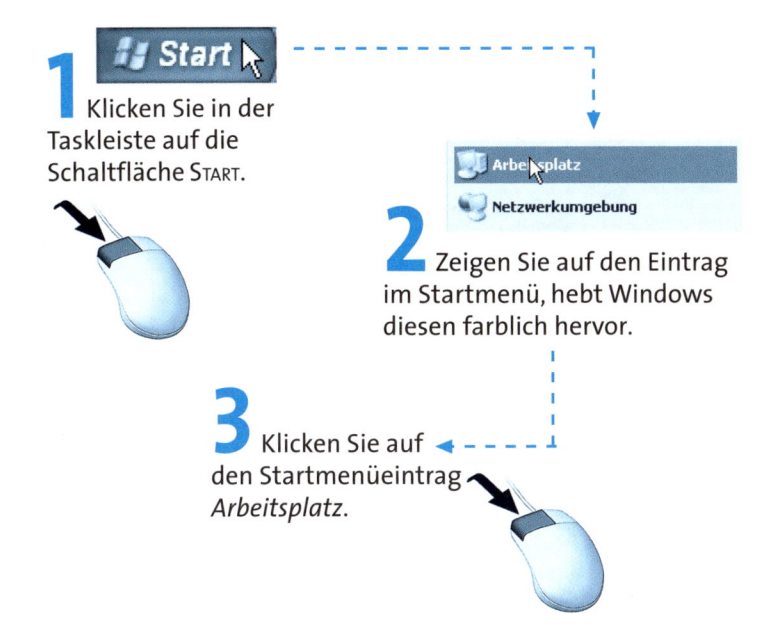

2 Zeigen Sie auf den Eintrag im Startmenü, hebt Windows diesen farblich hervor.

3 Klicken Sie auf den Startmenüeintrag *Arbeitsplatz*.

Windows öffnet jetzt das Fenster mit dem Titel *Arbeitsplatz*. Sie können anschließend den Fensterinhalt ansehen bzw. die Funktionen des zugehörigen Programms nutzen.

39

Ein Programm wieder beenden

Die Schritte zum Beenden eines Programms kennen Sie bereits vom Schließen eines Fensters.

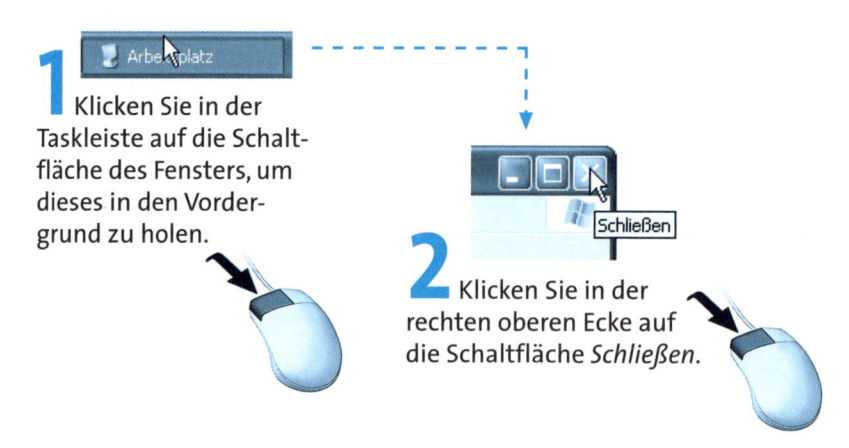

1 Klicken Sie in der Taskleiste auf die Schaltfläche des Fensters, um dieses in den Vordergrund zu holen.

2 Klicken Sie in der rechten oberen Ecke auf die Schaltfläche *Schließen*.

Windows schließt das Fenster des Rechners und beendet gleichzeitig das zugehörige Programm. Das Schließen eines Programms funktioniert demnach wie das Schließen eines Fensters.

> **HINWEIS**
> Abhängig vom Programm gibt es jedoch noch weitere Methoden zum Schließen. Sie können beispielsweise in der Menüleiste des Fensters auf DATEI klicken und dann im geöffneten Menü einen Befehl wie SCHLIESSEN anwählen. Enthält ein Programmfenster noch ungespeicherte Daten (z.B. einen gerade geschriebenen Brief), erhalten Sie Gelegenheit, diese Daten zu speichern. Wie dies geht, erfahren Sie in den folgenden Kapiteln.

Arbeiten mit dem Menü ALLE PROGRAMME

Ein Doppelklick auf das Desktop-Symbol des Papierkorbs oder ein Mausklick auf den Startmenüeintrag *Arbeitsplatz* öffnet das zugehörige Fenster. Letztlich haben Sie mit diesen weiter oben beschriebenen Techniken Programme gestartet. Sicherlich möchten Sie aber weitere Programme unter Windows nutzen, die nicht über Desktop-Symbole oder die »ersten Ebene« des Startmenüs erreichbar sind. Viele dieser Programme erreichen Sie über den Befehl ALLE PROGRAMME des Startmenüs. Dies soll am Beispiel des Windows-Rechners demonstriert werden.

PROGRAMME IM GRIFF

1 Klicken Sie in der Taskleiste auf die Schaltfläche START.

2 Zeigen Sie im Startmenü auf den Eintrag ALLE PROGRAMME.

Windows öffnet ein weiteres Fenster, welches als **Untermenü** bezeichnet wird. Sie sehen dort die Symbole für Programme wie INTERNET EXPLORER oder OUTLOOK EXPRESS etc., je nachdem, welche Programme auf Ihrem Computer installiert sind. Neben den Einträgen für Programme enthält das Startmenü noch Einträge, die mit dem Symbol versehen sind. Dieses Symbol (und das kleine Dreieck am rechten Rand eines Eintrags) steht für so genannte **Programmgruppen** (z.B. AUTOSTART, ZUBEHÖR etc.). Programmgruppen fassen mehrere Programmsymbole (oder weitere Gruppen) zu einem **Untermenü** zusammen. Zeigen Sie auf das Symbol einer Programmgruppe, öffnet sich ein weiteres **Untermenü**, welches Symbole für weitere Programmgruppen oder Programme aufweisen kann. Welche Menüs, Untermenüs und Symbole bei Ihnen im Startmenü zu sehen sind, hängt von den installierten Programmen ab.

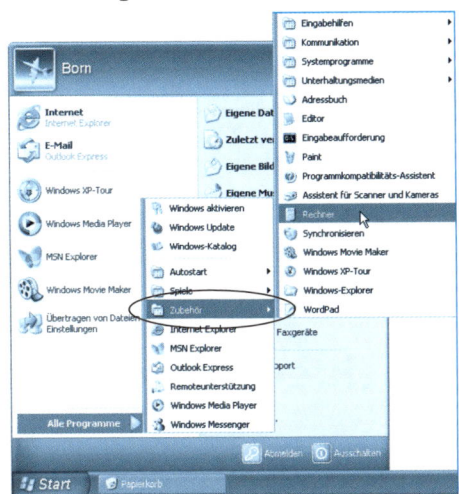

3 Zeigen Sie im Untermenü auf den Eintrag ZUBEHÖR, um das Untermenü zu öffnen.

41

HINWEIS: Beim Zeigen auf einen Programmeintrag blendet Windows vielfach bereits eine QuickInfo mit Hinweisen zur Programmfunktion ein.

4 Klicken Sie im Untermenü Zubehör auf den Eintrag Rechner.

Windows schließt beim Anklicken eines Programmeintrags das Startmenü. Gleichzeitig wird das betreffende Anwendungsprogramm gestartet.

Mit den obigen Schritten des Beispiels erscheint das Fenster des Windows-Rechners auf dem Desktop. Sie können anschließend den Rechner benutzen.

Zum Arbeiten mit dem Rechner tippen Sie einfach die Rechenanweisungen wie 13 + 14 = per Tastatur ein oder klicken Sie die betreffenden »Tasten« per Mausklick aus. Das Ergebnis wird im Rechner angezeigt.

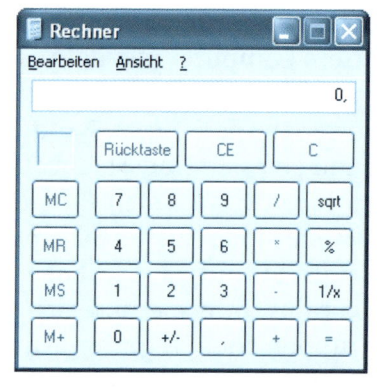

Auf diese Weise lassen sich alle als Symbol im Startmenü eingetragenen Programme starten. Entsprechende Beispiele hierzu finden Sie auf den folgenden Seiten dieses Buches.

HINWEIS: Klicken Sie auf das Menü Ansicht und dann auf den Befehl Wissenschaftlich, schalten Sie den Rechner zur wissenschaftlichen Darstellung um. Informationen zu einer Taste erhalten Sie, indem Sie diese mit der rechten Maustaste anklicken und im Menü den Befehl Direkthilfe wählen. Weitere Hinweise liefert Ihnen die Hilfe des Rechners (siehe auch am Kapitelende).

Arbeiten mit mehreren Programmen

Windows ermöglicht es Ihnen, mehrere Programme gleichzeitig zu laden. Anschließend können Sie zwischen den verschiedenen Programmen umschalten und sogar Daten zwischen den Programmen austauschen.

Arbeiten mit mehreren Programmen

1 Falls noch nicht geschehen, starten Sie den Windows-Rechner gemäß den obigen Anweisungen.

2 Öffnen Sie das Startmenü und klicken Sie auf den Befehl Arbeitsplatz.

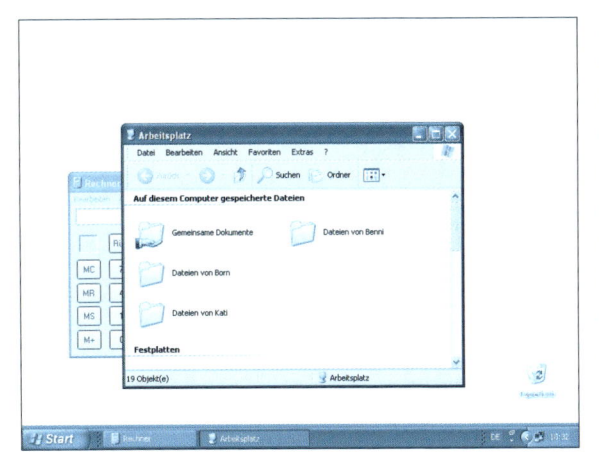

Ausgehend von den vorhergehenden Schritten enthält der Desktop jetzt zwei überlappende Fenster, die zu den gestarteten Programmen gehören. Eines dieser Fenster ist dabei im Vordergrund zu sehen.

Sie können anschließend mit dem Rechner arbeiten oder den Inhalt des Fensters *Arbeitsplatz* ansehen, ohne vorher das jeweils zuletzt benutzte Programm beenden zu müssen.

3 Um beispielsweise mit dem Rechner zu arbeiten, klicken Sie auf die Titelleiste des betreffenden Fensters.

43

Das Fenster des Rechners gelangt in den Vordergrund, und Sie können mit dem Programm arbeiten.

Die Schwierigkeit bei diesem Ansatz besteht lediglich darin, dass die Titelleiste des Fensters häufig durch im Vordergrund befindliche Fenster verdeckt wird.

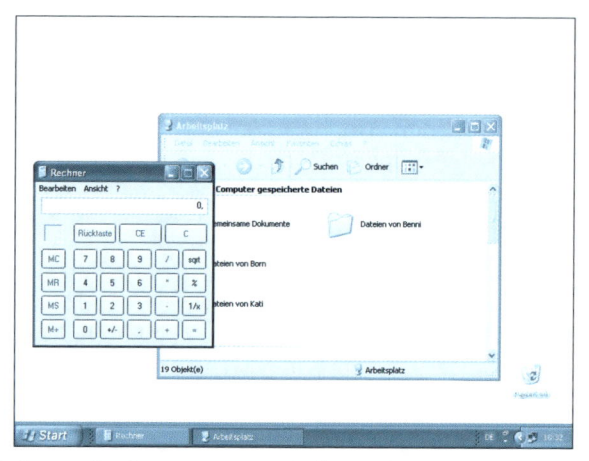

Eine Möglichkeit besteht dann darin, wie weiter oben demonstriert, die beiden Fenster nebeneinander auf dem Desktop zu positionieren. Aber es gibt eine weitere Möglichkeit, das Fenster des gewünschten Programms in den Vordergrund zu schalten.

> **HINWEIS**
>
> Die Schaltfläche des aktiven Fensters wird dabei in der **Taskleiste** »eingedrückt« dargestellt. Zeigen Sie auf eine solche Schaltfläche, blendet Windows eine QuickInfo mit dem Programmnamen ein. Klicken Sie auf die »eingedrückt« dargestellte Schaltfläche des aktiven Fensters, verschwindet dieses im Vordergrund und ein anderes Fenster wird im Vordergrund sichtbar. Ein **Wechsel** zu einem anderen **Programmfenster** ist durch Anklicken der zugehörigen **Schaltfläche** in der Taskleiste jederzeit möglich.

4 Um erneut mit dem Fenster *Arbeitsplatz* zu arbeiten, klicken Sie in der Taskleiste auf dessen Symbol.

Das Fenster *Arbeitsplatz* gelangt in den Vordergrund, und Sie können mit dem Programm arbeiten.

Arbeiten mit mehreren Programmen

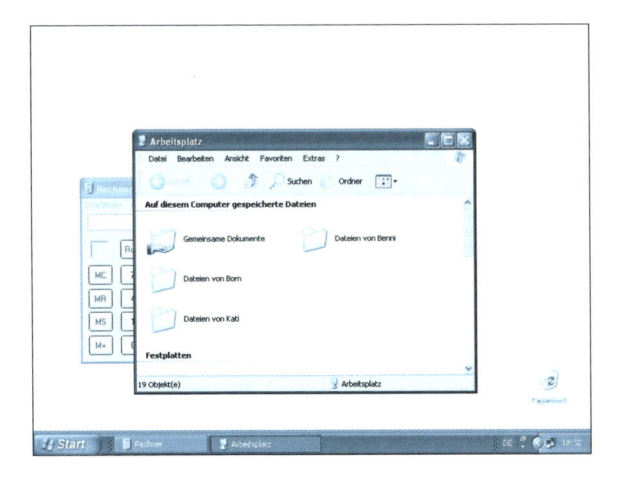

An dieser Stelle noch ein Hinweis: Falls Sie viele Programmfenster geöffnet haben, wird es »eng« in der Taskleiste. Sind mehrere Fenster einer Kategorie geöffnet, fasst Windows diese unter einer gemeinsamen Schaltfläche in der Taskleiste zusammen.

Sobald Sie auf diese Schaltfläche klicken, öffnet Windows ein Menü mit den Namen der Programmfenster. Wählen Sie dann einen Menüeintrag, um das zugehörige Fenster in den Vordergrund zu holen.

HINWEIS

Neben den Schaltflächen der Taskleiste können Sie noch die Tastenkombination [Alt]+[⇆] zum Umschalten zwischen Programmen verwenden. Halten Sie die [Alt]-Taste gedrückt und betätigen Sie die [⇆]-Taste.

Windows zeigt ein Fenster mit den Symbolen der geladenen Programme an. Jeder Druck auf die [⇆]-Taste markiert ein anderes Programm. Lassen Sie die [Alt]-Taste los, wird das zuletzt gewählte Programmfenster in den Vordergrund »geholt«.

Alternativen zum Starten von Programmen

Das Startmenü ermöglicht Ihnen, auf schnellem Weg ein Programm aufzurufen. Allerdings gibt es Nachteile: Das Programm muss so installiert werden, dass ein Eintrag im Startmenü vorhanden ist (siehe auch Kapitel 11). Weiterhin müssen Sie unter Umständen mehrere Menüs öffnen, bevor das betreffende Programm als Eintrag im Menü erscheint. Windows bietet Ihnen verschiedene Alternativen, um Programme zu starten. Ist das Symbol des Programms auf dem Desktop zu sehen?

1 Doppelklicken Sie auf das Symbol eines solchen Programms (hier Microsoft Word).

Windows wird dann das zugehörige Programm sofort starten. Sie haben das bereits (ohne es zu wissen) beim Doppelklicken auf das Symbol *Papierkorb* kennen gelernt. Dies klappt auch, falls Sie das Symbol eines Programms oder eines Dokuments in dem im nächsten Kapitel vorgestellten Ordnerfenster sehen.

> **HINWEIS**
>
> Wie Sie selbst ein Programm als Symbol auf dem Desktop einrichten, erfahren Sie in Kapitel 11. Dort wird auch gezeigt, wie Programme in das Startmenü aufgenommen oder daraus entfernt werden können. Und noch ein Tipp: Symbole des Startmenüs wie ARBEITSPLATZ, NETZWERKUMGEBUNG, EIGENE DATEIEN etc. können Sie mit der rechten Maustaste anklicken. Dann erscheint ein sogenanntes **Kontextmenü**, in dem Sie den Befehl AUF DEM DESKTOP ANZEIGEN wählen können. Dann blendet Windows ebenfalls ein Symbol auf dem Desktop ein, d.h., Sie können z.B. das Fenster *Arbeitsplatz* durch einen Doppelklick auf das betreffende Desktop-Symbol öffnen. Um das Symbol vom Desktop zu entfernen, wiederholen Sie die Schritte und wählen Sie den Befehl AUF DEM DESKTOP ANZEIGEN erneut im Kontextmenü an. Ein im Menü dem Befehl vorangestelltes Häkchen signalisiert, dass die Option aktiviert ist.

Schließlich können Sie ein Programm auch direkt aufrufen.

1 Öffnen Sie das Startmenü über die Schaltfläche START.

2 Klicken Sie im Startmenü auf den Befehl AUSFÜHREN.

Hilfe und Support gefällig?

Windows öffnet daraufhin das Dialogfeld *Ausführen*.

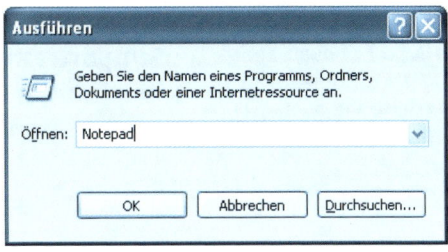

3 Tippen Sie im Eingabefeld *Öffnen* den Namen des Programms ein.

4 Klicken Sie auf die OK-Schaltfläche.

HINWEIS: Über die Schaltfläche *Durchsuchen* lässt sich ein Fenster zum Suchen nach Programmdateien öffnen. Details zum Navigieren in solchen Fenstern und in sogenannten Ordnern liefern die folgenden Kapitel.

Windows sucht dann nach dem angegebenen Programm. Findet es dieses Programm, wird es gestartet. In diesem Beispiel erscheint das Fenster des Windows-Editors (ein Programm zum Bearbeiten von Textdateien).

Hilfe und Support gefällig?

Benötigen Sie bei der Lösung einer Aufgabe weitere Unterstützung oder bleiben nach der Lektüre dieses Buches noch Fragen offen? Dann hilft das in Windows eingebaute Hilfe- und Supportcenter vielleicht weiter.

1 Öffnen Sie das Startmenü durch Anklicken der Schaltfläche START.

2 Klicken Sie im Startmenü auf den Befehl HILFE UND SUPPORT.

47

HINWEIS Falls kein Fenster geöffnet ist, können Sie auch die Funktionstaste [F1] drücken, um die Hilfe abzurufen.

Windows öffnet jetzt das Fenster **Hilfe- und Supportcenter**, welches Sie bei der Lösung bestimmter Probleme unterstützt und Zusatzinformationen zu Windows anbietet.

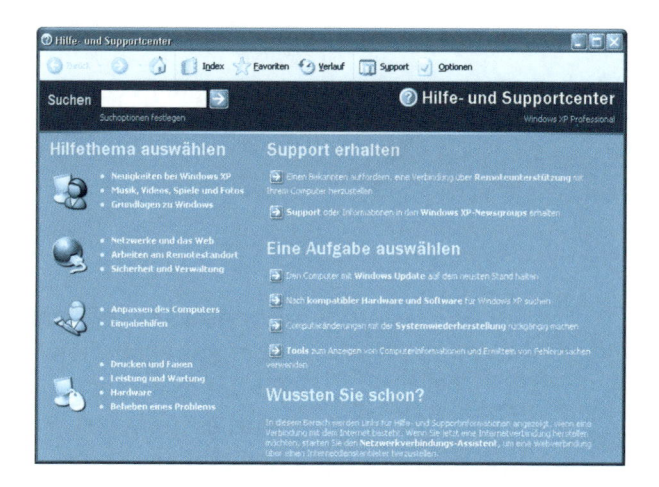

Eine Symbolleiste am oberen Fensterrand erlaubt Ihnen, bestimmte Funktionen abzurufen. Im Dokumentbereich des Fensters finden Sie die Rubrik »Hilfethema auswählen« mit verschiedenen Überschriften. Zeigen Sie per Maus auf eine solche Rubrik, nimmt der Mauszeiger die Form einer stilisierten Hand an. Gleichzeitig wird der Text unterstrichen dargestellt. Dies bedeutet, dass die Überschrift als so genannter **Hyperlink** ausgeführt ist. Klicken Sie auf eine der unterstrichen dargestellten Themen (Hyperlinks), ruft Windows diese Hilfeseite ab. Dort finden Sie ggf. eine neue Liste mit Hyperlinks, dann klicken Sie auf das gewünschte Thema.

WAS IST DAS **Hyperlink** ist ein Begriff, der aus Webseiten stammt. Ein Hyperlink definiert einen Verweis zu einer anderen Dokumentstelle. Hyperlinks werden oft in blauer Schrift und unterstrichen dargestellt. Sobald Sie auf einen Hyperlink zeigen, wechselt die Form des Mauszeigers in eine stilisierte Hand. Ein Mausklick auf einen Hyperlink ruft die betreffende Dokumentstelle ab und zeigt diese im Fenster an. Die Windows-Hilfe setzt auf ähnliche Techniken, wie sie zur Darstellung von Webseiten benutzt werden (siehe auch Kapitel 8). Daher ähnelt die Bedienung der Hilfeseiten auch der Navigation in Webseiten.

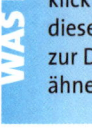

Wiederholen Sie diese Schritte so lange, bis die gewünschte Information im rechten Teil des Hilfefensters angezeigt wird.

> **HINWEIS**
> Im Grunde funktioniert die Bedienung der Hilfe wie das Arbeiten mit dem Inhaltsverzeichnis eines Buchs, nur wesentlich komfortabler. Sie brauchen einfach nur die »Überschriften« (hier in Form der Hyperlinks) anzuklicken, um zur gesuchten »Buchseite« zu gelangen.

Und hier noch einige Tipps, wie Sie mit der Hilfe arbeiten:

Möchten Sie zum Inhaltsverzeichnis zurück, reicht ein Mausklick auf dieses Symbol.

Über diese beiden Pfeile lässt sich zwischen einzelnen bereits aufgerufenen Hilfethemen zurück und vorwärts blättern. Klicken Sie einfach auf den gewünschten Pfeil.

Arbeiten mit Stichwörtern

Sie können auch gezielt über den Index der Hilfe nach bestimmten Begriffen nachschlagen.

1 Klicken Sie im Hilfefenster auf dieses Symbol.

Windows zeigt daraufhin in der linken Spalte des Fensters eine Stichwortliste an.

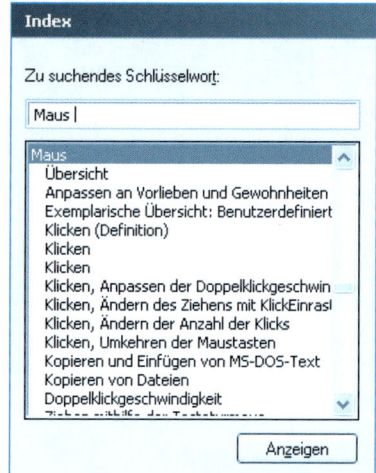

2 Tippen Sie im Textfeld *Zu suchendes Schlüsselwort* das Stichwort ein.

Bereits während der Eingabe zeigt Windows die mit dem Begriff übereinstimmenden Stichwörter in der Liste an.

3 Klicken Sie in der Liste auf den gefundenen Begriff und anschließend auf die Schaltfläche *Anzeigen*.

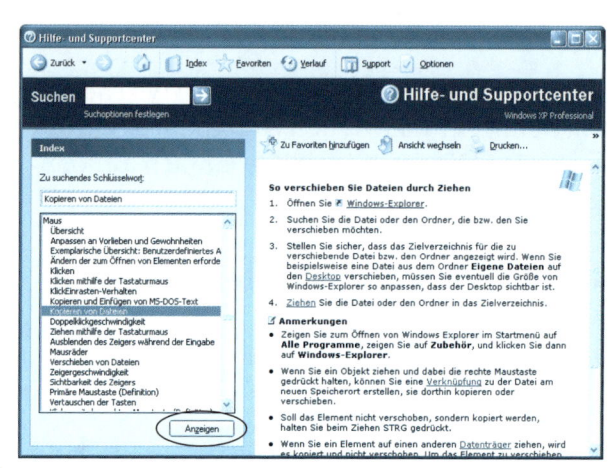

4 Wurden mehrere Themen gefunden, wählen Sie den gewünschten Eintrag in der angezeigten Themenliste.

Anschließend erscheint das Thema in der rechten Spalte des Hilfefensters.

Bei langen Texten lässt sich im rechten Teil mittels der Bildlaufleiste blättern. Finden Sie im Text weitere Hyperlinks (unterstrichene Textstellen etc.), können Sie die zugehörigen Dokumentteile per Mausklick abrufen.

Werden andere Fenster durch das Hilfefenster verdeckt? Die nebenstehend gezeigte Schaltfläche *Ansicht wechseln* der Symbolleiste erlaubt die linke Spalte des Fensters wahlweise ein- oder auszublenden.

HINWEIS Um eine Seite zu drucken, genügt ein Mausklick auf dieses Symbol. Im daraufhin angezeigten Dialogfeld *Drucken* klicken Sie auf die *Drucken*-Schaltfläche. Weitere Einzelheiten zum Drucken von Webseiten finden Sie in den Kapiteln 7 und 10.

Suchen nach Begriffen

Die Windows-Hilfe erlaubt Ihnen zusätzlich die Suche nach bestimmten Begriffen.

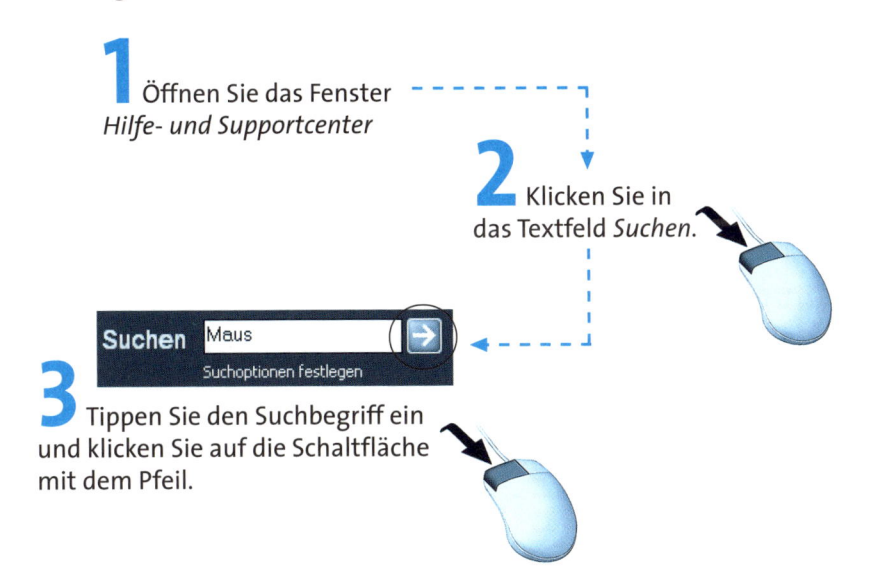

1 Öffnen Sie das Fenster *Hilfe- und Supportcenter*

2 Klicken Sie in das Textfeld *Suchen*.

3 Tippen Sie den Suchbegriff ein und klicken Sie auf die Schaltfläche mit dem Pfeil.

Windows zeigt die zum Suchbegriff gefundenen Hilfeeinträge in der linken Spalte an.

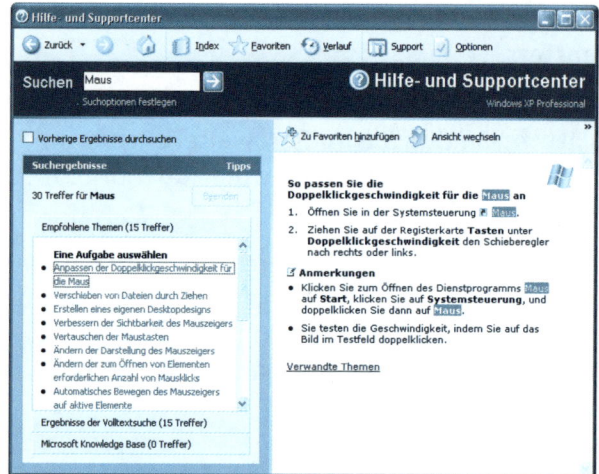

4 Klicken Sie auf den gewünschten Begriff, um die Hilfeseite abzurufen.

Die Hilfeseite erscheint im rechten Teil des Fensters, die Fundstellen des Suchbegriffs werden dabei farbig innerhalb der Seite hervorgehoben.

> **HINWEIS**
>
> Über den Punkt »Neuigkeiten bei Windows XP« der Hilfe oder über den Befehl ALLE PROGRAMME/ZUBEHÖR/WINDOWS XP-TOUR im Startmenü können Sie zusätzlich Lernprogramme aufrufen. Ein kleines Fenster, als Dialogfeld bezeichnet, erlaubt Ihnen die Auswahl verschiedener Optionen. Klicken Sie auf die Schaltfläche *Weiter*, wird ein Fenster mit entsprechenden Informationen angezeigt. Durch Anklicken von Hyperlinks lassen sich entsprechende Lektionen abrufen.

Programmhilfe gefällig?

Neben Windows werden Sie auch mit Programmen arbeiten. Diese Programme unterstützen häufig eine eigene Hilfe, deren Fenster sich geringfügig vom Hilfe- und Supportcenter unterscheidet. An dieser Stelle möchte ich Ihnen einen kleinen Überblick geben, wie Sie die Hilfe aufrufen und nutzen.

Hilfe und Support gefällig?

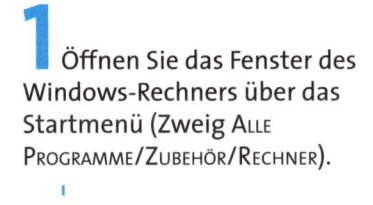

1 Öffnen Sie das Fenster des Windows-Rechners über das Startmenü (Zweig Alle Programme/Zubehör/Rechner).

2 Klicken Sie in der Menüleiste des Rechners auf das Fragezeichen.

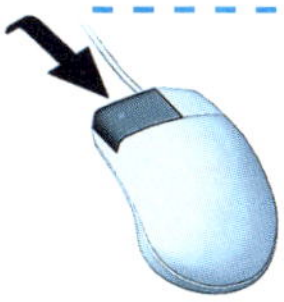

3 Klicken Sie auf den Befehl Hilfethemen.

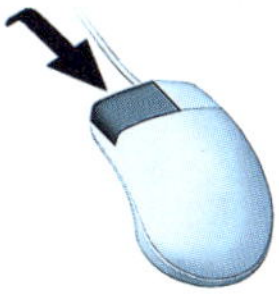

Was ist das

In vielen Fenstern reicht der Platz zur Darstellung aller Informationen nicht aus. Windows benutzt daher so genannte **Registerkarten** zur Anzeige. Diese Registerkarten werden hintereinander angeordnet und lassen sich jeweils durch Anklicken des zugehörigen Registerreiters in den Vordergrund holen. Sie sehen dann immer nur den Inhalt der ersten Registerkarte.

Windows zeigt das Fenster mit den **Registerkarten** *Inhalt*, *Index*, *Suchen* und, je nach Programm, zusätzlich *Favoriten* an.

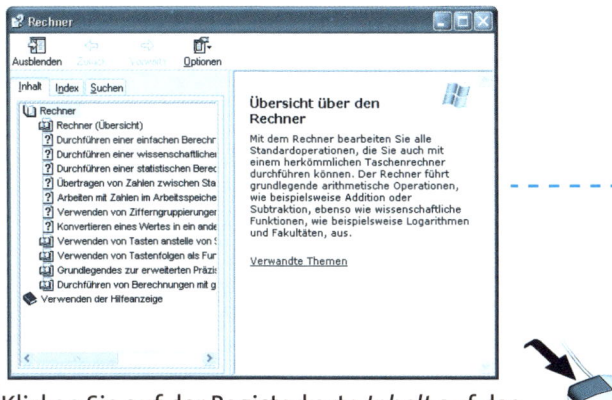

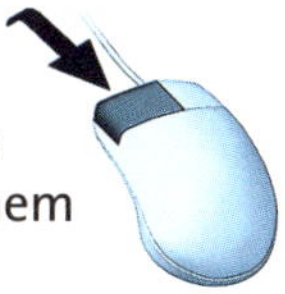

4 Klicken Sie auf der Registerkarte *Inhalt* auf das Symbol eines »geschlossenen« Buchs ❦, um zu einem Thema untergeordnete Überschriften zu sehen.

5 Ein Mausklick auf das Dokumentsymbol ⟦?⟧ oder den Hyperlink der Überschrift öffnet die betreffende Hilfeseite im rechten Teil des Fensters.

In der Hilfeseite können Sie, wie bereits auf den vorhergehenden Seiten gezeigt, per Bildlaufleiste blättern und über Hyperlinks Folgedokumente abrufen. Die Schaltflächen *Vorwärts* und *Zurück* der Symbolleiste ermöglichen Ihnen, zwischen besuchten Seiten zu wechseln.

> **HINWEIS**
>
> Über die restlichen Registerkarten können Sie ebenfalls auf die Hilfe zugreifen. Die Registerkarte *Index* entspricht dem Stichwortverzeichnis eines Buches. Klicken Sie auf den Registerreiter, wird die Registerkarte angezeigt. Dann können Sie, wie bereits oben gezeigt, ein Stichwort im Feld *Zu suchendes Schlüsselwort* eintippen und über die Schaltfläche *Anzeigen* die Hilfeseite abrufen. Auf der Registerkarte *Suchen* finden Sie ein Feld zur Eingabe eines Suchbegriffs. Über die Schaltflächen der Registerkarte lässt sich nach dem Begriff suchen. Klicken Sie in der Liste der gefundenen Themen einen Eintrag an und wählen dann die Schaltfläche *Anzeigen*, wird die Hilfeseite im rechten Teil des Fensters dargestellt – also alles, wie Sie dies von der Windows-Hilfe kennen.

Hilfe zu Fensterelementen

Finden Sie die QuickInfo-Fenster hilfreich, die Windows beim Zeigen auf verschiedene Elemente einblendet? Etwas Ähnliches gibt es auch in einigen Programmfenstern.

1 Doppelklicken Sie auf die Uhrzeitanzeige in der Taskleiste.

HILFE UND SUPPORT GEFÄLLIG?

Windows öffnet das **Eigenschaftenfenster** mit den Optionen zum Einstellen von Datum und Uhrzeit.

2 Klicken Sie rechts oben auf die Schaltfläche *Hilfe*.

Der Mauszeiger nimmt jetzt diese Form an.

3 Klicken Sie auf ein Element im Fenster (z.B. auf das Feld mit der Jahreszahl).

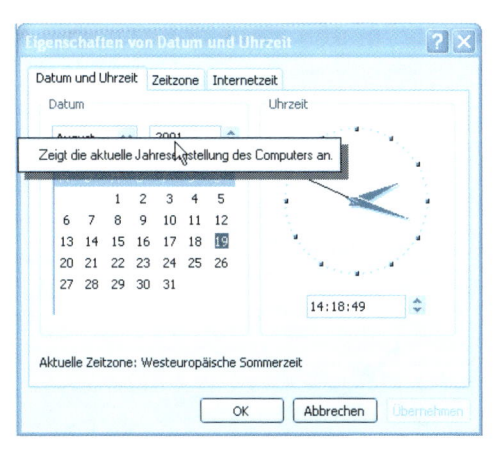

Windows blendet dann das Fenster der Direkthilfe (als QuickInfo) mit Informationen zum betreffenden Element in der Anzeige ein. Zum Schließen der QuickInfo klicken Sie auf eine andere Stelle des Fensters.

Das Eigenschaftenfenster schließen Sie über die Schaltfläche `OK`.

WAS IST DAS

Das Fenster zur Anzeige von Datum und Uhrzeit wird auch als **Eigenschaftenfenster** bezeichnet. Windows benutzt diese Fenster, um die Eigenschaften eines Objekts (hier der Uhrzeit und des Datums) anzuzeigen bzw. vom Benutzer ändern zu lassen. Die Eigenschaften werden immer in **Registerkarten** zusammengefasst, die sich über einen Registerreiter anwählen lassen. Ein **Listenfeld** enthält am rechten Rand eine Schaltfläche. Bei Anwahl der Schaltfläche öffnet sich eine Liste mit vordefinierten Optionen, die sich durch Anklicken wählen lassen. Ein **Kombinationsfeld** sieht wie ein Listenfeld aus, erlaubt aber zusätzlich die direkte Eingabe eines Werts. Ein **Drehfeld** besitzt zwei Schaltflächen am rechten Rand, über die sich der Wert im Textfeld erhöhen oder erniedrigen lässt.

TIPP

Auf der Registerkarte *Datum und Uhrzeit* können Sie sehr einfach das Datum anpassen, Sie müssen nur auf den betreffenden Tag im Kalenderblatt klicken. Den Monat wählen Sie über das Listenfeld September und die Jahreszahl lässt sich entweder direkt eintippen oder über die Schaltflächen des Drehfelds 2001 erhöhen bzw. erniedrigen. Um die Uhrzeit zu stellen, klicken Sie auf den Stunden- oder Minutenwert 08:58:07. Dann klicken Sie auf die Schaltflächen des Drehfelds, um den Wert zu erhöhen oder zu erniedrigen. Klicken Sie auf den Registerreiter *Internetzeit*, wird die gleichnamige Registerkarte geöffnet. Dort finden Sie Optionen, um die Uhrzeit per Internet automatisch zu synchronisieren. Kontaktieren Sie ggf. den Betreuer Ihres Systems, falls es Probleme mit dieser Funktion gibt.

Abmelden und beenden

Bevor Sie sich mit den nächsten Schritten befassen, bleibt noch eine Frage: Wie wird Windows eigentlich beendet? Zudem erlaubt Windows Ihnen, sich momentan vom Computer abmelden, Windows bleibt aber weiterhin aktiv.

Vom Computer abmelden

Möchten Sie sich lediglich vom Computer abmelden, um später weiter zu arbeiten oder sich anschließend unter neuem Benutzernamen anzumelden?

1 Klicken Sie in der Taskleiste auf die Schaltfläche Start.

ABMELDEN UND BEENDEN

Windows öffnet das Startmenü mit den beiden Schaltflächen *Abmelden* und *Ausschalten*.

2 Klicken Sie im Startmenü auf den Befehl ABMELDEN.

Windows öffnet jetzt das Dialogfeld *Windows-Abmeldung*.

3 Klicken Sie auf eine der Schaltflächen.

Die Schaltfläche *Abbrechen* schließt das Dialogfeld, und Sie können mit Windows weiterarbeiten. Die beiden anderen Schaltflächen *Benutzer wechseln* und *Abmelden* bewirken, dass Sie zu dem am Kapitelanfang gezeigten Windows-Anmeldedialog gelangen. Befolgen Sie die am Kapitelanfang beschriebenen Schritte zur Anmeldung an einem Benutzerkonto.

> **HINWEIS**
> Bei der Schaltfläche *Abmelden* werden vorher alle unter Windows laufenden Programme beendet. Wählen Sie dagegen *Benutzer wechseln*, bleiben die von Ihnen gestarteten Programme aktiv. Sie oder eine weitere Person können im Anmeldedialog ein anderes Benutzerkonto wählen, dort die gewünschten Tätigkeiten durchführen, sich wieder abmelden und dann zum alten Benutzerkonto zurückkehren. Anschließend lässt sich mit den noch laufenden Programmen weiterarbeiten. Beachten Sie aber, dass der Administrator des Systems diese Art der Abmeldung abschalten kann. Lassen Sie sich in diesem Fall von den betreffenden Personen unterweisen, wie die Abmeldung und erneute Anmeldung durchzuführen ist.

Windows beenden

Möchten Sie nicht weiter mit dem Computer arbeiten? Nachdem Sie alle geladenen Programme beendet und eventuell geöffnete Fenster geschlossen haben, müssen Sie Windows gezielt beenden. Sie könnten vielleicht auf die Idee kommen, den Computer samt Bildschirm einfach auszuschalten. Dies sollten Sie aber nie tun, da dann unter Umständen Daten verloren gehen und Windows anschließend nicht mehr startet! Wählen Sie stattdessen immer den folgenden Weg zum Herunterfahren Ihres Rechners.

1 Öffnen Sie das Startmenü und wählen Sie den Befehl *Ausschalten*.

Windows öffnet jetzt das Dialogfeld *Computer ausschalten*.

2 Klicken Sie auf eine der Schaltflächen.

Die Schaltfläche *Abbrechen* schließt das Dialogfeld, und Sie können mit Windows weiterarbeiten. Die Schaltfläche *Ausschalten* fährt Windows herunter und schaltet den Computer ab. Über die Schaltfläche *Neu starten* wird Windows zwar beendet, anschließend aber erneut gestartet. Sie können sich dann anmelden und weiter arbeiten. Die Schaltfläche *Ruhezustand* versetzt Windows in einen speziellen »Schlafmodus«, aus dem sich Windows sehr schnell reaktivieren lässt. In allen Fällen beginnt Windows nach Anwahl der Schaltfläche mit dem »Aufräumen«. Hierbei werden Daten auf die Festplatte gespeichert, eventuell noch laufende Programme beendet und die Einstellungen für den nächsten Windows-Start gesichert. Dann wird Windows beendet. Bei modernen Computern schaltet sich der Rechner anschließend automatisch aus und der Bildschirm wird dunkel. Schalten Sie dann bei Bedarf den Monitor noch aus.

Lernkontrolle

Zur Überprüfung Ihrer bisherigen Kenntnisse können Sie die folgenden Fragen bearbeiten (die Lösungen finden Sie in Klammern).

- **Wie erreichen Sie, dass ein Fenster den gesamten Bildschirm einnimmt?**
  (In der rechten oberen Ecke auf die Schaltfläche *Maximieren* klicken)

- **Wie wird ein Programm beendet?**
  (In der rechten oberen Ecke auf die Schaltfläche *Schließen* klicken)

- **Nennen Sie die Alternativen, um ein Programm zu starten.**
  (Über das Startmenü bzw. den Zweig ALLE PROGRAMME, über den Befehl *Ausführen* im Startmenü, durch Doppelklicken auf das Programmsymbol)

- **Wie lässt sich ein Fenster verschieben?**
  (Durch Ziehen der Titelleiste)

- **Wie wechseln Sie zwischen Fenstern?**
  (Das Fenster oder dessen Schaltflächen in der Taskleiste anklicken)

Wenn es an einigen Stellen mit der Beantwortung der Fragen noch etwas hapert, ist dies nicht sonderlich tragisch. Lesen Sie einfach bei Bedarf die vorhergehenden Seiten nochmals. Viele Abläufe sind in Windows ähnlich, d.h. Sie lernen vieles nebenbei, wenn Sie die nächsten Kapitel bearbeiten.

2

Laufwerke, Ordner und Dateien

Was bringt Ihnen dieses Kapitel?

In diesem Kapitel lernen Sie den Umgang mit Laufwerken, Ordnern und Dateien kennen. Sie wissen anschließend, welche Laufwerkstypen es unter Windows gibt und wie Disketten zum Speichern von Daten benutzt werden. Sie können Ordner und/oder Dateien anzeigen, kopieren, löschen, verschieben oder umbenennen. Weiterhin wird der Umgang mit dem Papierkorb gezeigt.

Ihr Erfolgsbarometer

Das können Sie schon:

Windows starten	18
Mit Fenstern arbeiten	27
Programme starten	36
Windows beenden	56

Das lernen Sie neu:

Laufwerke unter Windows	62
Was sind Ordner und Dateien?	65
Arbeiten im Ordnerfenster	67
Ordner und Dateien handhaben	82

Laufwerke unter Windows

Zum Speichern von Daten wie Briefen, Bildern, Fotos, Programmen etc. werden Disketten, Festplatten oder CD-ROMs benutzt. Welche Laufwerke auf Ihrem Computer verfügbar sind, sehen Sie im Fenster *Arbeitsplatz*.

1 Öffnen Sie das Startmenü und klicken Sie auf das Symbol *Arbeitsplatz*.

Windows zeigt Ihnen das Fenster *Arbeitsplatz*. Die verschiedenen Laufwerke sind dabei jeweils durch einen Namen sowie ein Symbol gekennzeichnet und erscheinen in der rechten Spalte.

Die Symbole liefern Ihnen dabei einen Hinweis bezüglich der Laufwerkstypen. Wie viele und welche Symbole Sie sehen, hängt von Ihrem System ab. Die am häufigsten benutzten Laufwerkstypen sind:

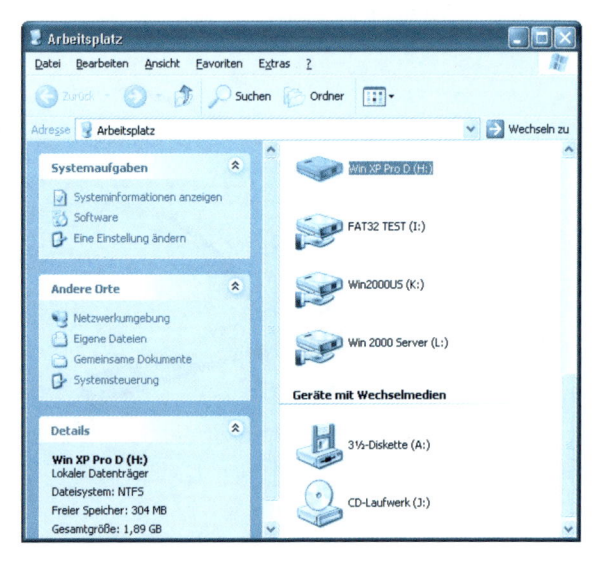

Diskettenlaufwerke werden üblicherweise durch das nebenstehende Symbol dargestellt. Das stilisierte Symbol der Diskette zeigt hier an, dass eine so genannte 3,5-Zoll-Diskette benutzt wird. Dies sind Disketten mit einer Breite und Höhe von ca. 9 cm, die in einem stabilen Plastikgehäuse stecken.

Festplattenlaufwerke erhalten dieses Symbol zugewiesen. Derartige Laufwerke sind fest im Computer eingebaut und lassen sich nicht wie eine Diskette wechseln. Auf einer Festplatte lassen sich wesentlich mehr Daten als auf einer Diskette speichern.

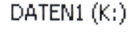

DATEN1 (K:)

CD-Laufwerk (M:)

Besitzt der Computer ein CD-ROM- oder ein DVD-Laufwerk, wird dieses mit dem nebenstehenden Symbol dargestellt.

> **HINWEIS**
>
> Manchmal werden Laufwerke (und Ordner) mit einer stilisierten Hand in der linken unteren Ecke dargestellt. Diese Hand signalisiert, dass das Laufwerk in einem Netzwerk freigegeben ist, d.h. andere Benutzer im Netzwerk können auf dieses Laufwerk zugreifen. Diese stilisierte Hand wird auch für freigegebene Drucker oder Ordner benutzt (siehe auch Kapitel 3).
>
> Test (L:)

Zum Abschluss bleibt noch die Frage: **Wie werden Laufwerke benannt?** Die im Fenster *Arbeitsplatz* angezeigten Bezeichnungen für das Laufwerk können computerspezifisch voneinander abweichen (z.B. Daten1 (K:), System (C:) etc.). Aber alle diese Laufwerksnamen werden mit Buchstaben von A bis Z durchnummeriert und mit einem Doppelpunkt abgeschlossen. Sie können diese Buchstaben im Fenster *Arbeitsplatz* in den Laufwerksbezeichnungen erkennen. Das **Diskettenlaufwerk** wird meist als erstes Laufwerk erkannt und folglich mit dem Buchstaben **A:** benannt. Ein eventuell vorhandenes **zweites Diskettenlaufwerk** erhält den Buchstaben **B:**. Danach folgen die **erste Festplatte** mit dem Buchstaben **C:**. Weitere **Festplatten** bzw. **CD-ROM**-Laufwerke erhalten fortlaufend die Buchstaben **D:**, **E:**, **F:** bis **Z:** zugewiesen.

Der Umgang mit Disketten

Bei der Arbeit am Computer werden Sie vermutlich auch Disketten verwenden. Sie können zum Beispiel Dateien von der Festplatte auf Disketten kopieren und diese Disketten in einem Archiv aufbewahren. Beim Arbeiten mit Disketten sind einige Dinge zu beachten.

Hier sehen Sie eine 3,5-Zoll-Diskette, die in einer stabilen Plastikhülle untergebracht ist.

Der Papieraufkleber (auch als Label bezeichnet) dient zur Beschriftung der Diskette. Eine Diskette sollten Sie immer an diesem Aufkleber anfassen.

Der Metallschieber am unteren Rand schützt die Magnetschicht der in der Plastikhülle befindlichen Kunststoffscheibe vor Staub, Schmutz und Fingerabdrücken.

> **HINWEIS** In der rechten oberen Ecke enthält die Diskette eine kleine rechteckige Öffnung, die durch einen Schieber verschlossen werden kann. Wird diese Öffnung durch den Schieber versperrt, lassen sich Dateien auf die Diskette kopieren. Durch Öffnen der Aussparung lässt sich die Diskette **vor dem Überschreiben schützen**. Eine Öffnung auf der linken Seite der Diskette signalisiert, dass es sich um eine 1,44-Mbyte-Diskette handelt, während eine 720-Kbyte-Diskette diese Öffnung nicht aufweist.

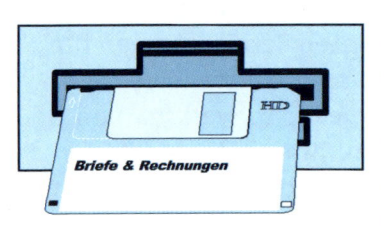

Zum Einlegen der Diskette fassen Sie diese am Papieraufkleber an und schieben sie gemäß nebenstehendem Schema (Metallschieber vorne, Papieraufkleber oben) bis zum Einrasten in das Laufwerk.

Zum Herausnehmen der Diskette drücken Sie die Auswurftaste, die sich am Diskettenlaufwerk befindet.

> **HINWEIS** Die Disketten sollten Sie nach dem Herausnehmen aus dem Laufwerk in einer Diskettenbox wegschließen. Disketten dürfen weder Staub, Flüssigkeiten, Hitze noch Magnetfeldern (direkt neben Telefon, Monitor oder Lautsprecher) ausgesetzt werden, da dies zu Datenverlusten führen kann.

Arbeiten mit CDs und DVDs

Verfügt Ihr Computer über ein CD- oder ein DVD-Laufwerk, können Sie solche Medien einlegen und die darauf enthaltene Musik, Spielfilme abspielen bzw. Daten lesen.

Zum Einlegen der DVD oder CD fassen Sie diese am Rand an, öffnen die Schublade des Laufwerks und legen das Medium mit der spiegelnden Seite nach unten in die Schublade ein.

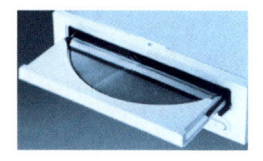

Anschließend fahren Sie die Schublade in das Laufwerk ein. Zum Ein-/Ausfahren dieser Schublade besitzt das Laufwerk eine Auswurftaste in der rechten unteren Ecke. Achten Sie auf jeden Fall darauf, dass die spiegelnde Unterseite der CD/DVD frei von Staub, Schmutz, Kratzern und Fingerabdrücken bleibt. Andernfalls lässt sich das Medium u.U. nicht mehr lesen.

Was sind Ordner und Dateien?

Sobald Sie Briefe schreiben, Bilder bearbeiten oder andere Tätigkeiten unter Windows verrichten, kommen Sie mit den Begriffen Order und Dateien in Berührung. Vielleicht haben Sie sich die Frage gestellt: **Was sind Ordner und Dateien** und wozu braucht man diese? Falls Ihnen diese Begriffe bereits geläufig sind, können Sie diesen Lernschritt überspringen.

Dateien werden vom Computer **benutzt**, **um etwas** (z.B. einen Brief, eine Zeichnung oder ein Bild) aufzubewahren – oder **zu speichern**, wie man dies auch nennt. Eine Datei können Sie sich daher als eine Art Container vorstellen, in den ein Brief, ein Bild, eine Kalkulationstabelle, ein Programm etc. gepackt wurde. Diese Dateien werden unter einem eindeutigen Namen auf der Festplatte des Computers, auf Disketten oder auf CDs abgelegt. Der Name der Datei erlaubt dem Computer und letztlich auch Ihnen, die betreffende Datei wiederzufinden.

> **HINWEIS**
>
> **Regeln für Dateinamen**
> Die **Namen** für Dateien müssen in Windows XP bestimmten Regeln genügen. Ein Dateiname darf bis zu 215 Zeichen lang sein. Um sich unnötige Tipparbeit zu ersparen, sollten Sie Dateinamen aber auf ca. 20 Zeichen begrenzen. Sie dürfen im Namen die Buchstaben A bis Z, a bis z, die Ziffern 0 bis 9, das Leerzeichen und verschiedene andere Zeichen verwenden. Ein gültiger Name wäre *Brief an Müller*. Nicht zulässig sind aber die Zeichen „ / \ | < > : ? * im Dateinamen.

> **HINWEIS**
>
> Neben dem Namen dürfen Dateien noch eine so genannte **Dateinamenerweiterung**(oder kurz Erweiterung bzw. Extension genannt) aufweisen. Hierbei handelt es sich um einen Punkt, dem meist drei weitere Buchstaben folgen (z.B. .TXT, .BMP, .EXE, .BAT, .INI, .DOC etc.). Diese Erweiterungen legen den Typ der Datei fest, d.h. mit welchem Programm eine Datei bearbeitet werden kann.
>
> Standardmäßig zeigt Windows die Dateinamenerweiterungen nicht an. Weiter unten lernen Sie aber, wie Sie die betreffende Darstellung einrichten können. Sie dürfen den Dateinamen und die Erweiterung übrigens mit Groß- und Kleinbuchstaben schreiben. Dieses wird von Windows nicht unterschieden, d.h. die Namen »Brief an Müller.doc« und »brief an müller.doc« werden in Windows gleich behandelt.

Über die Dateinamenerweiterung und damit über den Dateityp werden den Dateien unter Windows noch verschiedene Symbole zugewiesen. Hier sehen Sie einige Beispiele für solche Dateinamen samt Dateinamenerweiterungen und Symbolen.

An den Symbolen lässt sich meist erkennen, was die Datei enthält. Das Symbol eines stilisierten Schreibblocks und die Erweiterung *.txt* stehen für Dateien, die einfache Texte enthalten. Solche Dateien können Sie zum Beispiel mit dem Windows-Programm *Editor* erstellen. Ein stilisierter Pinsel weist auf Grafiken hin, die sich oft mit dem Windows-Programm *Paint* bearbeiten lassen (siehe Kapitel 7).

Brief.doc
Microsoft Word-Dokument
11 KB

Testdatei.txt
Textdokument
1 KB

Foto.bmp
Bitmap

Dateien mit der Erweiterung *.doc* enthalten ebenfalls Texte, die aber zusätzlich Bilder oder speziell formatierte Wörter bzw. Buchstaben (fett, kursiv etc.) enthalten können. Solche *.doc*-Dateien lassen sich mit dem Programm *Microsoft Word* oder mit dem Windows-Programm *WordPad* erstellen (siehe Kapitel 6). Die Erweiterung *.exe* steht für Programmdateien.

> **HINWEIS**
>
> Es gibt noch viele andere Symbole für Dateien, die allerdings von den Dateierweiterungen und den unter Windows installierten Programmen abhängen.

Ordner dienen zur Organisation der Dateiablage. Genau wie im Büro, wo man Ordner zum besseren Auffinden von Briefen und Dokumenten verwendet, nutzt der Computer Ordner zur Strukturierung der Dateiablage.

Dateien

Eigene Bilder

Eigene Musik

Windows ist dabei sehr flexibel: ein Ordner kann nicht nur Dateien enthalten, sondern auch Unterordner.

Ordner werden auf Laufwerken angelegt und besitzen wie Dateien einen Namen sowie ein Symbol. Je nach Inhalt kann Windows dabei sogar verschiedene Ordnersymbole verwenden.

Im Startmenü finden Sie den Eintrag *Eigene Dateien*, der den gleichnamigen Ordner in einem Fenster öffnet. Dieser Ordner ist unter Windows zum Speichern Ihrer Dokumente vorgesehen. Der Ordner besitzt automatisch die Unterordner *Eigene Bilder* und *Eigene Musik*, in denen Sie Musikstücke oder Bilder von Kameras etc. hinterlegen können. Zusätzlich besteht die Möglichkeit, dass Sie sich selbst Ordner zum Ablegen von Dokumenten erzeugen. Sie könnten also einen Ordner *Briefe* anlegen, der seinerseits wieder die Unterordner *Privat*, *Geschäftlich*, *Rechnungen* etc. enthält. Dateien, die thematisch zusammengehören, werden dann in den betreffenden **Ordnern** bzw. Unterordnern abgelegt. Welche Kriterien Sie zur Aufteilung der Dateien in Ordner verwenden, bleibt Ihnen überlassen.

> **HINWEIS**
>
> **Ordner** werden nach den gleichen Kriterien wie Dateien benannt. Allerdings entfällt bei Ordnern in der Regel die bei Dateien benutzte Dateinamenerweiterung. Dateien und Ordner müssen mit einem eindeutigen Namen versehen werden. Sie können in einem Ordner keine zwei Ordner oder Dateien gleichen Namens ablegen. Eine Datei darf jedoch unter ihrem (gleichen) Namen in unterschiedlichen Ordnern gespeichert werden.

Arbeiten im Ordnerfenster

Zur Anzeige des Inhalts von Laufwerken und Ordnern werden in Windows so genannte **Ordnerfenster** benutzt. Dies kennen Sie bereits vom Fenster *Arbeitsplatz*.

1 Arbeitsplatz
Öffnen Sie das Startmenü und klicken Sie auf das Symbol *Arbeitsplatz*.

Windows öffnet das Ordnerfenster *Arbeitsplatz*. Dieses Ordnerfenster ist in zwei Spalten unterteilt. In der linken, als »Aufgabenleiste« bezeichneten Spalten finden Sie verschiedene Informationen sowie Befehle, die Sie durch Anklicken abrufen können. In der rechten Spalte zeigt das Ordnerfenster dagegen den Inhalt der Umgebung *Arbeitsplatz* an.

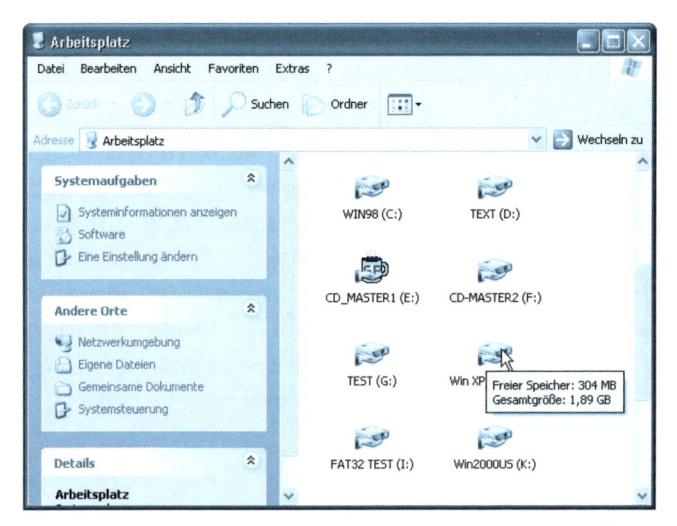

➡ Zeigen Sie im Ordnerfenster auf ein Laufwerkssymbol, blendet Windows dessen Größe (als Kapazität bezeichnet) sowie den noch freien Speicher in einem QuickInfo-Fenster ein.

➡ Klicken Sie auf ein Element in der rechten Spalte des Ordnerfensters, werden Detailinformationen in der unteren Ecke der Aufgabenleiste (in der Rubrik »Details«) angezeigt.

Diese Aufteilung des Ordnerfensters ist typisch für Windows XP. Egal was Sie tun, Sie finden in der linken Spalte der Aufgabenleiste in der obersten Rubrik immer die Befehle, die sich auf die in der rechten Spalte angezeigten Elemente anwenden lassen. In der Rubrik »Andere

Arbeiten im Ordnerfenster

Orte« finden Sie die Symbole anderer Speicherorte wie z.B. *Eigene Dateien*. Durch einen Klick auf einen solchen Hyperlink lässt sich direkt zum gewünschten Speicherort wechseln. Die unterste Rubrik »Details« zeigt Informationen zum jeweils im Ordnerfenster gewählten Element (Laufwerk, Ordner, Datei).

> **HINWEIS**
> Wenn Sie das Fenster genügend verkleinern, blendet Windows die linke Spalte der Aufgabenleiste aus. Sie können aber ein Laufwerks-, Ordner- oder Dateisymbol mit der rechten Maustaste anklicken und im Kontextmenü den Befehl EIGENSCHAFTEN wählen. Dann öffnet Windows ein spezielles Dialogfeld, welches auf verschiedenen Registerkarten die sonst in der linken Spalte angezeigten Eigenschaften sowie weitere Informationen enthält.

Die restlichen Elemente des Fensters wie Bildlaufleisten, Symbolleiste, die Schaltflächen zum Schließen des Fensters etc. kennen Sie ja bereits aus Kapitel 1. Jetzt gilt es, das Arbeiten in Ordnerfenstern zu üben. Das Ordnerfenster *Arbeitsplatz* ist ja noch geöffnet.

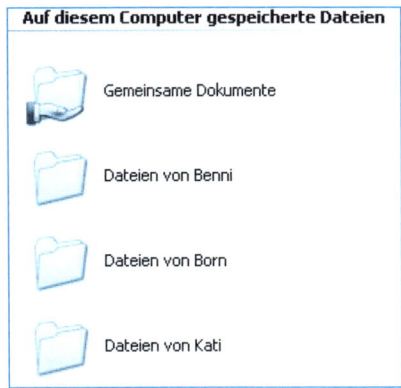

Auf diesem Computer gespeicherte Dateien
- Gemeinsame Dokumente
- Dateien von Benni
- Dateien von Born
- Dateien von Kati

1 Suchen Sie im Fenster *Arbeitsplatz* das Symbol des Ordners *Gemeinsame Dokumente*.

2 Doppelklicken Sie das Symbol des Ordners *Gemeinsame Dokumente*.

69

Jetzt zeigt Windows den Inhalt des betreffenden Ordners im Ordnerfenster. Hier sehen Sie die beiden Ordner *Gemeinsame Bilder* und *Gemeinsame Musik*.

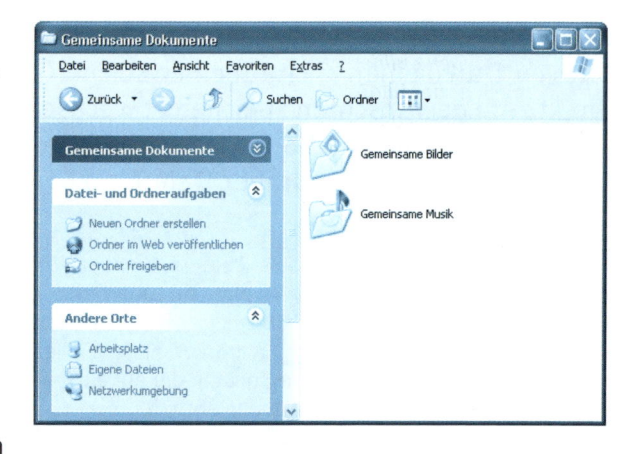

Über die Bildlaufleisten können Sie im Ordnerfenster blättern. Alternativ haben Sie die Möglichkeit, die Größe des Fensters zu verändern. Die entsprechenden Schritte können Sie in Kapitel 1 nachlesen.

3 Doppelklicken Sie auf das Symbol des Ordners *Gemeinsame Bilder*.

4 Doppelklicken Sie auf das Symbol des Ordners *Beispielbilder*.

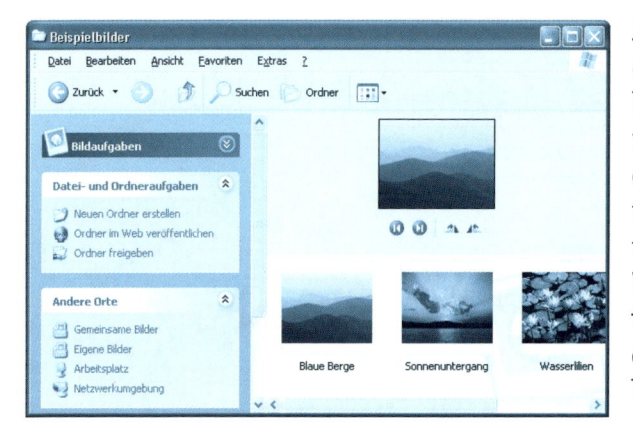

Jetzt öffnet Windows das Fenster des betreffenden Ordners. Hier sehen Sie den Inhalt des Ordners mit verschiedenen Fotos, die bei der Windows-Installation als Dateien in diesem Ordner hinterlegt werden.

ARBEITEN IM ORDNERFENSTER

> **TIPP**
> Beim Ordner *Eigene Bilder* und dessen Unterordnern zeigt Windows übrigens eine Miniaturansicht der Bildinhalte. Ein Doppelklick auf ein solches Bildsymbol veranlasst Windows das Motiv in der Windows Bild- und Faxanzeige aufzurufen. Über dieses Programm können Sie auch eine Diashow starten, bei der alle Bilder des Ordners angezeigt werden. Auf den folgenden Seiten erfahren Sie, wie sich die Darstellung des Ordnerfensters anpassen lässt.

Zusammenfassend lässt sich also sagen, dass sich der Inhalt eines Ordners durch einen Doppelklick auf ein Ordnersymbol im Ordnerfenster anzeigen lässt. Genauso können Sie im Ordnerfenster *Arbeitsplatz* auch das Symbol eines Laufwerks per Doppelklick anwählen, um dessen Inhalt anzuzeigen. Bei Disketten- und CD-Laufwerken müssen Sie lediglich vorher sicherstellen, dass ein Datenträger (Diskette, CD) in das Laufwerk eingelegt wurde.

> **HINWEIS**
> Fehlt der Datenträger, kann Windows nicht auf das Laufwerk zugreifen und fordert Sie über ein Dialogfeld zum Einlegen des Mediums auf. Das Dialogfeld wird nach dem Einlegen des Mediums automatisch oder beim Anklicken der Schaltfläche *Abbrechen* geschlossen.

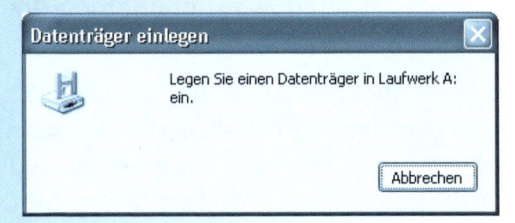

Zu anderen Speicherorten wechseln

Auf den vorhergehenden Seiten haben Sie das Abrufen von Ordnerinhalten über das Ordnerfenster *Arbeitsplatz* gelernt. Sie müssen einfach ein Laufwerks- oder Ordnersymbol doppelt anklicken, schon wird sein Inhalt angezeigt. Wie geht es aber zum vorhergehenden Ordner zurück oder wie gelangen Sie auf einfache Weise zu anderen Speicherorten wie *Eigene Dateien* oder *Arbeitsplatz*? Von den vorhergehenden Schritten sollte noch das Ordnerfenster *Beispielbilder* geöffnet sein.

1 Klicken Sie in der Symbolleiste des Ordnerfensters auf die Schaltfläche *Aufwärts*.

Dann wechselt Windows zum übergeordneten Ordner oder Laufwerk zurück.

Durch schrittweises Anklicken der Schaltfläche *Aufwärts* gelangen Sie also zum Fenster *Arbeitsplatz* und dann sogar zum Ordner *Desktop* zurück. Alternativ können Sie die Taste ⇐ anstelle der Schaltfläche *Aufwärts* drücken, um in der Ordnerhierarchie aufwärts zu gehen. Aber Windows bietet noch mehr Komfort.

In der Kategorie »Andere Orte« der Aufgabenleiste blendet Windows die Symbole weiterer Speicherorte ein. Klicken Sie auf ein solches Symbol, zeigt Windows den Inhalt des betreffenden Speicherorts an.

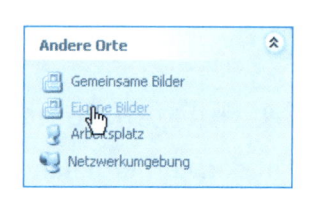

Haben Sie bereits mehrere Ordner im Ordnerfenster abgerufen? Windows merkt sich dies und ermöglicht Ihnen, zwischen diesen Ordnern zu »blättern«.

Über die Schaltflächen *Zurück* und *Vorwärts* lässt sich zum vorherigen oder nächsten Ordner der Liste blättern. Klicken Sie auf den Pfeil neben der Schaltfläche, öffnet sich ein Menü mit den Namen der besuchten Ordner. Klicken Sie einen Namen an, bringt Sie Windows direkt zum betreffenden Ordner.

Arbeiten mit der Ordnerliste

Konnten Sie die obigen Schritte problemlos durchführen? Dann beherrschen Sie bereits die wichtigsten Techniken zum Umgang mit Ordnerfenstern. Ist dies nicht der Fall? Wenn Sie etwas häufiger mit Windows arbeiten, geht dies in »Fleisch und Blut« über. Jetzt sollten Sie aber noch eine »Komfortfunktion« des Ordnerfensters kennen.

1 Öffnen Sie, sofern noch nicht geschehen, das Ordnerfenster *Arbeitsplatz*.

2 Klicken Sie in der Symbolleiste auf diese Schaltfläche.

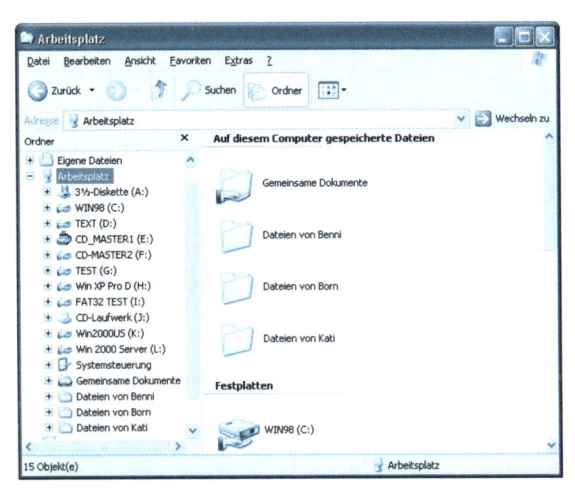

Die Aufgabenleiste verschwindet. Stattdessen erscheint in der linken Spalte die so genannte Explorer-Leiste mit einer Ordnerliste, in der das Element *Desktop*, alle Laufwerke sowie einige spezielle Ordner wie *Eigene Dateien* etc. zu sehen sind.

HINWEIS Lassen Sie sich nicht irritieren, falls bei Ihrem Windows weniger Laufwerke oder Elemente angezeigt werden. Das hier gezeigte System des Autors ist mit sehr vielen Laufwerken ausgestattet.

Diese Ordnerliste erlaubt den schnellen Zugriff auf alle Laufwerke und Ordner des Rechners.

1 Legen Sie eine Diskette in das Diskettenlaufwerk A: ein.

2 Blättern Sie ggf. in der Bildlaufleiste, bis das Diskettenlaufwerk zu sehen ist und klicken Sie auf das betreffende Symbol.

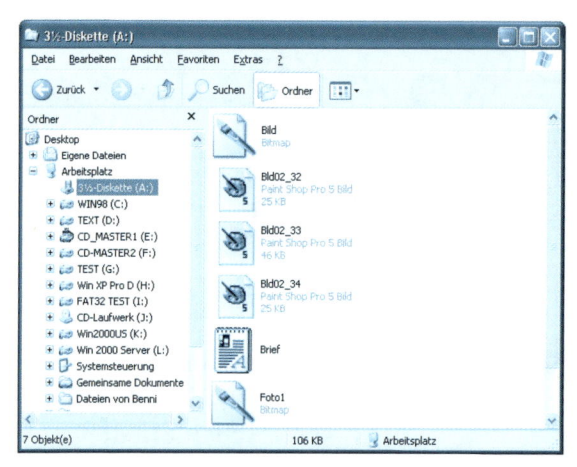

Windows zeigt anschließend direkt den Inhalt dieses Laufwerks im rechten Teil des Fensters an.

Durch Anklicken der betreffenden Ordner- und Laufwerkssymbole innerhalb der Explorer-Leiste lässt sich also der zugehörige Inhalt im rechten Teil des Fensters abrufen. Da die Ordnerliste immer sichtbar bleibt, können Sie sehr schnell zwischen den Ordnern und Laufwerken wechseln.

Vor einigen der Symbole ist ein Kästchen mit einem Pluszeichen zu sehen. Dies signalisiert, dass das Element Unterordner besitzt. Klicken Sie auf das Pluszeichen, expandiert Windows die Darstellung um die Unterordner.

Enthält das Kästchen ein Minuszeichen, wird der gesamte Zweig mit den Unterordnern angezeigt. Klicken Sie auf das Minuszeichen, blendet Windows die untergeordneten Elemente wieder aus.

Vielleicht üben Sie jetzt etwas mit der Ordnerliste und schauen sich einmal an, was bei Ihnen auf den verschiedenen Laufwerken und in den Ordnern gespeichert ist. Klicken Sie einfach in der Ordnerliste auf die betreffenden Symbole.

ARBEITEN IM ORDNERFENSTER

HINWEIS Bei einigen (System-) Ordnern (z.B. beim Windows-Laufwerk) wird Windows im rechten Teil des Fensters keine Dateien anzeigen. Stattdessen erhalten Sie den Hinweis, dass die Dateien ausgeblendet sind, um den Ordnerinhalt zu schützen. Dies hat gute Gründe, Windows möchte vermeiden, dass Sie durch Änderungen in diesen Ordnern die Systemstabilität gefährden.

Anpassung der Ordneranzeige

Sieht die Darstellung des Ordnerfensters auf Ihrem Rechner etwas anders aus? Fehlen die Symbolleiste oder Schaltflächen? Werden die Ordner- und Dateisymbole kleiner dargestellt? Dies ist alles kein Grund zur Sorge. Windows erlaubt viele Anpassungen, was auch für Ordnerfenster gilt. Nachfolgend möchte ich Ihnen zum Einstieg die wichtigsten Tricks zur Anpassung der Anzeige verraten. Dies ermöglicht Ihnen, die Anzeige nach eigenem Gusto zu gestalten.

Fehlt in Ihrem Fenster die **Symbolleiste** mit den Schaltflächen?

1 Öffnen Sie das Ordnerfenster *Eigene Dateien*, indem Sie im Startmenü auf das betreffende Symbol klicken.

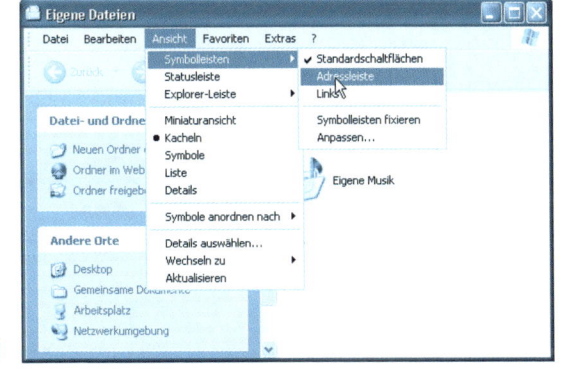

2 Klicken Sie in der Menüleiste auf ANSICHT und dann auf den Befehl SYMBOLLEISTEN.

3 Klicken Sie im Untermenü des Befehls SYMBOLLEISTEN den Eintrag STANDARDSCHALTFLÄCHEN an. Ist der Befehl mit einem Häkchen markiert, wird die Leiste angezeigt. Ein zweiter Mausklick auf den Befehl STANDARDSCHALTFLÄCHEN blendet die Symbolleiste wieder aus.

➡ Über den Befehl ADRESSLEISTE im Untermenü SYMBOLLEISTEN können Sie durch Anklicken wahlweise die Symbolleiste mit dem Feld *Adresse* im Fenster ein- oder ausblenden.

➡ Wählen Sie den Befehl STATUSLEISTE im Menü ANSICHT per Maus an, blendet Windows jeweils die Statusleiste des Fensters ein oder aus.

Sie erkennen im Menü an dem Häkchen vor dem Befehl, ob die zugehörige Leiste eingeblendet ist.

Standardmäßig werden die Symbole der Symbolleiste mit Texten versehen. Bei verkleinertem Ordnerfenster reicht dann ggf. der Platz der Symbolleiste nicht mehr, um alle Schaltflächen anzuzeigen. Windows zeigt dann am rechten Rand der Symbolleiste dieses Symbol »».

1 Klicken Sie in der Menüleiste auf das Symbol »».

2 Im dann angezeigten Menü können Sie auf den gewünschten Befehl klicken.

HINWEIS
Wenn Sie sich bereits etwas mit Windows auskennen, können Sie den Text neben den Schaltflächen ausblenden. Oder Sie entfernen nie oder selten benutzte Schaltflächen aus der Symbolleiste. Wählen Sie im Menü ANSICHT/SYMBOLLEISTEN den Befehl ANPASSEN. Windows öffnet das Dialogfeld *Symbolleiste anpassen*.

ARBEITEN IM ORDNERFENSTER

HINWEIS

Stellen Sie das Listenfeld *Textoptionen* auf »Keine Symboltitel« (einfach auf den Pfeil ⌄ rechts neben dem Listenfeld klicken und die Option wählen). Weiterhin lassen sich in den beiden Listen *Verfügbare Schaltflächen* und *Aktuelle Schaltflächen* jeweils Symbole per Mausklick markieren.

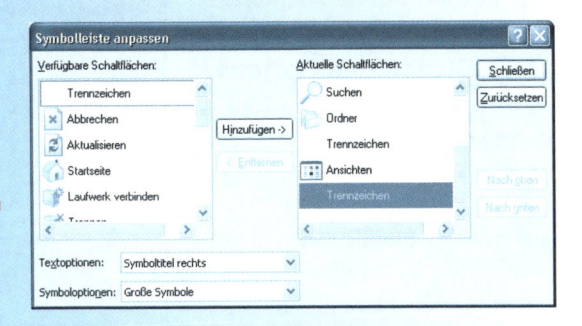

Windows übernimmt über die Schaltfläche *Hinzufügen* das markierte Symbol als Schaltfläche in die rechte Liste *Aktuelle Schaltflächen* und zeigt diese anschließend in der Symbolleiste an. Die Schaltfläche *Entfernen* löscht dagegen die gewählte Schaltfläche aus der rechten Liste und somit auch aus der Symbolleiste. Die Symbolgröße wird über das Listenfeld *Symboloptionen* eingestellt. Schließen lässt sich das Dialogfeld über die gleichnamige Schaltfläche. Über die Schaltfläche der Direkthilfe in der rechten oberen Fensterecke können Sie Zusatzinformationen zum Dialogfeld abrufen (siehe Kapitel 1).

Es gibt eine weitere Stelle, an der Sie die Anzeige im Ordnerfenster beeinflussen können. Standardmäßig zeigt Windows leider keine Dateinamenerweiterungen im Ordnerfenster an. Die Symbole für Dateien erlauben Ihnen zwar einen Rückschluss auf den Dateityp, aber die Dateinamenerweiterung erweist sich häufig als wesentlich hilfreicher. Schalten Sie diese Darstellung bei Bedarf doch einfach ein.

1 Wählen Sie im Menü EXTRAS den Befehl ORDNEROPTIONEN.

2 Aktivieren Sie die Registerkarte *Ansicht*, indem Sie auf den betreffenden Registerreiter klicken.

77

Auf der Registerkarte *Ansicht* finden Sie verschiedene **Kontrollkästchen** und **Optionsfelder**, mit denen Sie die Anzeige beeinflussen können.

3 Wählen Sie die gewünschten Optionen und schließen Sie die Registerkarte über die *OK*-Schaltfläche.

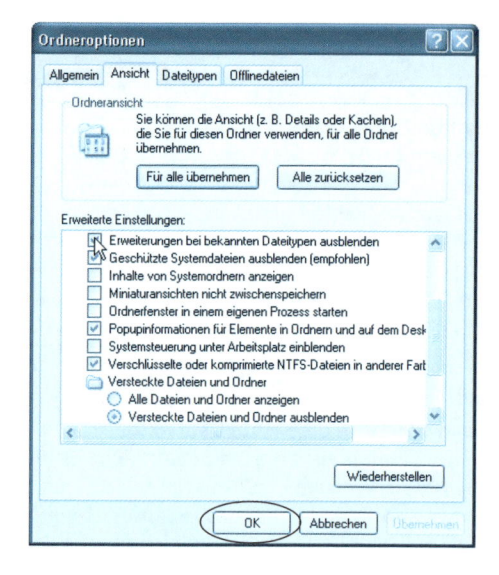

Optionsfelder sind die kleinen Kreise innerhalb eines Dialogfelds. Durch Anklicken eines Optionsfelds können Sie eine Option auswählen. Das gewählte Optionsfeld wird durch einen schwarzen Punkt markiert. Im Gegensatz zu **Kontrollkästchen** lässt sich immer nur eine Option innerhalb einer Gruppe von Optionsfeldern wählen. Bei Kontrollkästchen zeigt ein Häkchen, ob die Option aktiviert ist.

- Sie müssen sicherstellen, dass das Kontrollkästchen *Erweiterungen bei bekannten Dateitypen ausblenden* nicht markiert ist (notfalls per Maus anklicken), um die Dateinamenerweiterungen immer anzuzeigen.

- Markieren Sie (z.B. per Mausklick) im Zweig »Versteckte Dateien und Ordner« das Optionsfeld *Alle Dateien und Ordner anzeigen*. Dies stellt sicher, dass Windows im Ordnerfenster auch versteckte Dateien darstellt.

Details zu den einzelnen Optionen liefert Ihnen die Direkthilfe, die Sie über die in der linken oberen Ecke gezeigte Schaltfläche mit dem Fragezeichen abrufen können (siehe auch Kapitel 1).

Arbeiten im Ordnerfenster

Anpassen der Symbolgröße im Ordnerfenster

Früher oder später wird Ihnen auffallen, dass im Ordnerfenster *Arbeitsplatz*, *Eigene Dateien* und/oder in den Fenstern der zugehörigen Unterordner **unterschiedliche Symbolgrößen** benutzt werden. Einige Fenster verwenden große Symbole für Ordner und Dateien, in anderen Fenstern erscheinen vielleicht kleine Symbole. Manchmal ist dann noch eine Liste zu sehen, die neben dem Dateinamen die Dateigröße oder das Datum der Erstellung anzeigt. Sie können die Art der Darstellung sehr einfach über die Symbolleiste einstellen.

1 Vergrößern Sie das Ordnerfenster, bis alle Schaltflächen der Symbolleiste zu sehen sind.

2 Klicken Sie auf den Pfeil rechts neben der Schaltfläche *Ansichten*.

Windows öffnet ein Menü und zeigt durch einen kleinen Punkt, welcher Modus gerade aktiv ist. Hier ist der Menüeintrag KACHELN aktiv, Sie sehen also Ordner und Dateien als Kacheln.

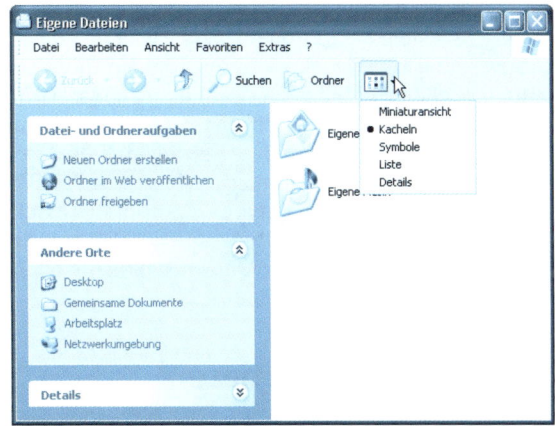

3 Klicken Sie im Menü auf den Menüeintrag DETAILS.

Windows benutzt nun eine Liste mit den Spalten *Name, Größe, Typ* etc.

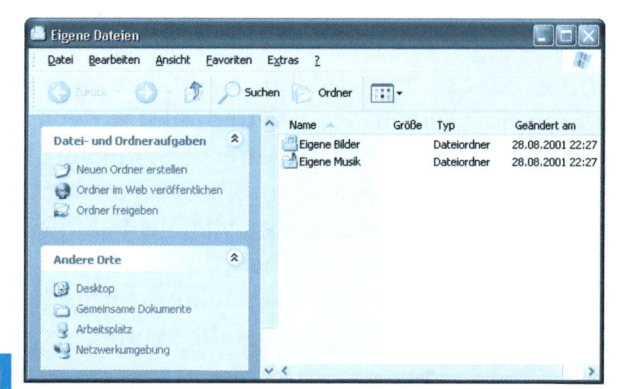

4 Wiederholen Sie jetzt die obigen Schritte und wählen Sie abwechselnd die Einträge SYMBOLE, LISTE und MINIATURANSICHT.

Windows passt dann die Darstellung der Dateianzeige entsprechend an. Bei der Miniaturansicht zeigt das Ordnerfenster um jede Datei einen kleinen Rahmen. Je nach Dateityp wird im Rahmen ein Symbol oder eine Vorschau auf den Dateiinhalt angezeigt.

> **TIPP**
> Die Anzeigemodi können Sie auch direkt über die betreffenden Befehle des Menüs ANSICHT umstellen. Beim Ordner *Eigene Bilder* und dessen Unterordnern finden Sie zusätzlich den Befehl FILMSTREIFEN, mit dem Sie eine Vorschau auf das aktuelle Bild abrufen können. Ein Doppelklick auf eine Bilddatei öffnet diese in der Windows Bild- und Faxanzeige. In diesem Fenster finden Sie Funktionen, um das Bild zu drehen, zu drucken oder zur Bearbeitung im Programm Paint zu öffnen. Sie können in der Aufgabenleiste des Ordnerfensters auch den Befehl ALS DIASHOW ANZEIGEN wählen. Dann blendet Windows eine automatisch ablaufende Diashow mit den Bildern des Ordners ein. Die Steuerung der Diashow erfolgt über Schaltflächen, die erscheinen, sobald Sie mit der Maus in die rechte obere Ecke des Bildschirms zeigen.

Ordneranzeige sortieren

Die Symbole für Dateien und Ordner werden in der Anzeige nach bestimmten Kriterien sortiert. Sie können diese Sortierkriterien über den Befehl SYMBOLE ANORDNEN NACH im Menü ANSICHT einstellen.

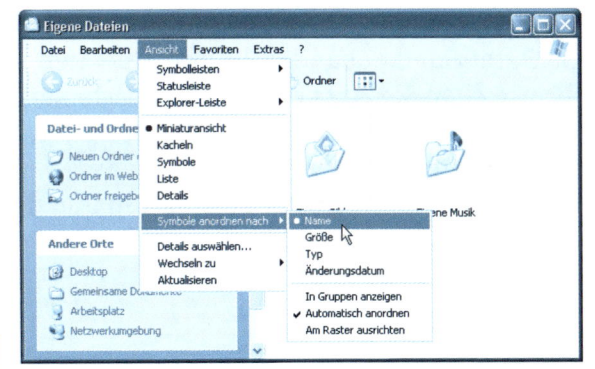

ARBEITEN IM ORDNERFENSTER

1 Klicken Sie in der Menüleiste auf ANSICHT und dann auf SYMBOLE ANORDNEN NACH.

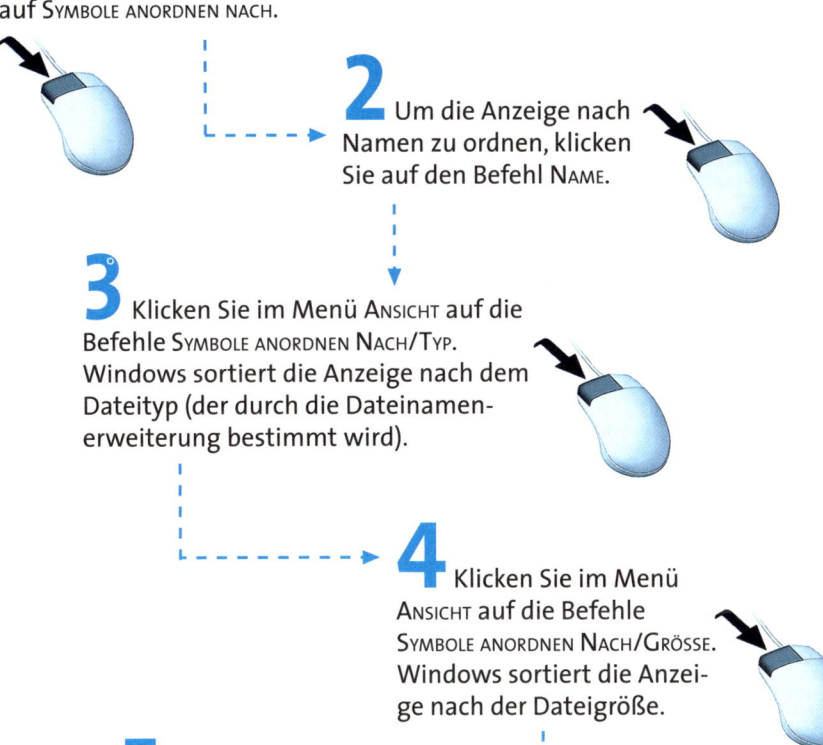

2 Um die Anzeige nach Namen zu ordnen, klicken Sie auf den Befehl NAME.

3 Klicken Sie im Menü ANSICHT auf die Befehle SYMBOLE ANORDNEN NACH/TYP. Windows sortiert die Anzeige nach dem Dateityp (der durch die Dateinamenerweiterung bestimmt wird).

4 Klicken Sie im Menü ANSICHT auf die Befehle SYMBOLE ANORDNEN NACH/GRÖSSE. Windows sortiert die Anzeige nach der Dateigröße.

5 Wählen Sie im Menü ANSICHT die Befehle SYMBOLE ANORDNEN NACH/ÄNDERUNGSDATUM.

Windows sortiert beim zuletzt genannten Befehl die Anzeige nach dem Datum, an dem die Datei zuletzt geändert wurde. Über den Befehl IN GRUPPEN ANZEIGEN erreichen Sie, dass Windows die Liste nach den Anfangsbuchstaben der Ordner- und Dateinamen gruppiert. Haben Sie gleichzeitig als Sortieroption den Typ gewählt, fasst Windows im Ordnerfenster *Arbeitsplatz* z.B. die Festplatten und die Laufwerke mit Wechselmedien (Disketten, CDs) – wie in diesem Buch gezeigt – in getrennten Gruppen zusammen.

> **HINWEIS**
>
> Selbst der Windows-Desktop ist letztendlich nichts anderes als ein Ordner. Klicken Sie mit der rechten Maustaste auf eine freie Stelle des Desktops, lässt sich im **Kontextmenü** der Befehl SYMBOLE ANORDNEN NACH und dann eine Option im Untermenü wählen. Mit dem Befehl AUTOMATISCH ANORDNEN im Menü ANSICHT/SYMBOLE ANORDNEN NACH erreichen Sie, dass Windows die Symbole automatisch am Raster ausrichtet. Sie können dann zum Beispiel die Symbole auf dem Desktop nicht mehr an beliebige Positionen ziehen. Windows schiebt diese sofort an die alte Position zurück. Wählen Sie den Befehl AM RASTER AUSRICHTEN, richtet Windows die Symbole im Ordnerfenster oder auf dem Desktop an einem »gedachten« Raster aus. Beide Befehle sind aber gesperrt, wenn das Ordnerfenster auf den Anzeigemodus »Details« gesetzt ist.
>
> Klicken Sie mit der rechten Maustaste auf ein Objekt, öffnet Windows ein Menü, in dem die gerade (im Kontext) verfügbaren Befehle erscheinen. Man bezeichnet dieses Menü daher als **Kontextmenü**.

Ordner und Dateien handhaben

Auf den vorhergehenden Seiten haben Sie den Umgang mit dem Ordnerfenster gelernt und wissen auch, wie sich die Darstellung bei Bedarf anpassen lässt. Jetzt ist es an der Zeit, einige Grundlagen über den Umgang mit Dateien und Ordnern zu lernen. Sie erfahren beispielsweise, wie sich Ordner und Dateien kopieren, löschen oder umbenennen lassen.

Neue Ordner und Dateien anlegen

Um einen neuen Ordner auf einer Festplatte, auf einer Diskette, im Ordner *Eigene Dateien* oder in einem bestehenden Ordner anzulegen, gehen Sie in folgenden Schritten vor:

Ordner und Dateien handhaben

1 Öffnen Sie das Fenster mit dem Laufwerk oder dem Ordner (für dieses Beispiel können Sie den Befehl EIGENE DATEIEN im Startmenü anwählen).

2 Klicken Sie mit der rechten Maustaste auf eine freie Stelle im Ordnerfenster.

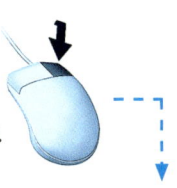

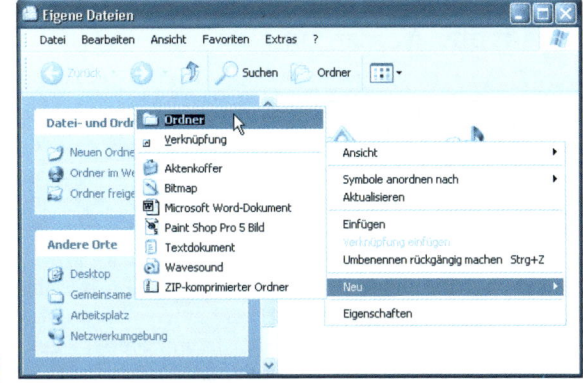

> **HINWEIS**
> Oder Sie klicken den Befehl *Neuen Ordner erstellen* in der Aufgabenleiste an.

3 Zeigen Sie im Kontextmenü auf den Befehl NEU und klicken Sie dann auf ORDNER.

Windows legt einen neuen Ordner mit dem Namen *Neuer Ordner* im Fenster an. Der Name des neuen Ordners ist dabei farblich markiert, d.h., Sie können diesen Namen noch ändern.

4 Tippen Sie den neuen Namen für den Ordner per Tastatur ein.

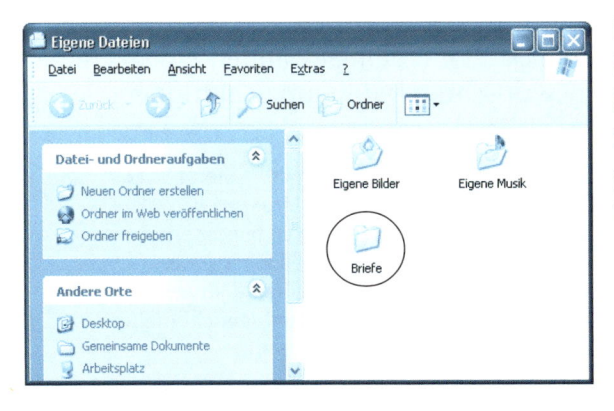

In nebenstehendem Fenster wurde als Name *Briefe* gewählt. Sie können aber jeden gültigen Ordnernamen verwenden.

83

5 Klicken Sie anschließend auf eine freie Stelle im Fenster.

Windows hebt die Markierung auf und weist dem neuen Ordner den eingetippten Namen zu.

> **HINWEIS**
>
> Und an dieser Stelle noch ein besonderer Tipp: Windows unterstützt auch so genannte »komprimierte Ordner«. Legen Sie in einem solchen Ordner Textdateien oder Bilder im BMP-Format ab, benötigen diese wesentlich weniger Speicherplatz auf dem Datenträger als bei der Verwendung normaler Ordner. Diese komprimierten Ordner lassen sich genauso handhaben wie normale Ordner. Lediglich beim Anlegen müssen Sie im Kontextmenü die Befehle NEU/ZIP-KOMPRIMIERTER ORDNER wählen. Diese Ordner werden mit nebenstehendem Symbol dargestellt. Genaugenommen handelt es sich bei diesem Ordner eigentlich um eine Datei, die mit der Dateinamenerweiterung *.zip* versehen ist. Windows integriert diesen Dateityp aber so, dass Sie diesen wie Ordner behandeln können.
>
> Neu ZIP-komprimierter Ordner

Neue Dateien werden Sie in den meisten Fällen mit Textprogrammen, Zeichenprogrammen etc. erzeugen (siehe folgende Kapitel). Diese Programme sorgen automatisch dafür, dass die betreffenden Dateitypen für neue Dateien benutzt werden. Windows erlaubt Ihnen jedoch, leere Dateien bestimmter Dateitypen ohne Aufruf des Anwendungsprogramms anzulegen. Sie können dann zum Beispiel eine Vorlage für einen Brief oder eine leere Textdatei erzeugen. Hierzu gehen Sie genau wie oben beschrieben beim Anlegen eines Ordners vor, wählen aber im Kontextmenü den Befehl für den gewünschten Dateityp (z.B. BITMAP, TEXTDOKUMENT, MICROSOFT WORD DOKUMENT etc.). Windows legt eine neue Datei mit dem gewählten Typ an, und Sie müssen nur noch den gewünschten Dateinamen eintippen.

> **ACHTUNG**
>
> Haben Sie die Anzeige der Dateinamenerweiterung eingeschaltet (Menü EXTRAS/ORDNEROPTIONEN, Registerkarte *Ansicht*, Kontrollkästchen *Erweiterungen bei bekannten Dateitypen ausblenden* nicht markiert)? Dann werden die Dateinamenerweiterungen (*.doc, .bmp, .txt* etc.) mit angezeigt. Beim Umbenennen einer Datei müssen Sie darauf achten, dass die vorher zugewiesene Dateinamenerweiterung erhalten bleibt. Andernfalls kann Windows den korrekten Dateityp nicht mehr erkennen und ruft ggf. ein falsches Programm zur Bearbeitung auf.

Ordner und Dateien umbenennen

Haben Sie beim Anlegen einer neuen Datei oder eines Ordners unbeabsichtigt neben das Symbol geklickt? Dann verwendet Windows einen vorgegebenen Namen. Oder möchten Sie der Datei bzw. dem Ordner einen neuen Namen geben? Die Namen von Dateien oder Ordnern lassen sich nachträglich sehr einfach ändern:

1 Klicken Sie auf das Symbol des umzubenennenden Ordners oder der Datei.

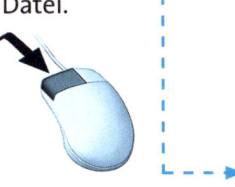

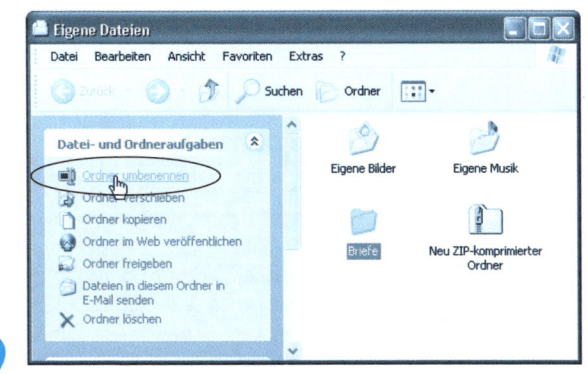

2 Wählen Sie in der Aufgabenleiste den Befehl ORDNER UMBENENNEN bzw. DATEI UMBENENNEN.

> **HINWEIS**
> Drücken Sie bei einer markieren Datei oder bei einem markierten Ordner die Funktionstaste F2, lässt sich der Name ebenfalls ändern. Der Befehl UMBENENNEN steht übrigens auch im Kontextmenü zur Verfügung (zum Öffnen des Menüs mit der rechten Maustaste auf das Symbol klicken).

Windows markiert den Namen des Elements.

3 Klicken Sie bei Bedarf auf eine Textstelle im Namen.

Windows hebt dann die Markierung auf und zeigt einen senkrechten blinkenden Strich (die **Einfügemarke**).

4 Tippen Sie den neuen Namen ein.

Die eingetippten Buchstaben erscheinen an der Position der Einfügemarke. Der rechts von der Einfügemarke stehende Teil des alten Namens wird gleichzeitig nach rechts verschoben.

> **HINWEIS**
>
> Der Befehl UMBENENNEN markiert automatisch den kompletten Dateinamen. Markierte **Textstellen** werden beim Drücken der ersten Taste durch den Buchstaben ersetzt. Durch Anklicken einer Textstelle lässt sich die **Markierung** wie in Schritt 3 gezeigt **aufheben**. **Überflüssige Zeichen**, die rechts von der Einfügemarke stehen, können Sie mit der [Entf]-Taste löschen. Zeichen links vom Textcursor entfernen Sie mit der [⇐]-Taste. Weiterhin lassen sich die so genannten Cursortasten [←] und [→] benutzen, um die **Einfügemarke** im Text zu **verschieben**. **Markieren** lässt sich ein (Teil-) Text, indem Sie auf das erste Zeichen klicken und dann die Maus bei gedrückter linker Maustaste über den Text ziehen. Markierte Stellen werden mit einem farbigen Hintergrund hervorgehoben. Diese Tasten sollten Sie sich merken, da diese bei allen Texteingaben äußerst nützlich sind (wird in Kapitel 6 beim Schreiben von Briefen besonders deutlich).

5 Klicken Sie mit der linken Maustaste auf eine freie Stelle des Desktops bzw. Ordnerfensters.

Windows ändert anschließend den Namen des Ordners (bzw. der Datei) und hebt die Markierung auf.

Ordner und Dateien kopieren bzw. verschieben

Dateien lassen sich zwischen Ordnern der Festplatte, zwischen Festplatte und Diskette oder auch zwischen zwei Festplatten kopieren und verschieben. Beim Kopieren liegen anschließend zwei Exemplare der Datei vor, beim Verschieben wird die Datei an die neue Position »verschoben«. Nehmen Sie zum Beispiel einen Brief, den Sie für eine

Ordner und Dateien handhaben

spätere Verwendung aufheben möchten. Kopieren Sie die Datei mit dem Brief auf eine Diskette und schließen Sie die Diskette weg. Möchten Sie einen Brieftext als Vorlage für ein neues Schreiben verwenden, ohne die Vorlage zu verändern? Eine Kopie der Datei mit dem Brieftext, die unter neuem Namen in einem Ordner abgelegt wird, löst das Problem.

An einem konkreten Beispiel lernen Sie, wie sich Dateien oder Ordner kopieren oder verschieben lassen. Zuerst sind einige Vorbereitungen zu treffen.

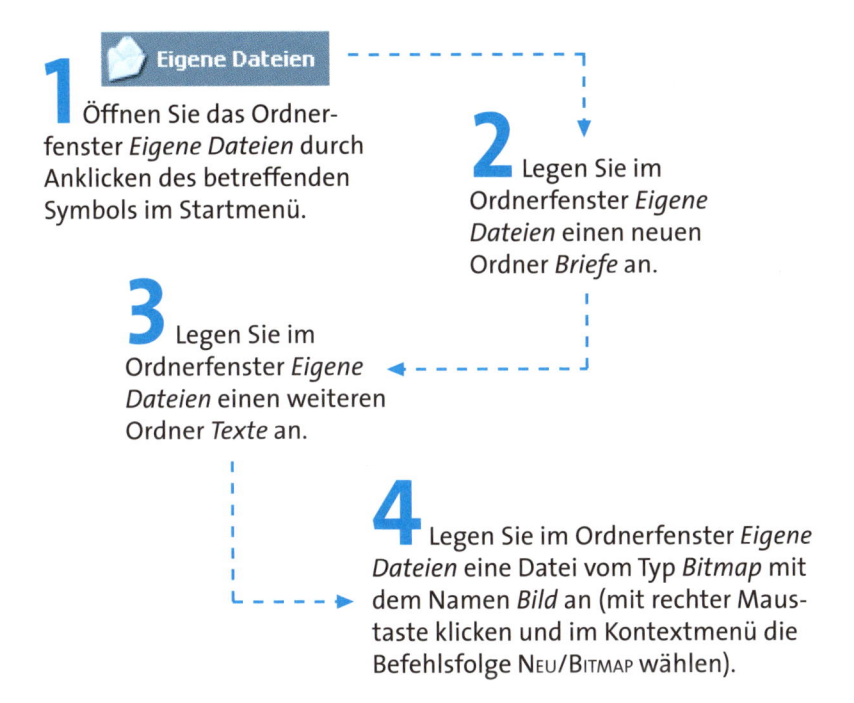

1 Öffnen Sie das Ordnerfenster *Eigene Dateien* durch Anklicken des betreffenden Symbols im Startmenü.

2 Legen Sie im Ordnerfenster *Eigene Dateien* einen neuen Ordner *Briefe* an.

3 Legen Sie im Ordnerfenster *Eigene Dateien* einen weiteren Ordner *Texte* an.

4 Legen Sie im Ordnerfenster *Eigene Dateien* eine Datei vom Typ *Bitmap* mit dem Namen *Bild* an (mit rechter Maustaste klicken und im Kontextmenü die Befehlsfolge Neu/Bitmap wählen).

Das Anlegen von Ordnern und Dateien wurde auf den vorhergehenden Seiten gezeigt. Sobald alles vorbereitet ist, kann es losgehen. In der ersten Stufe soll der **Ordner** *Texte* in den Ordner *Briefe* **verschoben werden**.

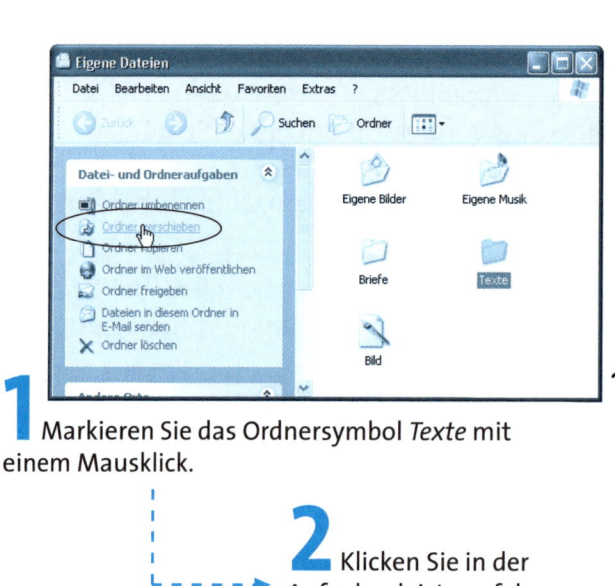

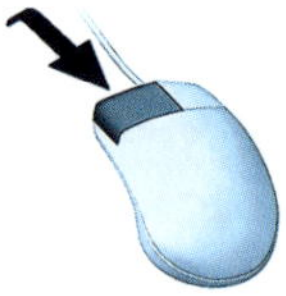

1 Markieren Sie das Ordnersymbol *Texte* mit einem Mausklick.

2 Klicken Sie in der Aufgabenleiste auf den Befehl *Ordner verschieben*.

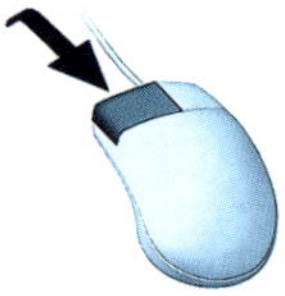

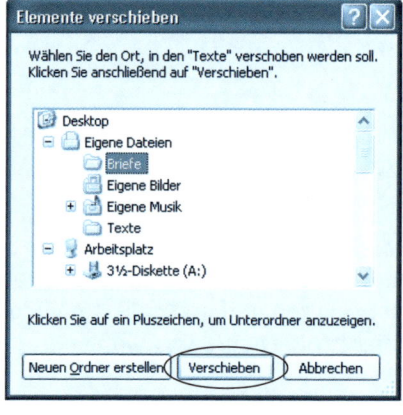

Die Auswahl in der Ordnerhierarchie erfolgt ähnlich wie in der Explorer-Leiste des Ordnerfensters (siehe vorhergehende Lernschritte).

3 Wählen Sie im Dialogfeld *Elemente verschieben* den Zielordner.

4 Klicken Sie im Dialogfeld auf die Schaltfläche *Verschieben*

Ordner und Dateien handhaben

Jetzt verschiebt Windows den Ordner *Texte* in den Ordner *Briefe*. Beim Verschieben verschwindet das Ordnersymbol aus *Eigene Dateien* und wandert in den Unterordner *Briefe*. Sie können dies prüfen, indem Sie im Ordnerfenster *Eigene Dateien* auf das Symbol des Ordners *Briefe* doppelklicken.

Auf diese Weise können Sie einen beliebigen Ordner samt Inhalt von einem Ort zu einem anderen Ort verschieben. Die Kunst besteht lediglich darin, im Dialogfeld *Elemente verschieben* den richtigen Zielort auszuwählen. Aber dies ist mit ein wenig Übung auch kein Problem, da Windows alle erreichbaren Zielordner und Laufwerke in der Liste anzeigt.

Eine **Datei** lässt sich mit den gleichen Schritten **verschieben**. Sie müssen im Ordnerfenster lediglich das Symbol einer Datei statt eines Ordners markieren. Dann erscheint in der Aufgabenleiste der Befehl *Datei verschieben*, den Sie anklicken müssen.

In einem weiteren Durchgang soll jetzt noch die im Ordner *Eigene Dateien* enthaltene **Datei** *Bild.bmp* in den Unterordner *Briefe* **kopiert** werden.

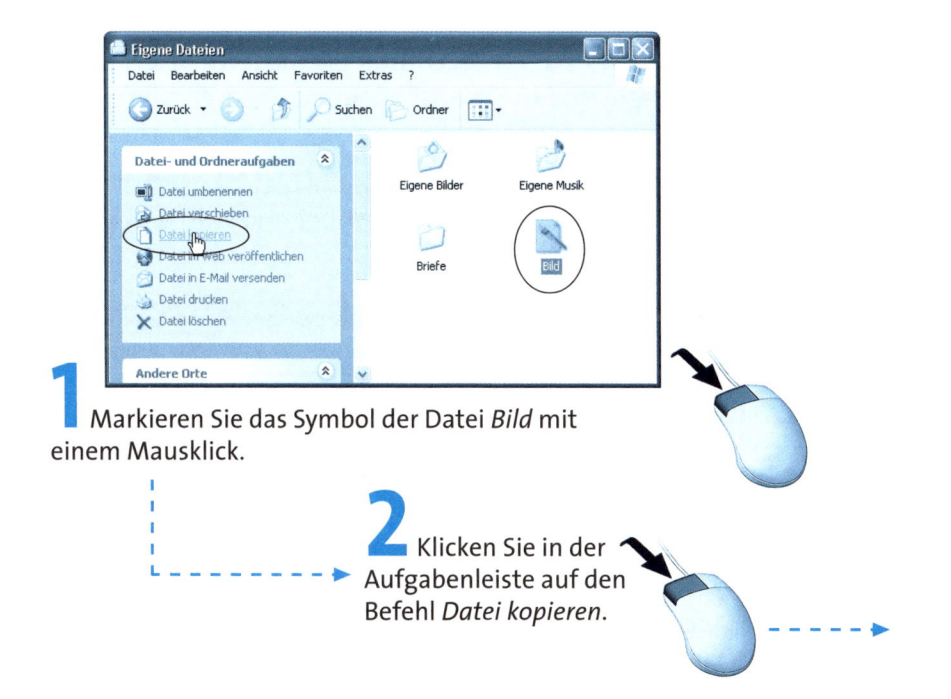

1 Markieren Sie das Symbol der Datei *Bild* mit einem Mausklick.

2 Klicken Sie in der Aufgabenleiste auf den Befehl *Datei kopieren*.

89

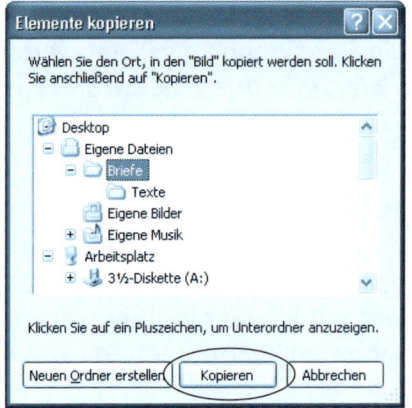

3 Wählen Sie im Dialogfeld *Elemente kopieren* den Zielordner *Briefe*.

Hier sehen Sie übrigens den oben verschobenen Unterordner *Texte* in der Ordnerhierarchie.

4 Klicken Sie im Dialogfeld auf die Schaltfläche *Kopieren*.

Jetzt kopiert Windows die Datei *Bild* in den Ordner *Briefe*. Die Originaldatei bleibt beim Kopieren im Ordner *Eigene Dateien* erhalten. Im Unterordner *Briefe* finden Sie anschließend ebenfalls eine Datei dieses Namens.

Zum Kopieren eines Ordners werden übrigens die gleichen Schritte benutzt. Sie markieren lediglich ein Ordnersymbol und wählen in der Aufgabenleiste den Befehl *Ordner kopieren*.

Bei sehr großen Dateien oder umfangreichen Ordnern wird während des Kopiervorgangs oder beim Verschieben zusätzlich der Fortschritt in einem kleinen Fenster angezeigt.

1 Wiederholen Sie die letzten Schritte und kopieren Sie nochmals die Datei *Bild* aus dem Ordner *Eigene Dateien* in den Unterordner *Briefe*.

Ordner und Dateien handhaben

Windows stellt beim Kopieren fest, dass bereits eine Datei mit dem betreffenden Namen am Zielort vorhanden ist. Es wird dann das nebenstehende Dialogfeld angezeigt. Mit der Schaltfläche *Nein* brechen Sie den Kopiervorgang ab.

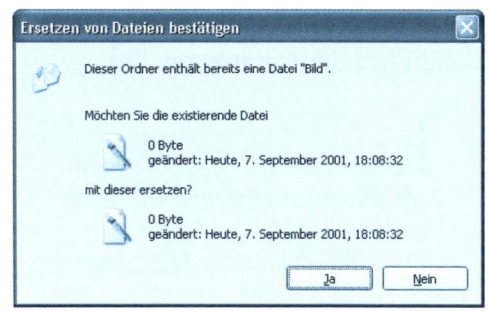

Wählen Sie die Schaltfläche *Ja*, überschreibt Windows die Kopie der Datei auf der Diskette.

HINWEIS
Immer dann, wenn eine Datei oder ein Ordner im Ziel bereits unter dem betreffenden Namen existiert, gibt Windows beim Kopieren oder Verschieben eine Warnung aus. Sie können dann entscheiden, ob die Dateien bzw. Ordner trotzdem kopiert bzw. verschoben werden sollen oder nicht. Lediglich wenn Sie eine Datei oder einen Ordner mit den obigen Schritten im aktuellen Ordner kopieren, passt Windows den neuen Namen automatisch an, indem der Text »Kopie von« vor den Namen der Ursprungsdatei gesetzt wird.

TIPP
Haben Sie eine Datei oder einen Ordner irrtümlich verschoben oder kopiert? Fast alle Dateioperationen lassen sich sofort nach der Ausführung rückgängig machen. Klicken Sie mit der rechten Maustaste eine freie Stelle im Ordnerfenster an und wählen Sie im Kontextmenü den Befehl *xxx rückgängig machen*, wobei *xxx* für den Befehl steht.

Oder drücken Sie die Tastenkombination [Strg]+[Z]. Windows nimmt dann den zuletzt gegebenen Befehl zurück. Nach einem Kopiervorgang werden die Objekte im Zielordner gelöscht, beim Verschieben einfach zurückgeschoben.

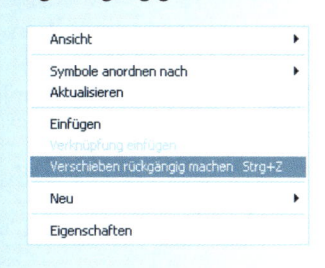

Eine Alternative zum Kopieren/Verschieben

Die auf den vorhergehenden Seiten beschriebenen Schritte zum Kopieren oder Verschieben von Ordnern oder Dateien sind intuitiv nachvollziehbar. Windows bietet aber weitere Möglichkeiten, diesen Vorgang durchzuführen. Über das Startmenü können Sie beispielsweise mehrere Ordnerfenster öffnen und diese nebeneinander anordnen. Dann lässt sich das Kopieren bzw. Verschieben durch Ziehen mit der Maus erreichen.

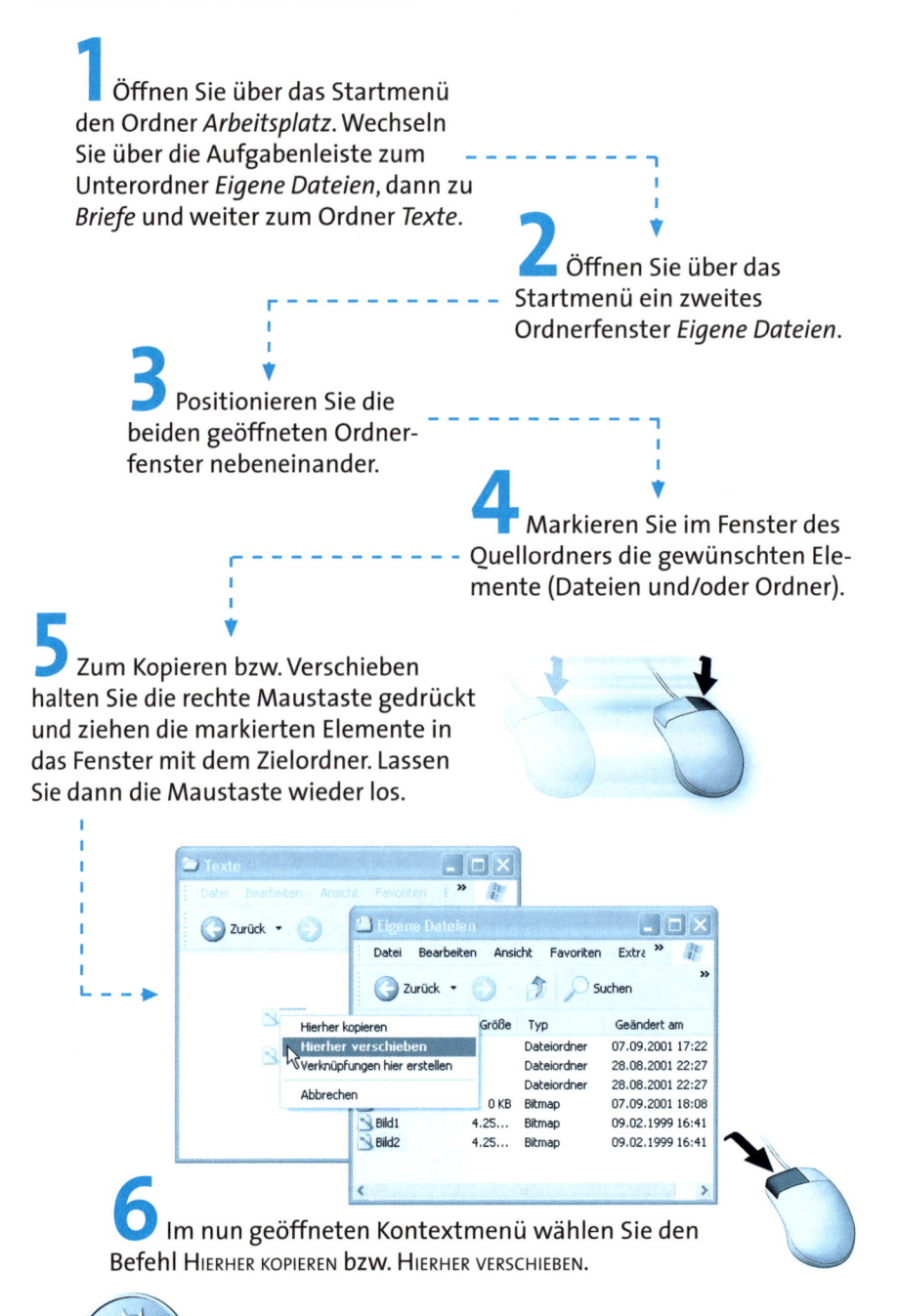

1 Öffnen Sie über das Startmenü den Ordner *Arbeitsplatz*. Wechseln Sie über die Aufgabenleiste zum Unterordner *Eigene Dateien*, dann zu *Briefe* und weiter zum Ordner *Texte*.

2 Öffnen Sie über das Startmenü ein zweites Ordnerfenster *Eigene Dateien*.

3 Positionieren Sie die beiden geöffneten Ordnerfenster nebeneinander.

4 Markieren Sie im Fenster des Quellordners die gewünschten Elemente (Dateien und/oder Ordner).

5 Zum Kopieren bzw. Verschieben halten Sie die rechte Maustaste gedrückt und ziehen die markierten Elemente in das Fenster mit dem Zielordner. Lassen Sie dann die Maustaste wieder los.

6 Im nun geöffneten Kontextmenü wählen Sie den Befehl Hierher kopieren bzw. Hierher verschieben.

ORDNER UND DATEIEN HANDHABEN

HINWEIS In diesem Beispiel wurden die Ordnerfenster übrigens so weit verkleinert, dass Windows die Aufgabenleiste in der linken Spalte des Ordnerfensters ausblendet.

Jetzt kopiert oder verschiebt Windows die markierten Elemente vom Quellordner in den Zielordner.

Mehrere Dateien/Ordner gleichzeitig handhaben

Sie können mehrere Dateien oder Ordner gleichzeitig bearbeiten (d.h. kopieren, verschieben, löschen etc.). Hierzu müssen Sie diese Elemente nur markieren. Dies soll jetzt geübt werden.

1 Öffnen Sie die Ordnerfenster *Eigene Dateien* und erzeugen Sie einige zusätzliche leere Dateien (siehe vorhergehende Seiten).

2 Schalten Sie die Anzeige des Ordnerfensters in den Modus »Details« (siehe vorhergehende Seiten), da dies beim Markieren einige Vorteile bietet.

Jetzt benötigen Sie noch eine Methode, um mehrere Dateien (oder Ordner) zum Kopieren, Verschieben oder Löschen zu **markieren**:

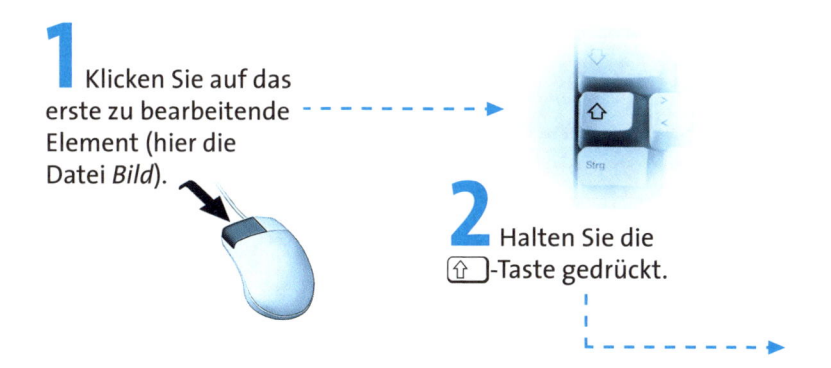

1 Klicken Sie auf das erste zu bearbeitende Element (hier die Datei *Bild*).

2 Halten Sie die ⇧-Taste gedrückt.

93

3 Klicken Sie auf das letzte zu bearbeitende Element (hier die Datei *Bild2*).

Windows markiert jetzt alle dazwischenliegenden Elemente. Sie sehen dies hier an der farbigen Hinterlegung der Dateinamen.

Möchten Sie mehrere Dateien markieren, die nicht nebeneinander liegen?

1 Halten Sie die [Strg]-Taste gedrückt.

2 Klicken Sie dann auf die zu markierenden Dateien.

Anschließend können Sie die weiter oben oder nachfolgend beschriebenen Schritte zum Kopieren, Verschieben oder Löschen der Elemente (Ordner, Dateien) ausführen.

Eine Diskette kopieren

Zum Kopieren bzw. Verschieben von Dateien bzw. Ordnern können Sie auch ein Diskettenlaufwerk als Ziel wählen. Um eine vollständige Kopie einer Diskette mit Dateien auf einer zweiten Diskette anzufertigen, sind aber folgende Schritte auszuführen.

1 Legen Sie die Diskette mit den Daten in das Diskettenlaufwerk ein.

ORDNER UND DATEIEN HANDHABEN

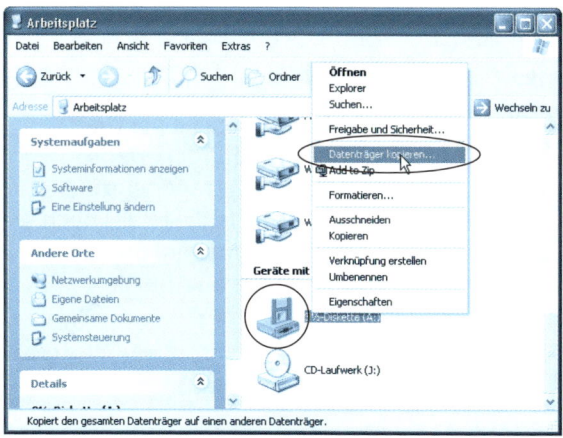

2 Öffnen Sie das Fenster *Arbeitsplatz*.

3 Klicken Sie mit der rechten Maustaste auf das Symbol des Diskettenlaufwerks.

4 Wählen Sie im Kontextmenü den Befehl DATENTRÄGER KOPIEREN.

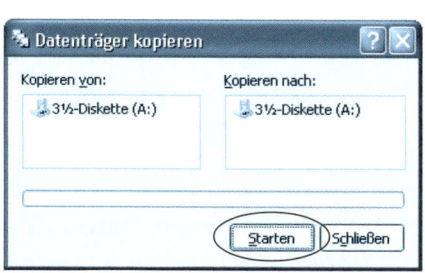

5 Verfügen Sie über mehrere Diskettenlaufwerke, wählen Sie im Dialogfeld *Datenträger kopieren* das Laufwerk für die Quell- und Zieldiskette durch Anklicken.

95

6 Klicken Sie auf die Schaltfläche *Starten*, um den Kopiervorgang zu starten.

7 Werden Sie per Dialogfeld aufgefordert, den Quelldatenträger einzulegen, tun Sie dies (falls noch nicht geschehen) und klicken Sie auf die *OK*-Schaltfläche.

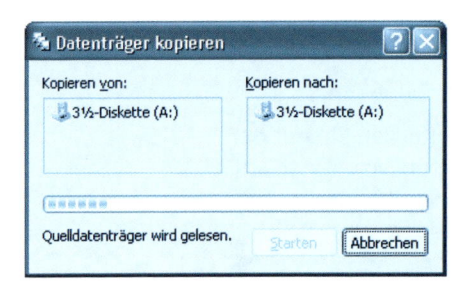

Windows liest die Daten der Quelldiskette ein. Eine Fortschrittsanzeige informiert Sie über den Status.

Wurden die Daten gelesen, fordert Windows Sie zum Wechsel der Disketten auf.

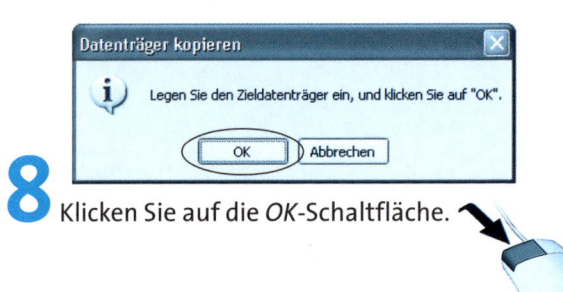

8 Klicken Sie auf die *OK*-Schaltfläche.

Windows schreibt anschließend die Daten auf die neue (Ziel-) Diskette. Das Dialogfeld *Datenträger kopieren* informiert Sie über den Fortschritt der Operation. Ist das Kopieren der Diskette abgeschlossen, erscheint eine entsprechende Meldung im Dialogfeld *Datenträger kopieren*.

ORDNER UND DATEIEN HANDHABEN

9 Schließen Sie das Dialogfeld über die Schaltfläche Schließen.

10 Nehmen Sie die Diskette aus dem Laufwerk.

Sie besitzen jetzt eine exakte Kopie der Ursprungsdiskette.

HINWEIS

Beim Kopieren wird die Zieldiskette komplett überschrieben. Enthält diese Diskette eventuell noch Dateien, gehen diese verloren. Sie können auch nur zwischen zwei gleichen Medien kopieren. Das Kopieren einer 3,5-Zoll-Diskette mit 720 Kbyte Speicherkapazität auf eine 1,44-Mbyte-Diskette geht beispielsweise nicht.

Zeigt Windows eine Fehlermeldung an und weigert sich, auf die Diskette zu kopieren? Die Zieldiskette ist vielleicht schreibgeschützt. Sie müssen dann den Schreibschutz aufheben (siehe Lernschritt »Der Umgang mit Disketten« in diesem Kapitel). Meldet Windows eine beschädigte Diskette, sollten Sie die Kopieroperation über die Schaltfläche *Abbrechen* beenden. Versuchen Sie den Inhalt der Diskette in einen Ordner der Festplatte zu kopieren und kopieren Sie die Daten auf eine neue leere Diskette zurück. Über den Kontextmenübefehl FORMATIEREN lässt sich eine gebrauchte Diskette komplett löschen. Der Befehl öffnet ein Dialogfeld, in dem Sie Formatoptionen wählen und den Formatvorgang starten können. Neue Disketten sind in der Regel bereits vorformatiert, sodass der Befehl wohl seltener zum Einsatz kommt.

Dateien und Ordner löschen

Benötigen Sie einen Ordner oder eine Datei nicht mehr? Dann können Sie diese(n) auf einfache Weise löschen.

1 Öffnen Sie das Fenster des Ordners, welches die Datei oder den Ordner enthält.

2 Markieren Sie die zu löschende(n) Datei(en) oder Ordner.

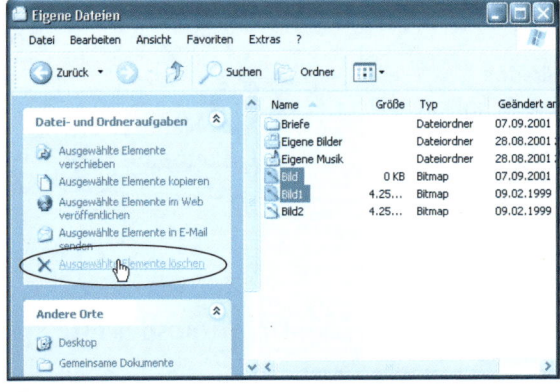

3 Klicken Sie in der Aufgabenleiste auf den Befehl *Ausgewählte Elemente löschen*.

Bei einem gewählten Element kann der Befehl auch *Ordner löschen* oder *Datei löschen* heißen. Windows lässt sich das Löschen in einem Dialogfeld sicherheitshalber bestätigen.

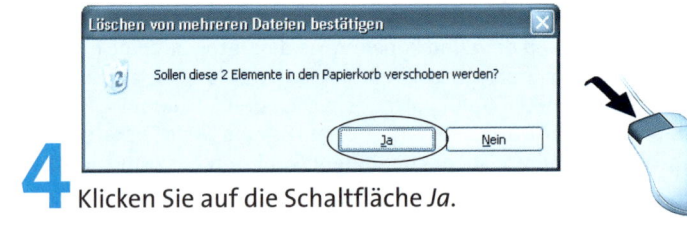

4 Klicken Sie auf die Schaltfläche *Ja*.

Windows verschiebt jetzt die markierte(n) Datei(en) bzw. den/die markierte(n) Ordner in den Papierkorb. Hierbei wird ggf. ein Dialogfeld mit einer Fortschrittsanzeige des Löschvorgangs angezeigt.

HINWEIS Falls der Desktop zu sehen ist, können Sie Dateien und Ordner auch löschen, indem Sie diese aus dem Ordnerfenster zum Symbol des Papierkorbs ziehen. Dann werden die Objekte ohne weitere Nachfrage gelöscht. Möchten Sie eine Datei oder einen Ordner löschen, ohne diesen in den Papierkorb zu verschieben, drücken Sie einfach gleichzeitig die beiden Tasten ⇧ + Entf. Das Dialogfeld zur Löschbestätigung schließen Sie über die *Ja*-Schaltfläche.

Gelöschte Elemente zurückholen

Haben Sie irrtümlich eine Datei oder einen Ordner gelöscht, die/den Sie noch brauchen? Solange sich diese Datei bzw. die Dateien des Ordners noch im Papierkorb befinden, können Sie diese zurückholen. Zum Wiederherstellen einer gelöschten Datei oder eines Ordners gibt es zwei Möglichkeiten. Bemerken Sie bereits beim Löschen den Fehler, geht die »Wiederbelebung« ganz einfach.

1 Drücken Sie die Tastenkombination [Strg]+[Z]. Oder klicken Sie mit der rechten Maustaste auf eine freie Stelle im Ordnerfenster.

2 Wählen Sie dann im Kontextmenü den Befehl LÖSCHEN RÜCKGÄNGIG MACHEN.

In beiden Fällen holt Windows die zuletzt gelöschte(n) Datei(en) bzw. Ordner aus dem Papierkorb in das aktuelle Fenster zurück.

> **HINWEIS** Diese Methode funktioniert aber nur, wenn Sie sonst noch keine andere Aktion unter Windows durchgeführt haben. Der Eintrag XXX RÜCKGÄNGIG MACHEN bezieht sich immer auf den zuletzt ausgeführten Windows-Befehl im aktuellen Ordnerfenster. Weiterhin muss die Datei noch im Papierkorb vorhanden sein.

Sofern Sie mehrere Schritte ausgeführt haben und erst später den Fehler bemerken, gibt es eine weitere Methode, um die gelöschten Dateien vielleicht doch noch zu »retten«.

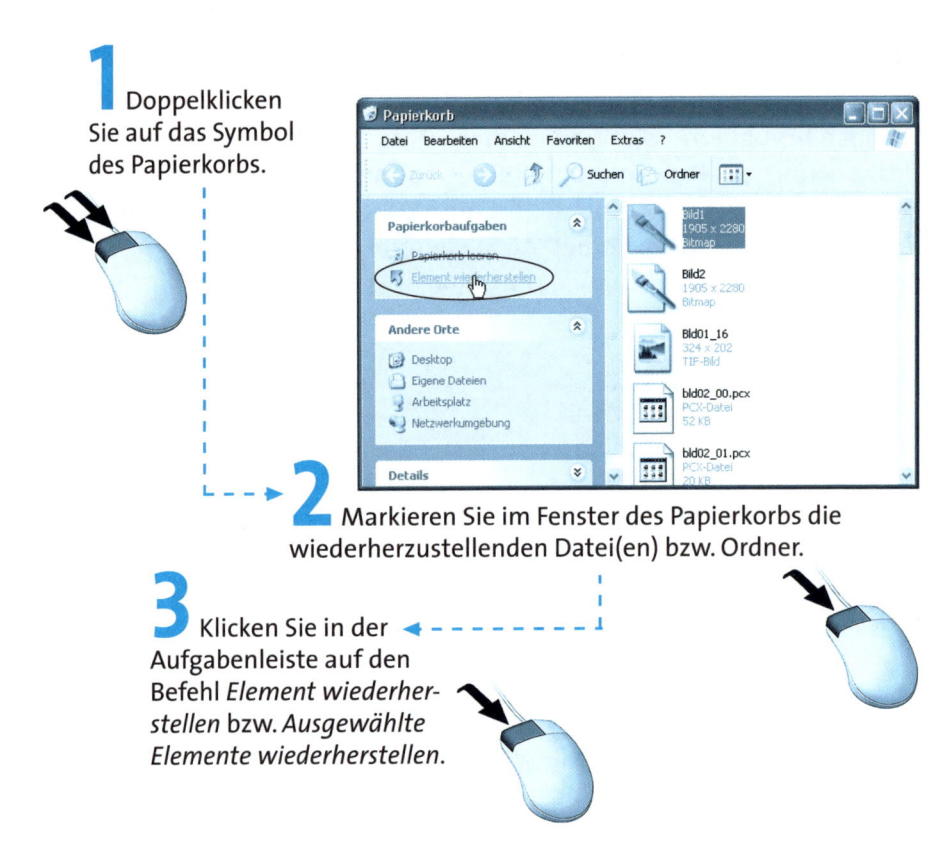

1 Doppelklicken Sie auf das Symbol des Papierkorbs.

2 Markieren Sie im Fenster des Papierkorbs die wiederherzustellenden Datei(en) bzw. Ordner.

3 Klicken Sie in der Aufgabenleiste auf den Befehl *Element wiederherstellen* bzw. *Ausgewählte Elemente wiederherstellen*.

Windows verschiebt anschließend die markierte(n) Elemente in den ursprünglichen Ordner zurück.

Den Papierkorb leeren

Beim Löschen einer Datei oder eines Ordners verschiebt Windows dieses »Element« lediglich in den Papierkorb. Dadurch ist die Datei oder der Ordner zwar aus dem aktuellen Fenster verschwunden. Der von den Dateien auf dem Laufwerk benötigte **Speicherplatz** bleibt aber weiterhin belegt. Windows prüft zwar gelegentlich, ob der Papierkorb »voll« ist und entfernt auf Nachfrage automatisch die ältesten als gelöscht eingetragenen Dateien. Sie können aber »nachhelfen« und den **Papierkorb** von Zeit zu Zeit selbst **leeren**.

ORDNER UND DATEIEN HANDHABEN

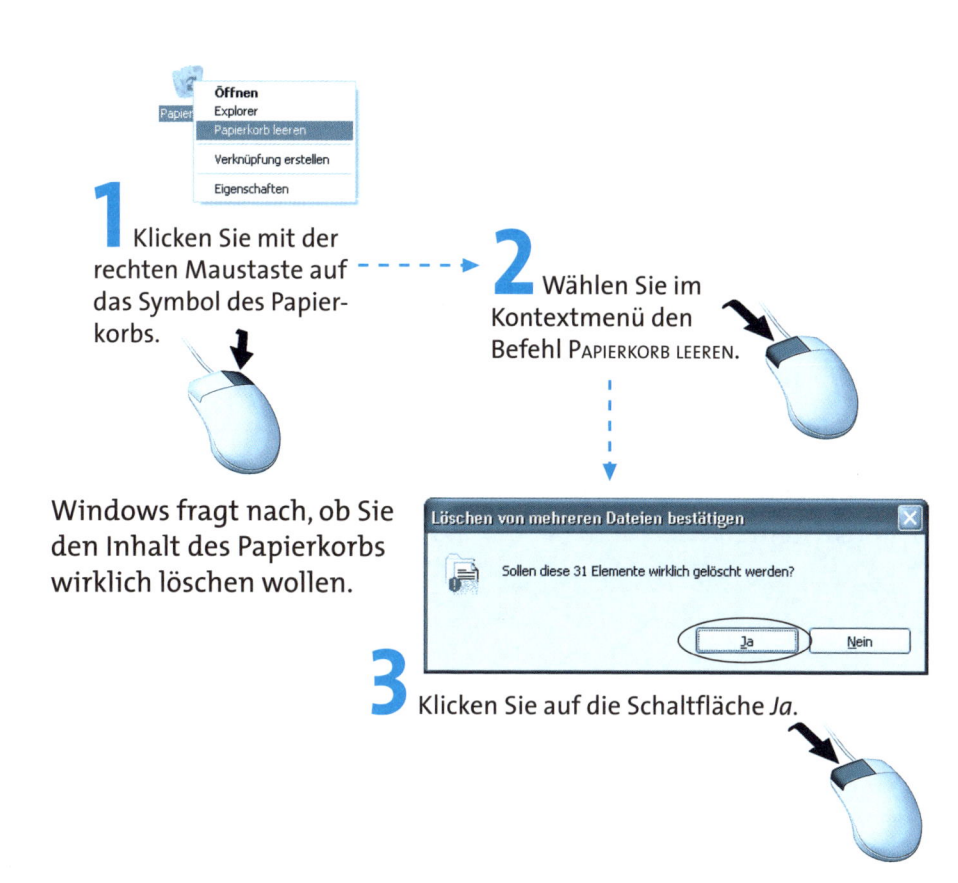

Öffnen
Explorer
Papierkorb leeren
Verknüpfung erstellen
Eigenschaften

1 Klicken Sie mit der rechten Maustaste auf das Symbol des Papierkorbs.

2 Wählen Sie im Kontextmenü den Befehl PAPIERKORB LEEREN.

Windows fragt nach, ob Sie den Inhalt des Papierkorbs wirklich löschen wollen.

Löschen von mehreren Dateien bestätigen
Sollen diese 31 Elemente wirklich gelöscht werden?
Ja   Nein

3 Klicken Sie auf die Schaltfläche *Ja*.

Die Elemente im Papierkorb werden gelöscht, der belegte Speicher wird auf dem Laufwerk freigegeben. Anschließend erscheint das Symbol eines leeren Papierkorbs.

> **HINWEIS**
>
> Nachdem Sie den Papierkorb geleert haben, sind die gelöschten Dateien endgültig weg. Sie können am Symbol des Papierkorbs erkennen, ob dieser gelöschte Dateien enthält.
>
> Dieser Papierkorb enthält mindestens eine gelöschte Datei.
>
> Dieser Papierkorb ist leer und enthält keine gelöschten Dateien.

Suchen nach Dateien und Ordnern

Haben Sie vergessen, in welchem Ordner sich eine Datei oder ein Unterordner befindet? Windows unterstützt Sie bei der Suche nach einer Datei oder einem Ordner.

1 Klicken Sie in der Symbolleiste des Ordnerfensters auf diese Schaltfläche.

Windows blendet im linken Teil des Ordnerfensters ein **Suchformular** des Such-Assistenten ein.

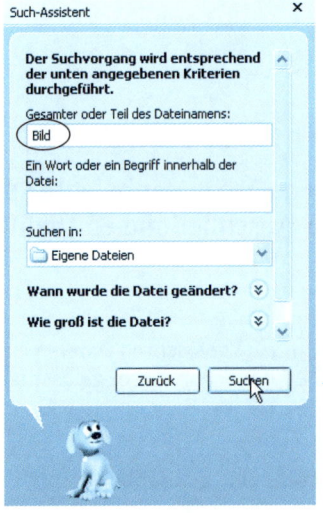

2 Klicken Sie in der Kategorie »Wonach soll gesucht werden?« auf den Befehl *Dateien und Ordnern*.

3 Tippen Sie im Textfeld *Gesamter oder Teil des Dateinamens* den gewünschten Suchbegriff (z.B. »Bild«) ein. Dies kann ein Dateiname oder einen Teil davon sein.

102

ORDNER UND DATEIEN HANDHABEN

4 Wählen Sie ggf. im Listenfeld *Suchen in* das Laufwerk oder den Ordner aus, in dem gesucht werden soll.

5 Bei Textdateien können Sie auch einen Begriff, der in der Datei vorkommt, im Feld *Ein Wort oder ein Begriff innerhalb der Datei:* eintragen.

6 Klicken Sie auf die Schaltfläche *Suchen*.

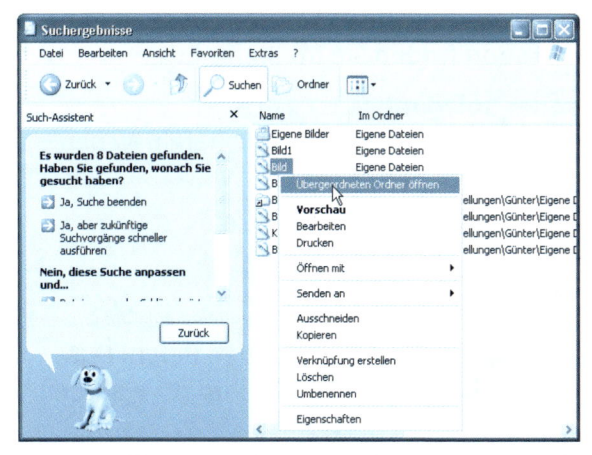

Windows durchsucht den angegebenen Ordner bzw. die angegebenen Laufwerke und zeigt Ihnen im rechten Fenster die gefundenen Suchergebnisse an.

Eine Dokumentdatei können Sie durch einen Doppelklick auf das Symbol zum Bearbeiten öffnen. Möchten Sie den Ordner, in dem die Datei gespeichert ist, öffnen, klicken Sie mit der rechten Taste auf das Dateisymbol der Ergebnisliste und wählen im Kontextmenü den Befehl *Übergeordneter Ordner öffnen*. Die Schaltfläche *Zurück* des Formulars erlaubt Ihnen, zur jeweils vorhergehenden Formularseite zurückzugehen. Über Kategorien des Formulars wie »Weitere Optionen« können Sie zusätzliche Optionen wie das Durchsuchen von Unterordnern wählen. Markieren Sie z.B. das Kontrollkästchen *Unterordner durchsuchen*.

103

> **HINWEIS**
>
> Die Suchfunktion lässt sich auch direkt über die Funktionstaste F3 aufrufen, wenn der Desktop, ein Ordnerfenster oder das Fenster des Explorers geöffnet ist. Weiterhin steht im Startmenü der Befehl SUCHEN zur Verfügung. Neben der Suche nach Dateien und Ordnern ermöglicht die Funktion auch die Suche nach Computern in einem Netzwerk oder zur Suche nach Personennamen im Internet. Zur Suche nach einem Computer klicken Sie im Startmenü den Befehl NETZWERK-UMGEBUNG mit der rechten Maustaste an und wählen den Kontextmenübefehl COMPUTER SUCHEN. Anschließend geben Sie den Computernamen im Suchformular an und klicken auf die Schaltfläche *Suchen*. Windows listet die gefundenen Computer in der rechten Spalte auf und Sie können das zugehörige Ordnerfenster durch einen Doppelklick auf die betreffende Zeile öffnen. Die Funktion zum Suchen nach Personen wird hier nicht behandelt. Lesen Sie notfalls in der Windows-Hilfe nach, was es sonst noch zur Suchfunktion zu wissen gibt.

Lernkontrolle

Zur Überprüfung Ihrer bisherigen Kenntnisse können Sie die folgenden Fragen bearbeiten (die Lösung finden Sie in Klammern).

- **Wie lässt sich ein neuer Ordner anlegen?**
  (Ordnerfenster öffnen und in der Aufgabenleiste den Befehl *Neuen Ordner erstellen* wählen.)

- **Wie wird eine Datei oder ein Ordner kopiert?**
  (Das Element markieren und in der Aufgabenleiste den Befehl *Datei kopieren* bzw. *Ordner kopieren* wählen, dann den Zielordner wählen.)

- **Wie lässt sich ein Ordner umbenennen?**
  (Ordner im Ordnerfenster markieren, in der Aufgabenleiste den Befehl *Ordner umbenennen* wählen und dann den neuen Namen eintippen.)

LERNKONTROLLE

▣▸ **Wie wird eine Datei gelöscht?**
(Die Datei zum Beispiel zum Papierkorb ziehen.)

Wenn es an einigen Stellen mit der Beantwortung der Fragen noch etwas hapert, ist dies nicht sonderlich tragisch. Lesen Sie einfach bei Bedarf in den entsprechenden Lernschritten nach, wie etwas funktioniert. Viele Abläufe sind in Windows ähnlich, d.h. Sie lernen vieles nebenbei, wenn Sie die nächsten Kapitel bearbeiten.

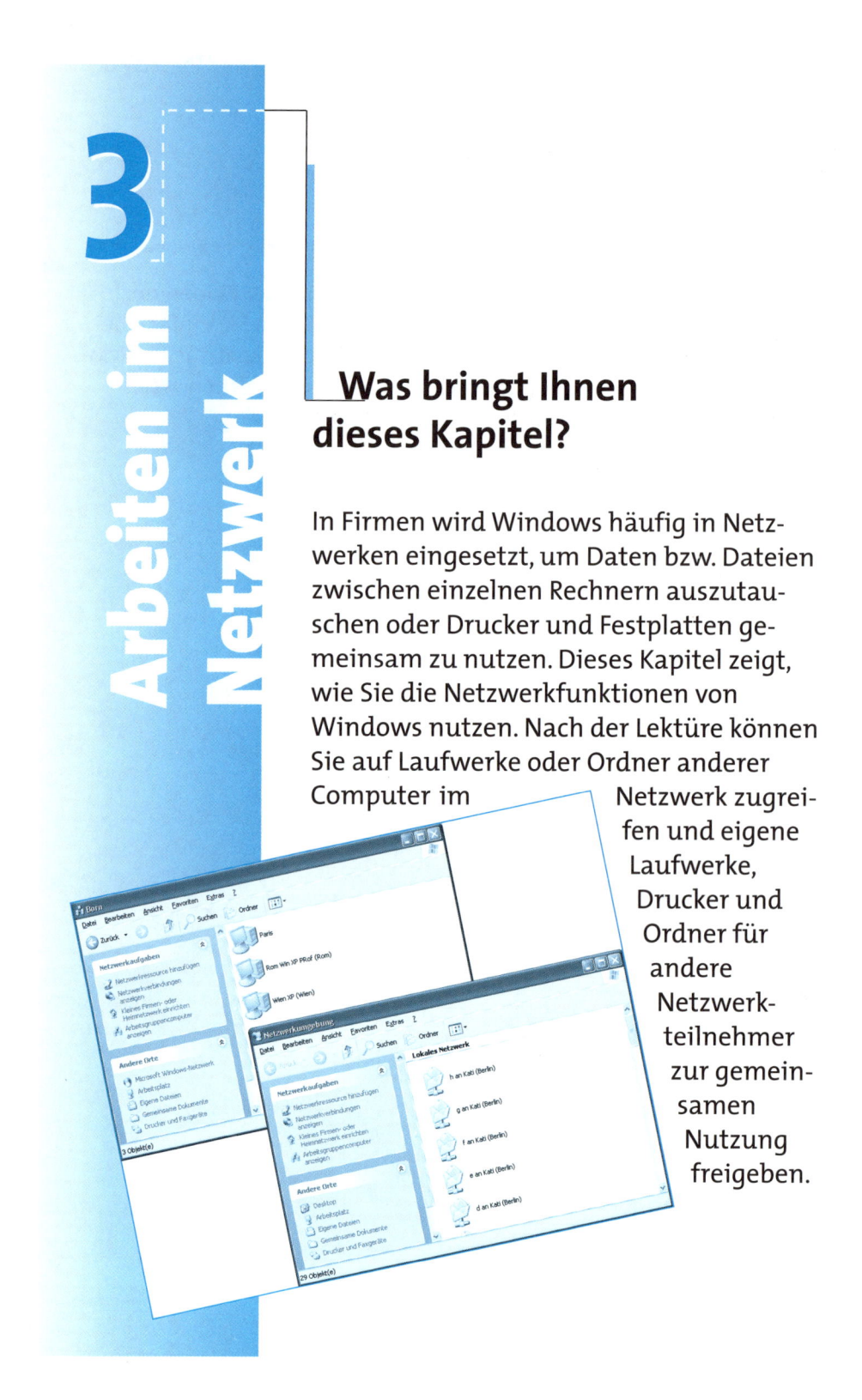

3

Arbeiten im Netzwerk

Was bringt Ihnen dieses Kapitel?

In Firmen wird Windows häufig in Netzwerken eingesetzt, um Daten bzw. Dateien zwischen einzelnen Rechnern auszutauschen oder Drucker und Festplatten gemeinsam zu nutzen. Dieses Kapitel zeigt, wie Sie die Netzwerkfunktionen von Windows nutzen. Nach der Lektüre können Sie auf Laufwerke oder Ordner anderer Computer im Netzwerk zugreifen und eigene Laufwerke, Drucker und Ordner für andere Netzwerkteilnehmer zur gemeinsamen Nutzung freigeben.

Ihr Erfolgsbarometer

Das können Sie schon:

Mit Fenstern arbeiten	27
Programme starten	36
Mit Dateien und Ordnern umgehen	82

Das lernen Sie neu:

Netzwerke, eine Einführung	108
Arbeiten im Netzwerk	113
Netzwerkressourcen verwalten	117
Netzlaufwerke verwalten	121
Ressourcen freigeben	123

Netzwerke, eine Einführung

Vielleicht ist Ihnen der Begriff **Netzwerk** schon mal untergekommen. Warum braucht man eigentlich ein Netzwerk und was steckt dahinter? Nehmen wir an, Sie besitzen zwei oder drei Rechner, zwischen denen häufiger Dateien kopiert werden sollen, die aber zu groß für eine Diskette sind. Oder mehrere Firmenmitarbeiter sollen auf eine gemeinsame Datei (z.B. mit Bestandsdaten zugreifen). Oder Sie haben an einem Rechner einen Drucker angeschlossen, der von allen Mitarbeitern einer Abteilung genutzt werden soll. Ähnliche Fragestellungen lassen sich sowohl im privaten Bereich als auch in Firmen vorstellen. Die Lösung: Schalten Sie die Rechner durch Kabel zu einem Firmen- oder (Heim-) **Netzwerk** zusammen. Bei wenigen zu verbindenden Rechnern kommt ein sogenanntes **Workgroup**-Netzwerk (auch als Arbeitsgruppennetzwerk bezeichnet) zum Einsatz.

Die Computer sind mit sogenannten Netzwerkkarten ausgerüstet und durch ein Netzwerkkabel untereinander verbunden. Geräte wie Drucker, Festplatten etc. der einzelnen PCs können vom jeweiligen Benutzer anderen Netzteilnehmern als **Ressourcen** zur Verfügung gestellt werden.

> **WAS IST DAS**
> **Ressource** ist in diesem Zusammenhang ein Sammelbegriff für Geräte (Drucker, Diskettenlaufwerke) oder Einheiten (z.B. Ordner), die auf einem Rechner vorhanden sind.

Ein Anwender kann dann beispielsweise auf Dateien, die auf anderen Netzwerkrechnern gespeichert sind, zugreifen. Oder es wird ein Drucker im Netzwerk gemeinsam benutzt. Besitzt nur ein Rechner ein DVD-Laufwerk, geben Sie dieses zur Nutzung durch Dritte im Netzwerk frei. Da in einem Workgroup-Netzwerk alle Rechner weiter nutzbar sind, wird diese Technik häufig in Arbeitsgruppen (kleine Firmen, Abteilungen etc.) oder im Privatbereich eingesetzt.

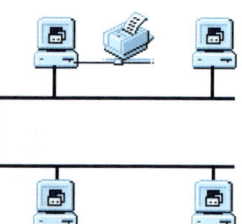

HINWEIS: Neben Workgroup-Netzwerken gibt es noch die Technik der Server-orientierten Netzwerke. Hier wird ein eigener Rechner, der **Server**, als Zentralstation zur Bereitstellung der gemeinsam benutzten Komponenten wie Laufwerke, Drucker etc. im Netzwerk eingesetzt. Die anderen Netzwerkstationen werden dann als **Clients** bezeichnet, da sie die Dienste des Servers nutzen. Häufig fasst man die Rechner dann noch in sogenannten **Domänen** (Domains) zusammen. Diese Technologie bringt **Vorteile bei** sehr **großen Netzwerken** mit mehr als 20 Arbeitsstationen, setzt aber besondere Netzwerksoftware wie z.B. Windows NT Server oder Windows 2000 Server voraus. Zum Zugriff auf freigegebene Ressourcen dieser Server lassen sich die hier besprochenen Windows-Funktionen verwenden. Details zum Einrichten und Nutzen Server-orientierte Netzwerke bleiben in diesem Buch aber ausgespart.

Das Netzwerk einrichten

Um zwei oder mehr Rechner zu einem Netzwerk zu verbinden, benötigen Sie folgende Komponenten: In jedem Rechner muss eine sogenannte **Netzwerkkarte** zum Anschluss an das Netzwerk eingebaut sein. Weiterhin sind die einzelnen PCs durch vorkonfektionierte **Netzwerkkabel** miteinander zu verbinden. Im Handel (z.B. *www.pearl.de*) werden neben einzelnen Netzwerkkarten und Kabeln auch komplette Netzwerkkits angeboten, mit denen sich zwei Rechner vernetzen lassen. Die zusätzlich benötigten Netzwerkfunktionen sind in Windows XP oder in anderen Windows-Version (ab Windows 98) bereits enthalten.

HINWEIS: Sie installieren die Netzwerkkarten sowie die Netzwerkverkabelung nach den Vorgaben des Herstellers der Komponenten. Wichtig ist, dass die Karten von Windows XP unterstützt werden – nur dann wird die Netzwerksoftware beim nächsten Systemstart automatisch eingebunden. Einige Tipps zur Inbetriebnahme finden Sie auch in der Windows-Hilfe. Falls das Netzwerk bereits von einem Dritten funktionsfähig eingerichtet wurde, können Sie den folgenden Abschnitt übergehen.

Sobald die Verkabelung, die Netzwerkkarten sowie die Netzwerksoftware funktionsfähig ist, müssen Sie die einzelnen Rechner noch für das **Netzwerk konfigurieren**. Dies bedeutet: Jeder **Rechner** muss **mit einem eindeutigen Namen versehen** sein (sonst lässt sich der Rechner ja im Netzwerk nicht identifizieren). Weiterhin sind die **Rechner** einer als **Arbeitsgruppe** bezeichneten organisatorischen Einheit (z.B. Marketing, Verkauf etc.) **zuzuordnen**. Die Konfigurierung der Rechner eines Heimnetzwerks erfolgt in Windows XP mit einem Assistenten.

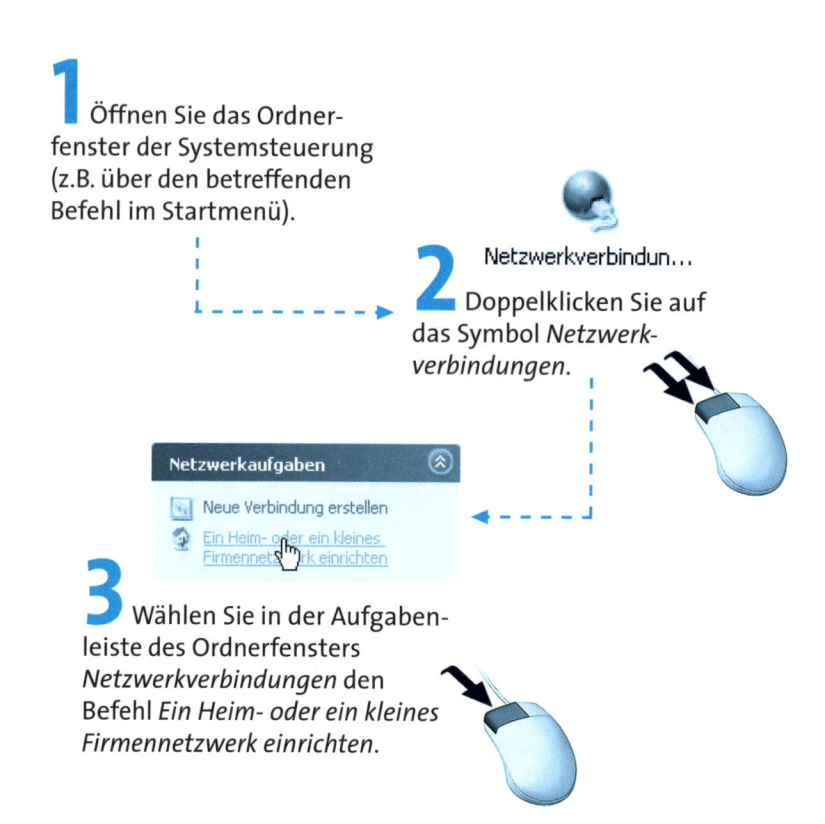

1 Öffnen Sie das Ordnerfenster der Systemsteuerung (z.B. über den betreffenden Befehl im Startmenü).

2 Doppelklicken Sie auf das Symbol *Netzwerkverbindungen*.

3 Wählen Sie in der Aufgabenleiste des Ordnerfensters *Netzwerkverbindungen* den Befehl *Ein Heim- oder ein kleines Firmennetzwerk einrichten*.

Ein Assistent führt Sie anschließend durch die einzelnen Schritte und fragt in Dialogfeldern die notwendigen Werte ab. Über die Schaltflächen *Weiter* und *Zurück* des Dialogfeldes können Sie zwischen den Dialogseiten blättern.

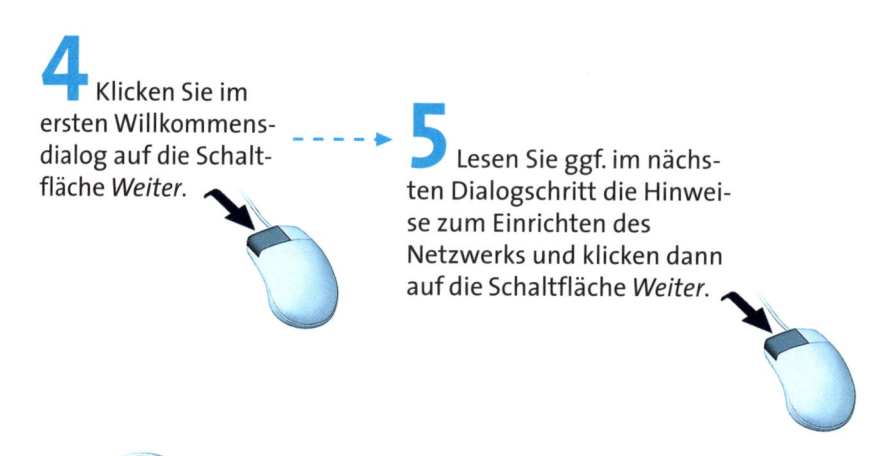

4 Klicken Sie im ersten Willkommensdialog auf die Schaltfläche *Weiter*.

5 Lesen Sie ggf. im nächsten Dialogschritt die Hinweise zum Einrichten des Netzwerks und klicken dann auf die Schaltfläche *Weiter*.

Netzwerke, eine Einführung

In den folgenden Dialogen geht es um die Internetverbindungsfreigabe sowie um die Konfiguration des Heimnetzwerks. Die relevanten Dialogfelder wurden hier zu einer Abbildung zusammengefasst.

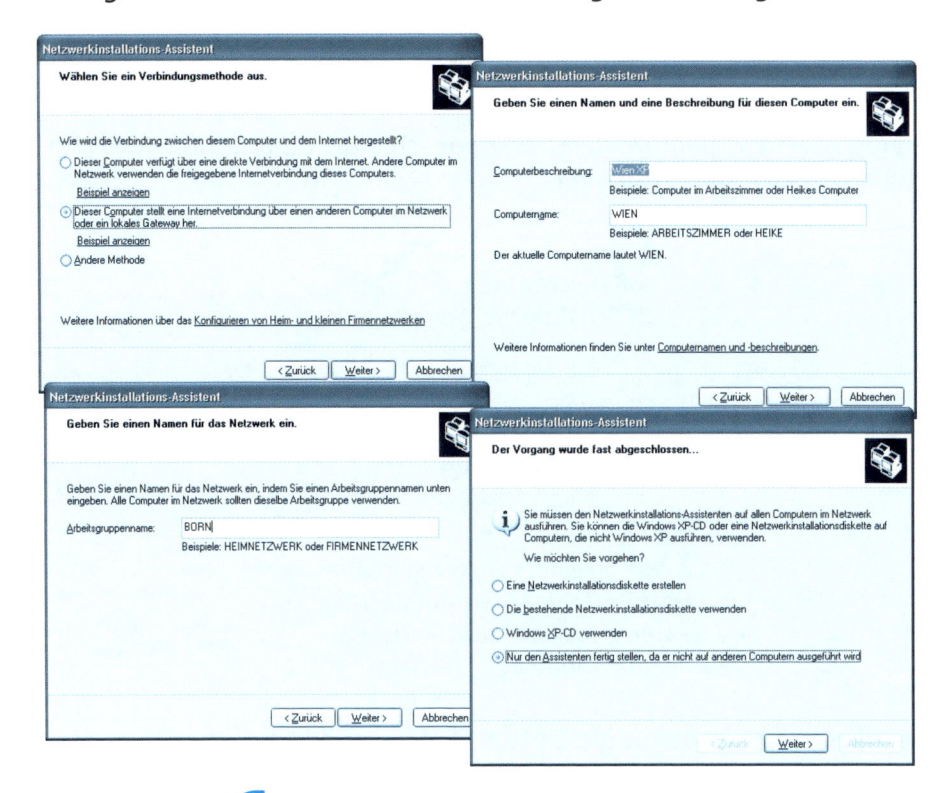

6 Wählen Sie im Dialogfeld zur Verbindungsmethode das Optionsfeld, welches die Verbindung des Computers zum Internet beschreibt.

Besitzt der Computer einen direkten Internetanschluss, markieren Sie das oberste Optionsfeld. Bei den restlichen Computern muss dagegen die mittlere Option angewählt werden. Existiert kein Internetanschluss, wählen Sie ggf. die unter Option *Andere Methode*.

7 Tragen Sie im Folgedialog einen eindeutigen Namen und eine Beschreibung für den Computer ein.

Sie können Personennamen, Städtenamen, Ländernamen etc. für die einzelnen Rechner verwenden.

8 Im nächsten Dialog muss ein Arbeitsgruppenname vergeben werden.

Der Assistent schlägt *MSHEIMNETZ* vor, ich habe den Namen *BORN* für die Arbeitsgruppe verwendet.

9 Klicken Sie auf die Schaltfläche *Weiter*.

Jetzt beginnt der Assistent mit dem Einrichten der Arbeitsstation für das Netzwerk. Dies kann einige Zeit dauern.

10 In einem weiteren Dialogschritt bietet Ihnen der Assistent die Möglichkeit, eine Diskette zum Einrichten anderer Computer anzulegen.

Markieren Sie die benötigte Option und lassen Sie ggf. eine Diskette erstellen. Falls Sie nur Windows XP-Computer verwenden, ist dies nicht erforderlich.

11 Sobald alle Schritte des Assistenten durchlaufen sind, klicken Sie auf die Schaltfläche *Fertig stellen*.

Anschließend müssen Sie die restlichen Rechner im Netzwerk, die zu Ihrer Arbeitsgruppe gehören, entsprechend konfigurieren.

ARBEITEN IM NETZWERK

> **HINWEIS**
>
> Bei Rechnern mit älteren Windows-Versionen legen Sie die vom Assistenten erstellte Installationsdiskette in das Laufwerk der betreffenden Rechner ein. Dann starten Sie das Programm *Netsetup.exe* von der Diskette (z.B. per Doppelklick auf das Dateisymbol). Der Assistent führt Sie dann durch die obigen Konfigurationsschritte. Wenn alles geklappt hat, sollten Sie die nachfolgend beschriebenen Netzwerkfunktionen nutzen können. Weitere Details zur Inbetriebnahme sowie Hinweise zur Problembehandlung finden Sie in der Hilfe der jeweiligen Windows-Versionen (eine ausführliche Erläuterung führt über den Ansatz dieses Buches hinaus). Bei Firmen werden in der Regel speziell ausgebildete, als Administratoren bezeichnete, Mitarbeiter zur Betreuung des Netzwerks eingesetzt. Bitten Sie diese Personen, die Einrichtung des Netzwerks vorzunehmen.

Arbeiten im Netzwerk

Ist Ihr Computer erfolgreich in ein Netzwerk eingebunden, können Sie über das Ordnerfenster *Netzwerkumgebung* auf die freigegebenen Ressourcen anderer Rechner zugreifen.

> **HINWEIS**
>
> Fehlt das Symbol *Netzwerkumgebung* im Startmenü, klicken Sie mit der rechten Maustaste auf die Schaltfläche *Start* und wählen im Kontextmenü den Befehl EIGENSCHAFTEN. Klicken auf der Registerkarte *Startmenü* auf die Schaltfläche *Anpassen*. Im nächsten Dialogfeld wählen Sie die Registerkarte *Erweitert* und markieren in der Gruppe *Startmenüelemente* das Kontrollkästchen *Netzwerkumgebung*. Sobald Sie alle Dialogfelder über die *OK*-Schaltfläche geschlossen haben, sollte die Netzwerkumgebung als Symbol im Startmenü auftauchen. Benötigen Sie Symbole wie *Arbeitsplatz* oder *Netzwerkumgebung* auf dem Desktop? Klicken Sie mit der rechten Maustaste auf den Startmenüeintrag und wählen im Kontextmenü den Befehl AUF DEM DESKTOP ANZEIGEN.

1 Wählen Sie im Startmenü den Befehl NETZWERKUMGEBUNG.

Windows öffnet jetzt das Fenster *Netzwerkumgebung*. Das Fenster gleicht im Aufbau dem bereits bekannten Fenster *Arbeitsplatz*. In der rechten Spalte wird automatisch eine Liste mit Ordnersymbolen angezeigt. Sind im Netzwerk noch keine Ressourcen freigegeben, bleibt die Liste leer.

Jedes Ordnersymbol steht dabei für eine auf einem anderen Computer zur gemeinsamen Nutzung im Netzwerk freigegebene Ressource (Laufwerk oder Ordner). Die Namen der zugehörigen Rechner werden dabei in Klammern mit angegeben. Sie können nun die Ordnersymbole per Doppelklick anwählen. Ähnlich wie beim *Arbeitsplatz* gelangen Sie dann zum jeweiligen Ordnerinhalt auf dem betreffenden Rechner.

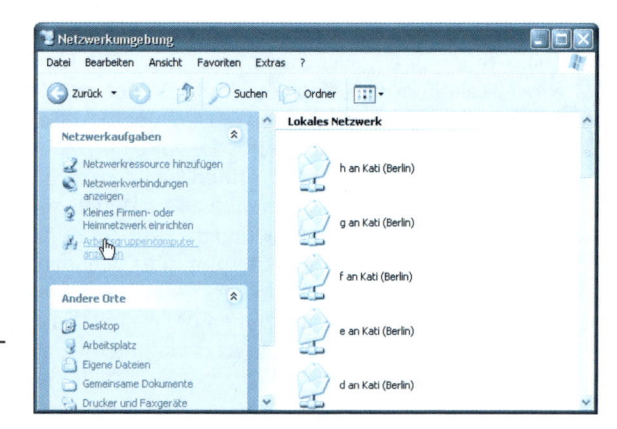

Navigation in der Netzwerkumgebung

Um innerhalb der Netzwerkumgebung gezielt auf einzelne Rechner zuzugreifen oder zu sehen, welche Arbeitsgruppen und Rechner von Ihrem System erreichbar sind, gehen Sie so vor:

1 Öffnen Sie das Ordnerfenster *Netzwerkumgebung* (z.B. über das Startmenü).

2 Klicken Sie in der Aufgabenleiste des Ordnerfensters *Netzwerkumgebung* auf den Link *Arbeitsgruppencomputer anzeigen*.

Arbeiten im Netzwerk

Windows öffnet ein Ordnerfenster, in dessen Titelleiste der Name der Arbeitsgruppe erscheint. Gleichzeitig werden die gefundenen Computer der Arbeitsgruppe in der rechten Spalte eingeblendet.

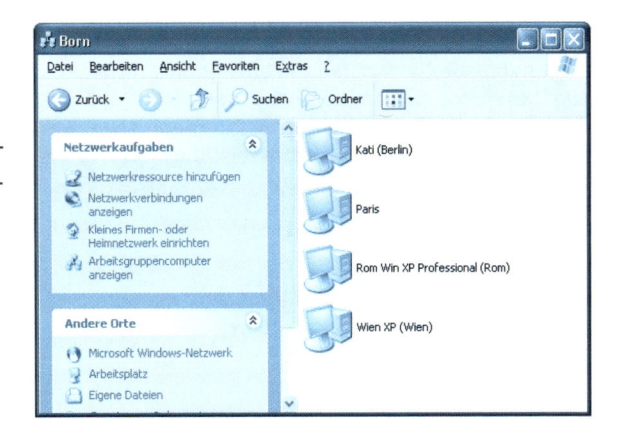

TIPP Über den Link *Microsoft Windows-Netzwerk* der Aufgabenleiste lassen sich die Arbeitsgruppen im Ordnerfenster anzeigen.

3 Doppelklicken Sie auf das Symbol eines Rechners.

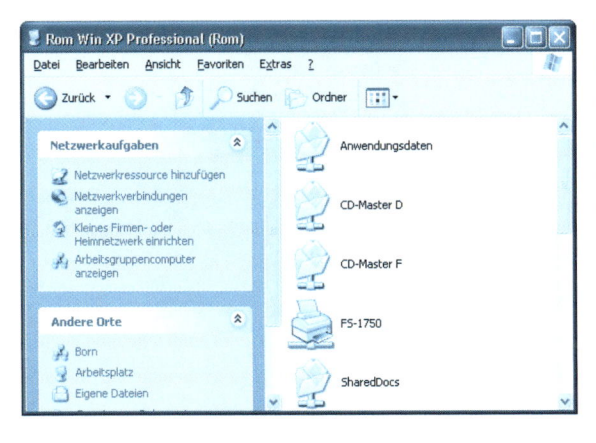

Windows öffnet das Fenster des Rechners und zeigt die auf dieser Arbeitsstation freigegebenen Laufwerke, Ordner und Drucker.

4 Doppelklicken Sie auf ein solches Symbol, um den Inhalt eines Laufwerks bzw. eines Ordners zu sehen.

Im Grunde können Sie wie in jedem anderen Ordnerfenster mit den Ordnerinhalten arbeiten.

115

> **HINWEIS** Der Benutzer des Rechners kann aber festlegen, dass externe Nutzer keine Dateien verändern (löschen, überschreiben, umbenennen) dürfen. Je nach Konfigurierung der Rechner im Netzwerk kann es zudem vorkommen, dass beim ersten Zugriff auf die Netzwerkstation ein Dialogfeld mit einer Kennwortabfrage erscheint.

Suchen im Netzwerk

Ist Ihr Computer an einem umfangreicheren Netzwerk angeschlossen und Sie finden eine Station nicht sofort? Nach dem Hochfahren dauert es u.U. einige Zeit, bis Windows die Verfügbarkeit einer Arbeitsstation erkennt. Sie haben aber die Möglichkeit, gezielt im Netzwerk nach einem Rechner suchen zu lassen.

1 Klicken Sie mit der rechten Maustaste auf den Startmenüeintrag NETZWERKUMGEBUNG und wählen im Kontextmenü den Befehl COMPUTER SUCHEN.

2 Tippen Sie im Feld *Computername* des Suchformulars den Namen des Computers ein.

3 Klicken Sie auf die Schaltfläche *Suchen*.

Windows durchsucht anschließend das Netzwerk und zeigt die gefundenen Rechner an, die mit dem Suchbegriff übereinstimmen. Mit einem Doppelklick auf das betreffende Symbol können Sie das zugehörige Ordnerfenster öffnen.

> **TIPP** Sie können im Feld *Computername* sowohl den genauen Namen als auch Wildcardzeichen angeben. Mit * werden alle im Windows-Netzwerk verfügbaren Rechner gesucht und in der Liste angezeigt. Der Text *B** liefert Rechner wie *Bonn*, *Berlin*, *Bremen* etc., falls diese Stationen im Netzwerk vorhanden sind.

Netzwerkressourcen verwalten

Im Ordnerfenster *Netzwerkumgebung* führt Windows bei kleineren Netzwerken (mit bis zu 32 Computern) automatisch die freigegebenen Ressourcen anderer Computer auf. Bei sehr vielen Ressourcen geht aber der Überblick verloren. Oder Sie finden die benötigte Ressource nicht auf Anhieb. In diesem Fall ist es vielleicht angebracht, nicht benötigte Ressourcen aus dem Ordnerfenster *Netzwerkumgebung* zu löschen und dafür häufig benutzte Ressourcen manuell zum Ordnerfenster hinzuzufügen.

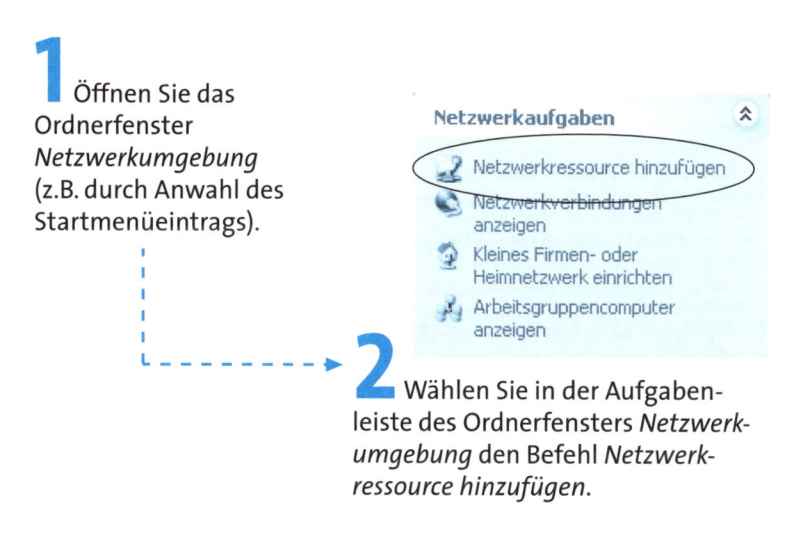

1 Öffnen Sie das Ordnerfenster *Netzwerkumgebung* (z.B. durch Anwahl des Startmenüeintrags).

2 Wählen Sie in der Aufgabenleiste des Ordnerfensters *Netzwerkumgebung* den Befehl *Netzwerkressource hinzufügen*.

Windows startet jetzt einen Assistenten, der Sie durch die Schritte zum Hinzufügen der Netzwerkressource führt. Über die Schaltflächen *Weiter* und *Zurück* können Sie zwischen den einzelnen Dialogschritten blättern.

3 Klicken Sie auf die Schaltfläche *Weiter*, um den Willkommensdialog zu übergeben und zum nächsten Schritt zu gelangen.

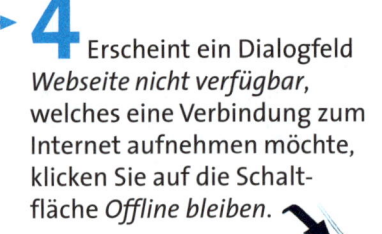

4 Erscheint ein Dialogfeld *Webseite nicht verfügbar*, welches eine Verbindung zum Internet aufnehmen möchte, klicken Sie auf die Schaltfläche *Offline bleiben*.

Im nächsten Dialogfeld *Wo soll die Netzwerkressource erstellt werden?* zeigt der Assistent die verfügbaren Dienstanbieter an.

5 Markieren Sie in diesem Dialogfeld den Eintrag »Eine andere Netzwerkressource auswählen« und klicken Sie auf die Schaltfläche *Weiter*.

Jetzt möchte der Assistent von Ihnen wissen, welche Netzwerkressource hinzuzufügen ist. Sie müssen daher den Pfad zur Ressource in UNC-Notation eintippen oder auswählen. Die betreffenden Dialogschritte wurden hier in einer Abbildung montiert.

> **WAS IST DAS**
>
> Der **UNC-Pfad** gibt die Lage der gewünschten Ressource (Laufwerk, Ordner etc.) an. Es handelt sich dabei um den Pfad, der in der Form *\\Rechnername\Ressource* geschrieben wird. Mit der Angabe *\\Rom\C* wird dann die (freigegebene) Ressource C (z.B. Laufwerk C) auf dem Rechner mit dem Namen *Rom* bezeichnet. Groß-/Kleinbuchstaben werden dabei nicht unterschieden. Sie können sogar UNC-Pfade zu Ordnern im Internet oder zu FTP-Server angeben. Diese Funktion bleibt in diesem Buch jedoch ausgespart.

NETZWERKRESSOURCEN VERWALTEN

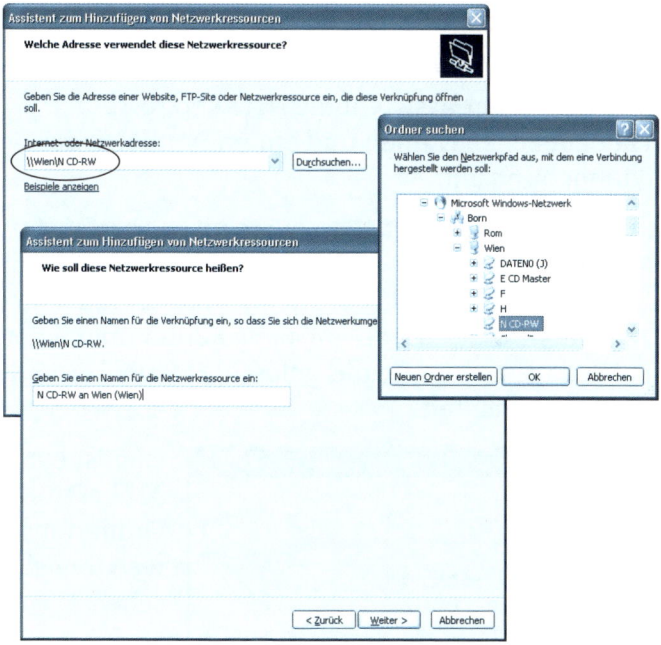

6 Tippen Sie im Dialogfeld *Welche Adresse verwendet diese Netzwerkressource?* den UNC-Pfad zur Netzwerkressource im Feld *Internet- oder Netzwerkadresse* ein.

> **TIPP**
>
> Klicken Sie im Dialogfeld *Welche Adresse verwendet diese Netzwerkressource?* auf den Hyperlink *Beispiele anzeigen*, blendet Windows Beispiele in einer Sprechblase im Dialogfeld ein. Die Schaltfläche *Durchsuchen* öffnet das Dialogfeld *Ordner suchen*. Dort können Sie interaktiv im Netzwerk die gewünschte Ressource auswählen und über die *OK*-Schaltfläche des Dialogfelds bestätigen.

7 Klicken Sie auf die Schaltfläche *Weiter*, korrigieren Sie ggf. im Dialogfeld *Wie soll die Netzwerkressource heißen?* den vorgeschlagenen Namen und klicken Sie erneut auf die Schaltfläche *Weiter*.

8 Im letzten Dialogfeld *Fertigstellen des Assistenten* bestätigen Sie die angezeigten Informationen über die Schaltfläche *Fertig stellen*.

Jetzt wird ein Ordnerfenster mit dem Inhalt der neu definierten Netzwerkressource automatisch geöffnet.

Gleichzeitig richtet der Assistent die Netzwerkressource mit dem angegebenen Namen und einem Symbol in der Netzwerkumgebung ein.

Um eine nicht mehr benötigte Ressource im Ordnerfenster *Netzwerkumgebung* zu entfernen, gehen Sie ähnlich wie beim Löschen von Dateien vor. Klicken Sie z.B. das Ordnersymbol der Ressource mit der rechten Maustaste an und wählen Sie im Kontextmenü den Befehl LÖSCHEN. Bei Bedarf können Sie das gelöschte Symbol erneut über die obigen Schritte einrichten.

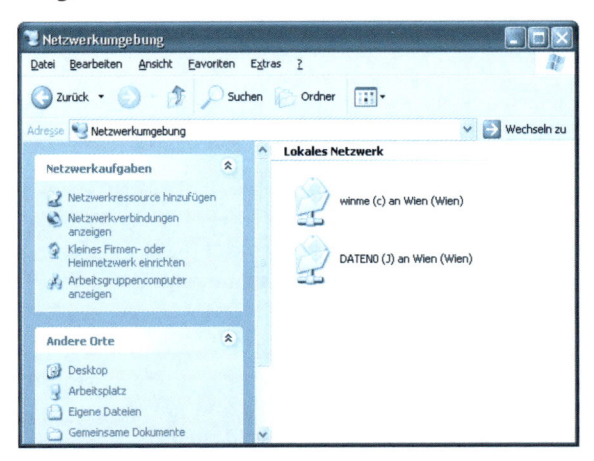

Hier ist ein auf diese Art bereinigtes Ordnerfenster *Netzwerkumgebung* zu sehen.

Sobald Sie eine solche Netzwerkressource im Ordnerfenster *Netzwerkumgebung* eingerichtet haben, wird der Zugriff auf diese bei zukünftigen Sitzungen recht einfach: Es reicht ein Doppelklick auf das Symbol der gewünschten Netzwerkressource.

Windows öffnet ein Ordnerfenster, in dem die Objekte (Ordner, Dateien) der Ressource angezeigt werden. Sie können dann mit den betreffenden Ordnern und Dateien wie gewohnt arbeiten.

> **HINWEIS** Voraussetzung zum Zugriff auf eine Netzwerkressource ist natürlich einmal, dass der betreffende Rechner hochgefahren und im Netzwerk bekannt ist. Weiterhin müssen auf der Arbeitsstation Ressourcen zur gemeinsamen Benutzung freigegeben worden sein. Ein Benutzer kann bei dieser Freigabe zusätzlich Zugriffsberechtigungen vergeben, die Sie am Lesen oder Verändern einer Ressource hindern. Konsultieren Sie ggf. den Benutzer des Rechners oder den Netzwerkadministrator, um Näheres zu diesem Thema zu erfahren.

Netzlaufwerke verwalten

Arbeiten Sie lieber mit Laufwerkssymbolen im Ordnerfenster *Arbeitsplatz* oder erlauben ältere Programme nur Zugriffe auf Laufwerke? Dann können Sie einem freigegebenen Ordner im Netzwerk einen Laufwerksnamen zuweisen.

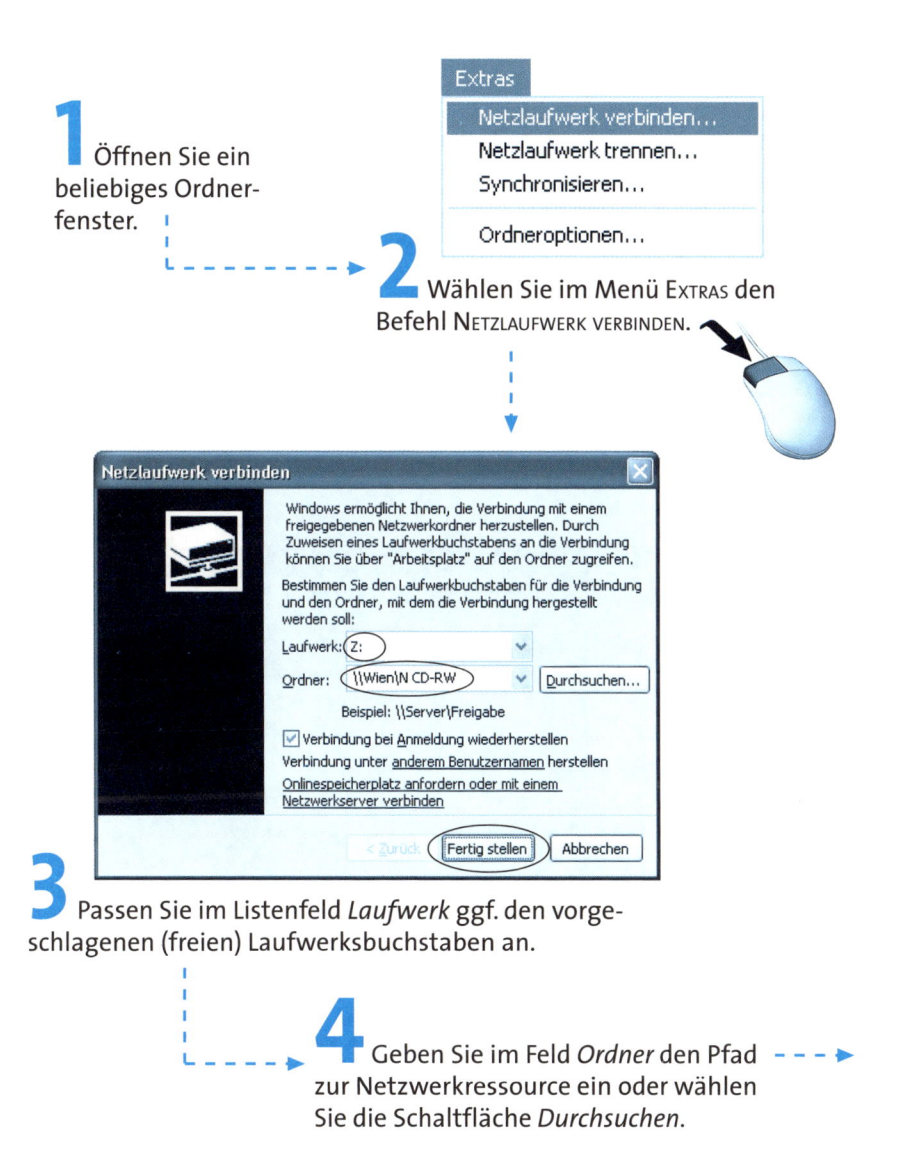

1 Öffnen Sie ein beliebiges Ordnerfenster.

2 Wählen Sie im Menü EXTRAS den Befehl NETZLAUFWERK VERBINDEN.

3 Passen Sie im Listenfeld *Laufwerk* ggf. den vorgeschlagenen (freien) Laufwerksbuchstaben an.

4 Geben Sie im Feld *Ordner* den Pfad zur Netzwerkressource ein oder wählen Sie die Schaltfläche *Durchsuchen*.

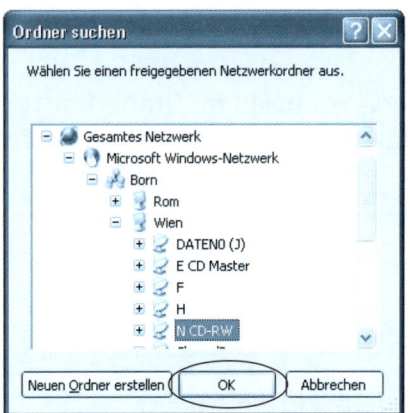

5 Wurde die Schaltfläche *Durchsuchen* gewählt, lässt sich die Netzwerkressource im Dialogfeld *Ordner suchen* einstellen.

6 Schließen Sie die Dialogfelder über die Schaltflächen *OK* und *Fertig stellen*.

Windows richtet jetzt das Laufwerkssymbol im Ordnerfenster *Arbeitsplatz* ein. Weiterhin wird die Ressource in einem Ordnerfenster geöffnet. Über das Laufwerkssymbol können Sie zukünftig direkt auf die Netzwerkressource zugreifen.

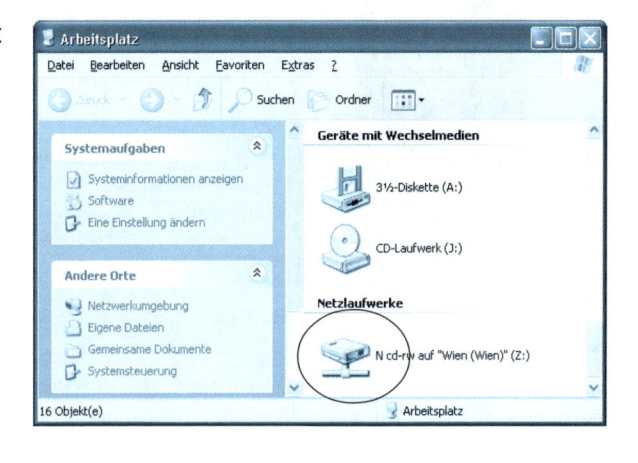

Um eine **bestehende Verbindung** für ein Netzlaufwerk wieder **aufzuheben**, gehen Sie folgendermaßen vor.

Ressourcen freigeben

1 Wählen Sie im Ordnerfenster im Menü EXTRAS den Befehl NETZLAUFWERK TRENNEN.

2 Markieren Sie im Dialogfeld *Verbindung zu Netzwerklaufwerken trennen* das zu trennende Laufwerk.

3 Klicken Sie auf die *OK*-Schaltfläche

> **TIPP**
> Alternativ können Sie das Laufwerkssymbol mit der rechten Maustaste anklicken und im Kontextmenü den Befehl TRENNEN wählen. Dann hebt Windows die Laufwerkszuordnung direkt auf.

Windows trennt die Verbindung zur Netzwerkressource und entfernt das Laufwerkssymbol aus dem Ordner *Arbeitsplatz*.

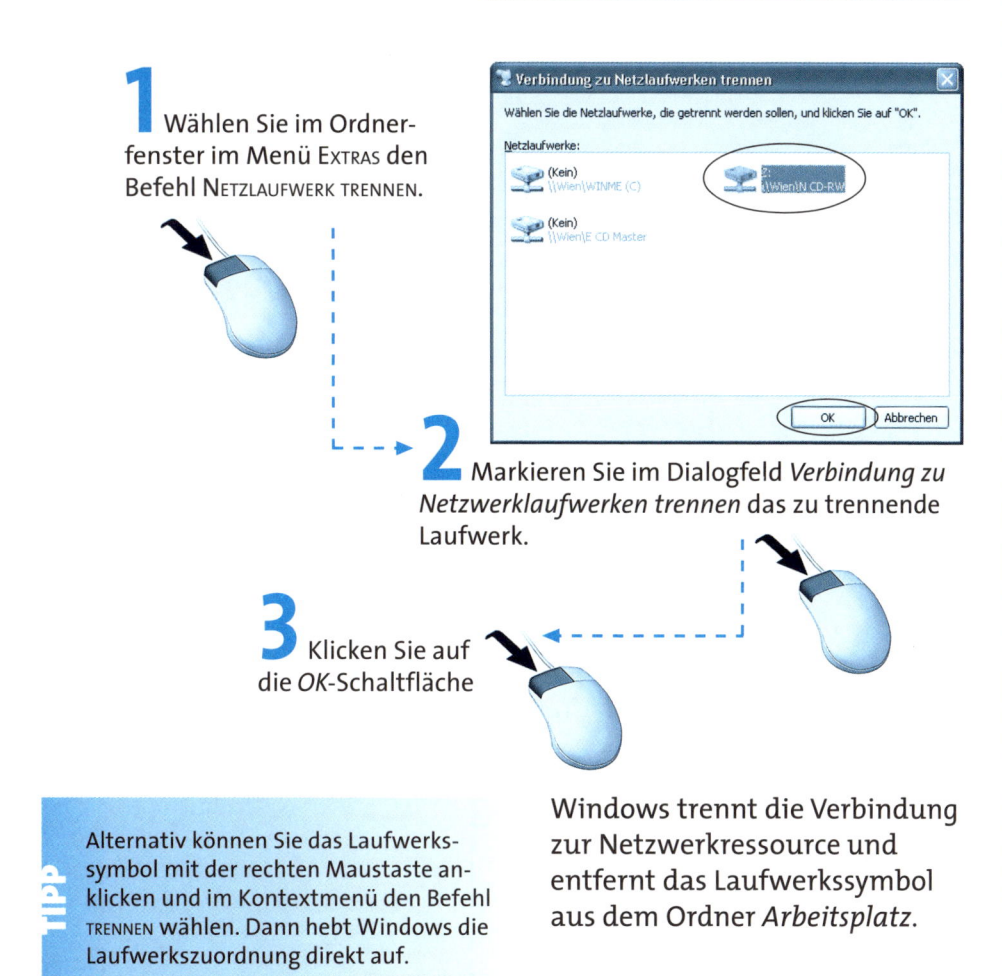

Ressourcen freigeben

Damit andere Benutzer im Heimnetzwerk auf Laufwerke, Ordner oder Drucker zugreifen können, muss der Besitzer des Computers diese Ressourcen freigeben. Auch dies ist kein schwieriges Unterfangen. Um ein Laufwerk oder einen Ordner zur gemeinsamen Benutzung freizugeben, sind folgende Schritte auszuführen.

1 Klicken Sie im Fenster *Arbeitsplatz* oder in einem anderen Fenster mit der rechten Maustaste auf das Laufwerks- oder Ordnersymbol.

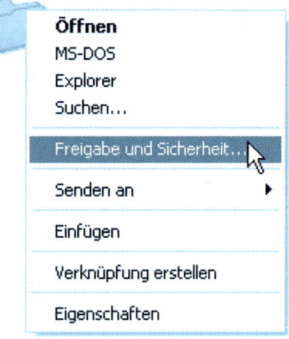

Öffnen
MS-DOS
Explorer
Suchen…
Freigabe und Sicherheit…
Senden an
Einfügen
Verknüpfung erstellen
Eigenschaften

2 Wählen Sie im Kontextmenü den Befehl FREIGABE UND SICHERHEIT.

Windows öffnet das Eigenschaftenfenster des Elements mit der Registerkarte *Freigabe*.

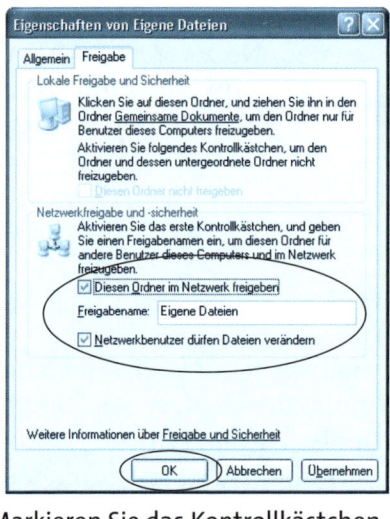

4 Korrigieren Sie ggf. das Feld *Freigabename*.

3 Markieren Sie das Kontrollkästchen *Diesen Ordner im Netzwerk freigeben*.

5 Markieren Sie ggf. das Kontrollkästchen *Netzwerkbenutzer dürfen Dateien verändern*.

6 Schließen Sie die Registerkarte über die *OK*-Schaltfläche.

Windows gibt das Laufwerk oder den Ordner mit den betreffenden Optionen im Netzwerk frei. Sie erkennen freigegebene Elemente an der stilisierten Hand, die in der linken unteren Ecke des Laufwerks- oder Ordnersymbols eingeblendet wird.

> **HINWEIS**
> Markieren Sie das Optionsfeld *Netzwerkbenutzer dürfen Dateien verändern*, können andere Benutzer die Daten der freigegebenen Ressource nicht nur lesen, sondern auch verändern. Sollen die Benutzer die Daten nicht ändern dürfen, darf das Kontrollkästchen nicht markiert sein.

> **ACHTUNG**
> Die hier gezeigten Art der Freigabe entspricht der Windows-Voreinstellung mit »Einfacher Dateifreigabe«. Wird die einfache Dateifreigabe deaktiviert, erscheint eine Registerkarte, in der Sie die benutzerspezifische Freigaben vereinbaren können. Details zu diesem Thema finden Sie in Kapitel 5.

Einen Drucker freigeben

Sie können anderen Netzwerkteilnehmern die Benutzung des an Ihrem PC angeschlossenen (lokalen) Druckers erlauben. Hierzu müssen Sie diesen Drucker jedoch für die allgemeine Benutzung freigeben.

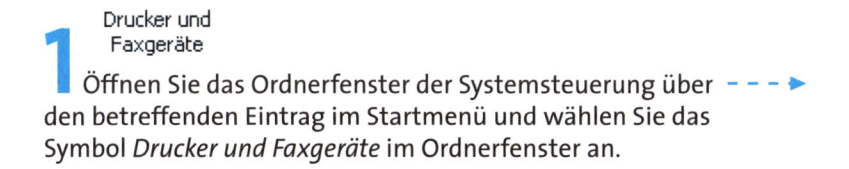

1 Öffnen Sie das Ordnerfenster der Systemsteuerung über den betreffenden Eintrag im Startmenü und wählen Sie das Symbol *Drucker und Faxgeräte* im Ordnerfenster an.

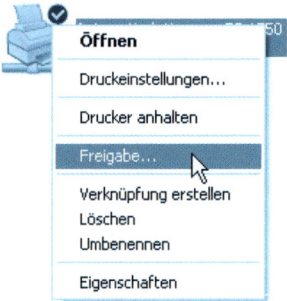

2 Klicken Sie im Ordnerfenster *Drucker und Faxgeräte* mit der rechten Maustaste auf das Symbol des freizugebenden Druckers und wählen Sie im Kontextmenü den Befehl *Freigabe*.

Windows öffnet jetzt das Fenster mit den Eigenschaften des betreffenden Druckers. Hier interessiert nur die Registerkarte *Freigabe*, die bereits im Vordergrund angezeigt wird. In dieser Registerkarte müssen Sie jetzt die Freigabeoptionen festlegen.

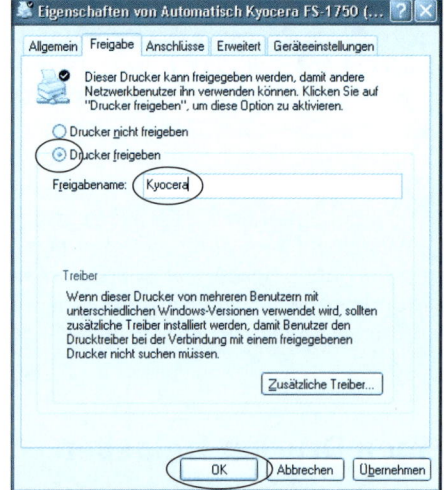

3 Markieren Sie das Optionsfeld *Drucker freigeben* und tippen Sie im Textfeld *Freigabename* den Freigabenamen (max. 12 Zeichen) ein.

4 Schließen Sie das Dialogfeld über die *OK*-Schaltfläche.

Windows gibt den Drucker im Netzwerk für andere Benutzer frei. Im Ordnerfenster *Drucker und Faxgeräte* erscheint beim betreffenden Druckersymbol eine kleine Hand als Freigabesymbol.

> **ACHTUNG**
> Zum Aufheben der Freigabe verwenden Sie ebenfalls die obigen Schritte, markieren aber auf der Registerkarte *Freigabe* das Optionsfeld *Drucker nicht freigegeben*. Weitere Details zum Umgang mit Druckern finden Sie in Kapitel 10.

An dieser Stelle möchte ich die Einführung in das Arbeiten im Netzwerk beenden. Viele Funktionen mussten ausgespart bleiben – Sie kennen aber die wichtigsten Funktionen. Weitergehende Informationen finden Sie in der Windows-Hilfe.

Lernkontrolle

Zur Überprüfung Ihres Wissens sollten Sie die folgenden Aufgaben lösen. Die Antworten finden Sie in Klammern angegeben.

- **Wie wird ein Laufwerk verbunden?**
(Im Ordnerfenster EXTRAS/NETZLAUFWERK VERBINDEN wählen und dann den Laufwerksbuchstaben sowie den Pfad auf die Netzwerkressource wählen.)

- **Wie wird ein Laufwerk freigegeben?**
(Laufwerk mit der rechten Maustaste anwählen und im Kontextmenü den Befehl FREIGABE UND SICHERHEIT wählen. Anschließend auf der Registerkarte *Freigabe* die Freigabeoptionen setzen.)

- **Wie wird eine Ressource in der Netzwerkumgebung definiert?**
(Im Ordnerfenster *Netzwerkumgebung* in der Aufgabenleiste den Link *Netzwerkressource hinzufügen* wählen und dann im Assistenten die notwendigen Parameter festlegen.)

Im nächsten Kapitel finden Sie Hinweise zu Funktionen, mit denen sich Laufwerke warten oder spezielle Funktionen nutzen lassen.

4

Spezialfunktionen

Was bringt Ihnen dieses Kapitel?

Beim Arbeiten mit dem Computer können Fehler auf der Festplatte auftreten, was unter Umständen zu Datenverlusten führt. Um Fehler zu erkennen, zu beheben und Datenverlusten vorzubeugen, erfahren Sie in diesem Kapitel, wie sich Laufwerke mit einem Programm überprüfen lassen. Weiterhin lernen Sie, wie sich die Festplatte mit einem sogenannten Defragmentierungsprogramm optimieren oder von »Datenmüll« bereinigen lässt. Außerdem lernen Sie, wie Windows über Attribute Dateien und Ordner komprimieren bzw. verschlüsseln kann.

Ihr Erfolgsbarometer

Das können Sie schon:

Mit Fenstern arbeiten	27
Programme starten	36
Mit Dateien und Ordnern umgehen	82
Arbeiten im Netzwerk	113

Das lernen Sie neu:

Laufwerke auf Fehler prüfen	130
Laufwerke defragmentieren	132
Attribute anpassen	134
Laufwerke aufräumen	141

Laufwerke auf Fehler prüfen

In Kapitel 2 haben Sie den Umgang mit Laufwerken, Ordnern und Dateien kennen gelernt. Gelegentlich kommt es vor, dass die Daten auf den Laufwerken beschädigt werden. Die Ursachen für solche Defekte sind vielfältig und reichen von beschädigten Festplatten über Programmabstürze bis hin zu abgeschalteten Rechnern, bei denen Windows nicht korrekt beendet wurde. Solche und andere Fehler führen mit der Zeit zu Problemen. Sie sollten solche Fehler deshalb feststellen und notfalls von den entsprechenden Programmen beheben lassen.

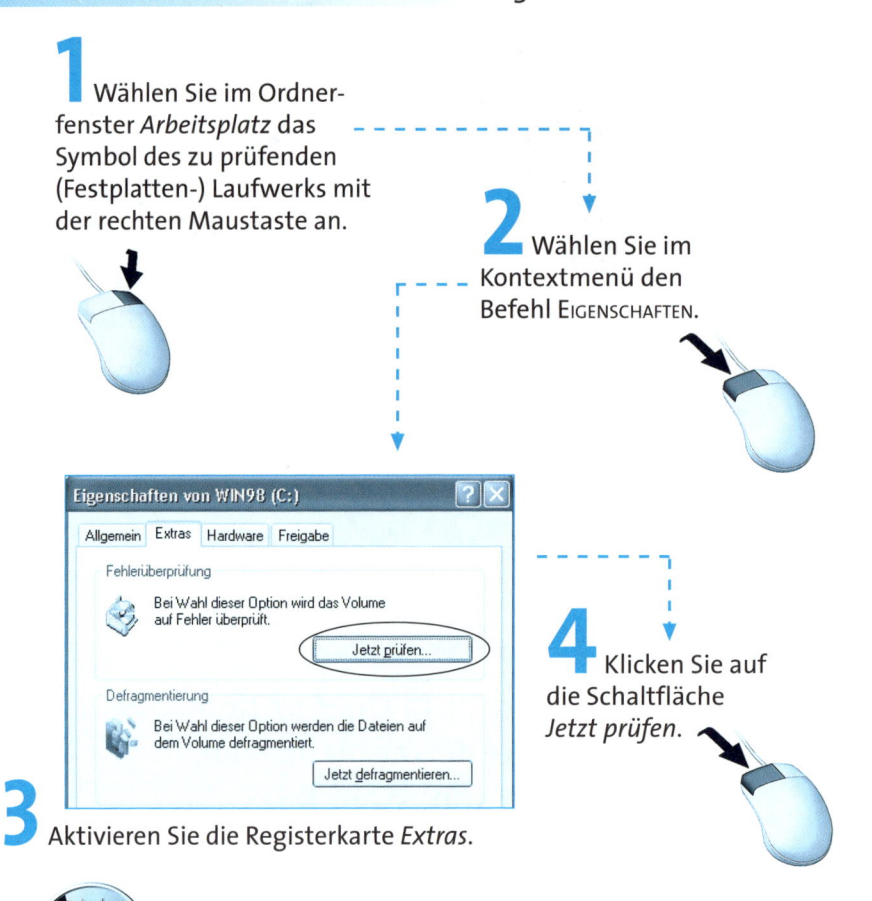

ACHTUNG: Die folgenden Schritte können Sie aber nur ausführen, wenn Sie unter einem Benutzerkonto mit Administratorenrechten angemeldet sind. Falls Sie als normaler Benutzer angemeldet sind, müssen Sie sich abmelden und dann als Administrator wieder anmelden.

1 Wählen Sie im Ordnerfenster *Arbeitsplatz* das Symbol des zu prüfenden (Festplatten-) Laufwerks mit der rechten Maustaste an.

2 Wählen Sie im Kontextmenü den Befehl EIGENSCHAFTEN.

3 Aktivieren Sie die Registerkarte *Extras*.

4 Klicken Sie auf die Schaltfläche *Jetzt prüfen*.

LAUFWERKE AUF FEHLER PRÜFEN

Windows startet das Programm zur Datenträgerprüfung. Im Dialogfeld können Sie dann noch zwei Kontrollkästchen mit den Optionen zur Datenträgerprüfung markieren. Dann korrigiert die Prüfung gefundene Fehler automatisch.

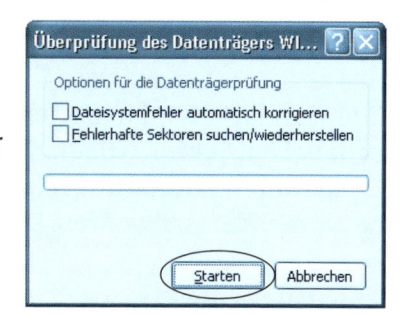

Lassen Sie Optionen unmarkiert, prüft das Programm den Datenträger, ohne eine Fehlerkorrektur durchzuführen.

5 Klicken Sie auf die Schaltfläche *Starten*, um die Prüfung einzuleiten.

Während der Prüfung zeigt das Programm den Fortschritt im Dialogfeld an.

Der Abschluss der Prüfung wird in einem Dialogfeld angezeigt.

6 Klicken Sie auf die *OK*-Schaltfläche, um das Programm zu beenden.

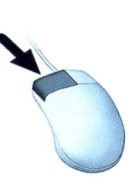

Ist das Laufwerk während der Prüfung in Benutzung, können keine Fehler korrigiert werden. Dann fragt das Programm in einem Dialogfeld nach, ob die Datenträgerprüfung beim nächsten Systemstart durchzuführen ist. Über entsprechende Schaltflächen können Sie die Prüfung beenden oder für den nächsten Systemstart vorsehen lassen.

HINWEIS Die Prüfung ist nur für Festplatten oder andere beschreibbare Wechselmedien wie Disketten etc. möglich.

Laufwerke defragmentieren

Eine Festplatte wird in einzelne Blöcke unterteilt. Die kleinste Einheit ist dabei ein **Sektor**, wobei immer mehrere benachbarte Sektoren zu sogenannten **Zuordnungseinheiten** (auch als Cluster bezeichnet) zusammengefasst werden. Diese Zuordnungseinheiten werden vom **Dateisystem** zum Speichern der Dateien benutzt. Das Dateisystem belegt dabei immer freie Zuordnungseinheiten mit den Dateidaten. Ändern oder löschen Sie Dateien, führt dies dazu, dass die Daten der Datei »willkürlich« über freie Zuordnungseinheiten der Festplatte verstreut werden. Dies

> **WAS IST DAS**
> Ein **Dateisystem** legt fest, wie Ordner und Dateien auf einer Festplatte oder Diskette zu speichern sind. Windows XP unterstützt verschiedene Dateisysteme (FAT für MS-DOS bzw. Windows 95, FAT32 für Windows 98 bzw. Me, NTFS für Windows NT/2000).

hat den Effekt, dass Windows beim Lesen und Speichern von Dateien immer langsamer wird (da die zur Datei gehörenden Zuordnungseinheiten auf der Festplatte erst gesucht werden müssen). Windows XP enthält ein Programm, mit der sich die Dateien auf einer Festplatte optimieren lassen. Das Programm verlagert die Daten der Dateien so, dass diese in benachbarten Zuordnungseinheiten liegen.

> **ACHTUNG**
> Die Laufwerksoptimierung, auch als **Defragmentierung** bezeichnet, können Sie, ähnlich wie die Fehlerprüfung, nur durchführen, wenn Sie als Administrator am System angemeldet sind. Außerdem müssen alle laufenden Programme beendet werden, damit keine Dateien während der Prüfung verändert werden.

Zum Defragmentieren eines Laufwerks gehen Sie in folgenden Schritten vor:

1 Klicken Sie das Laufwerkssymbol im Fenster *Arbeitsplatz* mit der rechten Maustaste an und wählen Sie im Kontextmenü den Befehl EIGENSCHAFTEN.

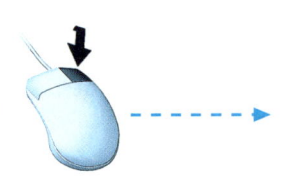

LAUFWERKE DEFRAGMENTIEREN

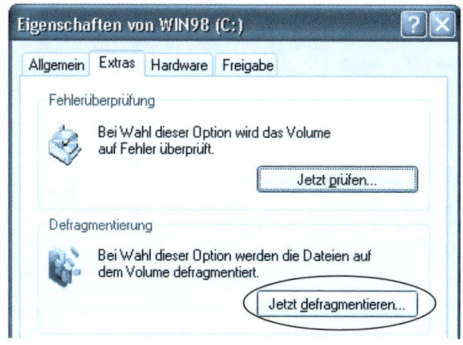

2 Auf der Registerkarte *Extras* im Eigenschaftenfenster wählen Sie die Schaltfläche *Jetzt defragmentieren*.

Das Programm meldet sich mit nebenstehendem Fenster.

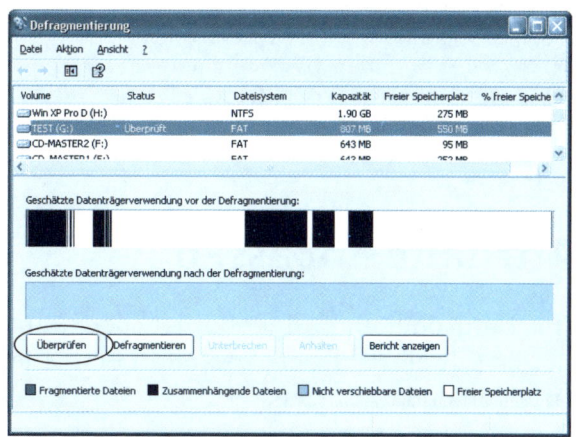

3 Klicken Sie auf die Schaltfläche *Überprüfen*, um das markierte Laufwerk überprüfen zu lassen.

Das Programm analysiert jetzt, wie stark die Dateien des Laufwerks in Blöcken auf der Festplatte verstreut sind. Man bezeichnet den Grad dieser Zerstückelung auch als **Fragmentierung**. Dieser Status wird im Dialogfeld grafisch dargestellt. Im unteren Bereich des Fensters finden Sie eine Legende mit der Erläuterung der Farben für Dateien. Nach der Prüfung des Mediums erhalten Sie eine Statusanzeige in einem Dialogfeld.

133

4 Möchten Sie den Datenträger defragmentieren, klicken Sie auf die Schaltfläche *Defragmentieren*.

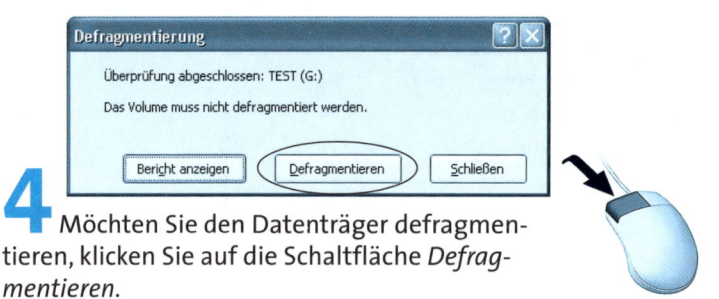

Über die Schaltfläche *Bericht anzeigen* können Sie sich Details zur betreffenden Datenträger anfordern. Über die Schaltfläche *Schließen* beenden Sie das Dialogfeld.

> **HINWEIS**
> Im Dialogfeld *Defragmentierung* finden Sie ebenfalls Schaltflächen, um die Defragmentierung direkt zu starten. Das Programm beenden Sie über die Schaltfläche *Schließen* in der rechten oberen Fensterecke.

Attribute anpassen

Eine Datei oder ein Ordner besitzt sogenannte Attribute, mit denen z.B. ein Schreibschutz etc. gesteuert wird. Diese Attribute lassen sich anzeigen und umsetzen.

1 Klicken Sie mit der rechten Maustaste auf das Ordner- oder Dateisymbol und wählen Sie im Kontextmenü den Befehl *Eigenschaften*.

Auf der Registerkarte *Allgemein* des Eigenschaftenfensters werden die Eigenschaften wie der Name, die Größe etc. angezeigt.

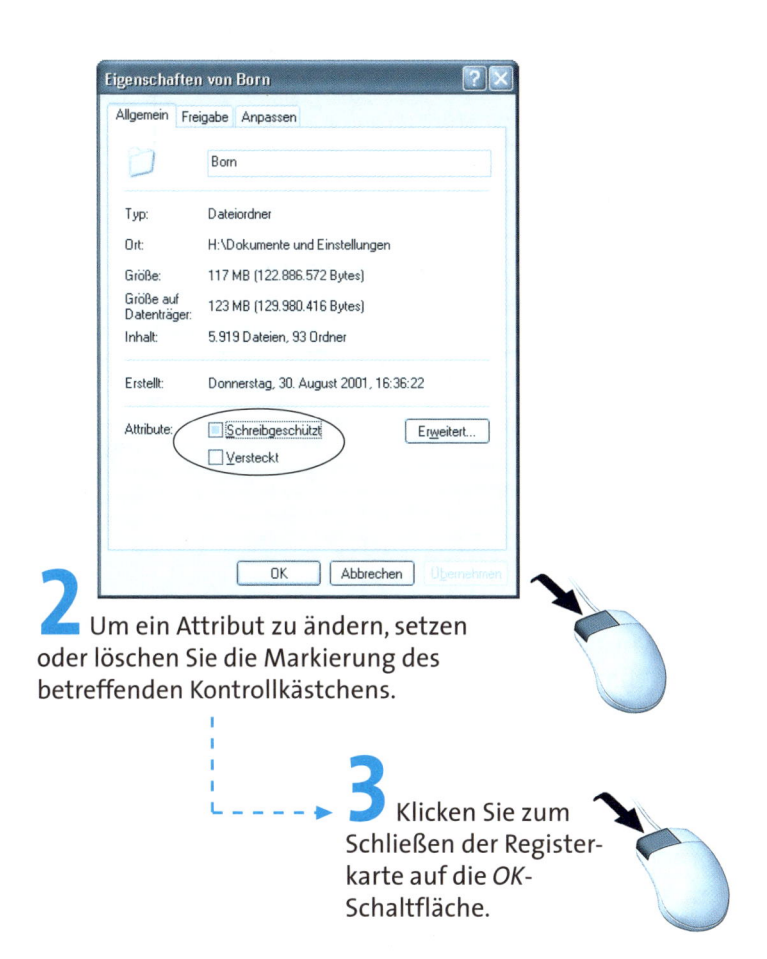

ATTRIBUTE ANPASSEN

2 Um ein Attribut zu ändern, setzen oder löschen Sie die Markierung des betreffenden Kontrollkästchens.

3 Klicken Sie zum Schließen der Registerkarte auf die *OK*-Schaltfläche.

Ein mit einem Häkchen markiertes Kontrollkästchen besagt, dass das zugehörige Attribut gesetzt ist. Beim Attribut *Schreibgeschützt* kann der Inhalt eines Ordners oder einer Datei nicht mehr verändert werden (oder Sie erhalten zumindest eine Warnung). Das Attribut *Versteckt* bewirkt, das Windows das Element in der Standardeinstellung nicht mehr anzeigt. Nur wenn die Option zur Anzeige versteckter Dateien aktiviert ist (siehe Kapitel 2), werden die Elemente im Ordnerfenster abgeblendet dargestellt.

Windows setzt ein geändertes Attribut bei allen vor dem Aufruf der Registerkarte markierten Elementen um.

Bei Ordnern erscheint ein Dialogfeld mit der Abfrage, ob die Änderung auch für Unterordner durchzuführen ist.

135

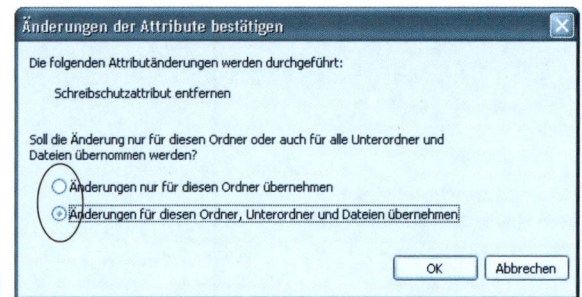

4 Markieren Sie ein Optionsfeld und klicken Sie auf die *OK*-Schaltfläche.

Laufwerke/Ordner komprimieren

Bedingt durch die wachsende Größe vieler Dokumentdateien (speziell Grafiken oder Word-Dokumente) wird der Speicherplatz auf der Festplatte schnell knapp. Bevor Sie dann Programme und Dateien löschen oder eine neue größere Festplatte einbauen, lassen sich die Medien auch komprimieren. Bei diesem Vorgang werden die Daten mit trickreichen Verfahren »gepackt« und anschließend gespeichert. In Kapitel 2 wurde bereits das Konzept der komprimierten Ordner (ZIP-Archive) erwähnt. Sie können einen solchen Ordner anlegen und Dateien hineinpacken. Komprimierte Ordner können zwar kopiert oder verschoben werden (z.B. auf Diskette), müssen aber manuell verwaltet werden. Windows XP bietet Ihnen aber die Möglichkeit, ein Laufwerk oder einen Ordner komprimiert anzulegen. Windows komprimiert dann die Dateien automatisch bei der Ablage auf dem Laufwerk bzw. im Ordner.

> **HINWEIS** Die Komprimierung ist aber nur möglich, wenn das Laufwerk mit dem NTFS-Dateisystem formatiert wurde. Die Formatierung erfolgt in der Regel von der Windows-Installation und ist vom Administrator vorzunehmen. Die Umstellung der Laufwerkseigenschaft erfordert ebenfalls die Anmeldung als Administrator.

ATTRIBUTE ANPASSEN

Zum Komprimieren eines Laufwerks gehen Sie in folgenden Schritten vor:

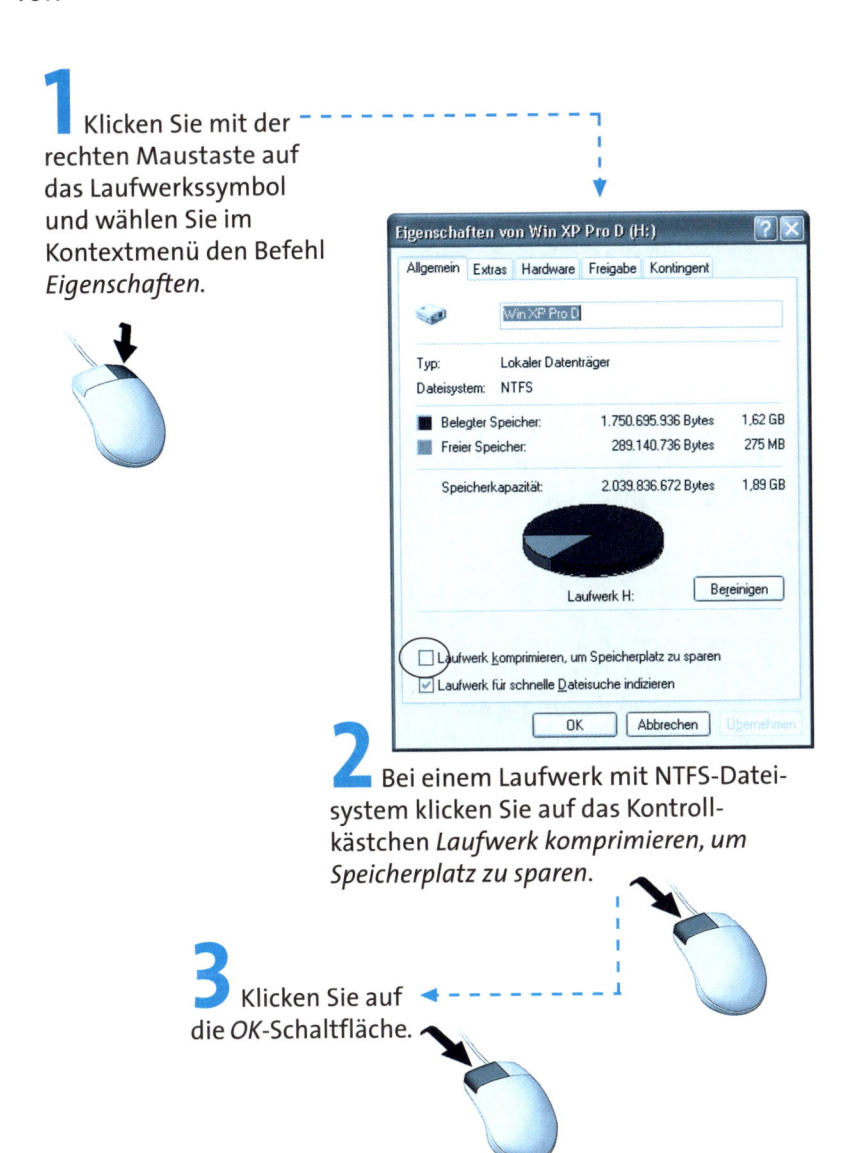

1 Klicken Sie mit der rechten Maustaste auf das Laufwerkssymbol und wählen Sie im Kontextmenü den Befehl *Eigenschaften*.

2 Bei einem Laufwerk mit NTFS-Dateisystem klicken Sie auf das Kontrollkästchen *Laufwerk komprimieren, um Speicherplatz zu sparen*.

3 Klicken Sie auf die *OK*-Schaltfläche.

Windows fragt nun, ob die Komprimierung auf alle Ordner anzuwenden ist.

137

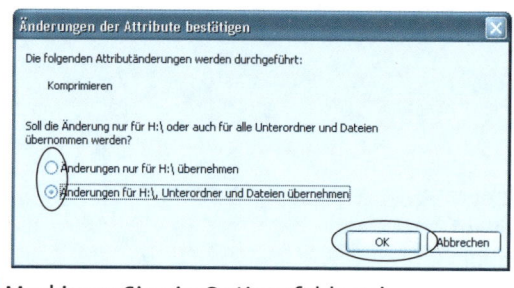

4 Markieren Sie ein Optionsfeld und klicken Sie auf die *OK*-Schaltfläche.

Jetzt übernimmt Windows die Vorgaben und bereitet das Laufwerk zur Komprimierung vor. Anschließend werden neu auf das Laufwerk gespeicherte Daten automatisch komprimiert.

> **HINWEIS** Um die Komprimierung aufzuheben, gehen Sie in der gleichen Reihenfolge vor, löschen aber die Markierung des Kontrollkästchens *Laufwerk komprimieren, um Speicherplatz zu sparen*. Voraussetzung ist aber, dass auf dem Datenträger genügend freie Kapazität zur Aufnahme der unkomprimierten Dateien vorhanden ist.

Möchten Sie lediglich einen Ordner komprimieren, geht dies ähnlich:

1 Klicken Sie mit der rechten Maustaste auf das Ordnersymbol und wählen Sie im Kontextmenü den Befehl EIGENSCHAFTEN.

2 Auf der Registerkarte *Allgemein* klicken Sie auf die Schaltfläche *Erweitert* (siehe auch vorhergehende Seiten).

ATTRIBUTE ANPASSEN

3 Markieren Sie im Dialogfeld *Erweiterte Attribute* das Kontrollkästchen *Inhalt komprimieren, um Speicherplatz zu sparen*.

4 Schließen Sie das geöffnete Dialogfeld und die Registerkarte über die jeweilige *OK*-Schaltfläche.

5 Markieren Sie im Dialogfeld *Änderungen der Attribute bestätigen* (siehe oben) das betreffende Optionsfeld und bestätigen Sie dies über die *OK*-Schaltfläche.

Windows übernimmt die Vorgaben und komprimiert den Inhalt des Ordners.

> **HINWEIS** Im Ordnerfenster können Sie komprimierte Dateien und Ordner farbig hervorheben lassen. Die Option *Verschlüsselte oder komprimierte NTFS-Dateien in anderer Farbe anzeigen* zur Hervorhebung der Symboltitel finden Sie auf der Registerkarte *Ansicht*. Rufen Sie diese Registerkarte über den Befehl ORDNEROPTIONEN im Menü ANSICHT des Ordnerfensters auf.

Dateien verschlüsseln

Möchten Sie vertrauliche Dokumente vor einem unbefugten Zugriff schützen? Die Zugriffsmechanismen unter Windows erlauben Ihnen zwar bereits die Zugriffe auf Dateien zu begrenzen (siehe folgendes Kapitel). Mit der Funktion »Verschlüsselung« können Sie Dateien zusätzlich in einer kodierten Form auf dem Datenträger hinterlegen. Dann können nur Sie selbst diese Dateien lesen.

HINWEIS Die Verschlüsselung funktioniert nur bei unkomprimierten Dateien. Beachten Sie auch, dass jeder Benutzer, der sich unter Ihrem Namen und Ihrem Kennwort anmeldet, die Dateien lesen kann (da der Schlüssel aus Ihren Benutzerdaten erzeugt wird).

Zum Verschlüsseln einer Datei oder eines Ordners gehen Sie ähnlich wie beim Komprimieren eines Ordners vor:

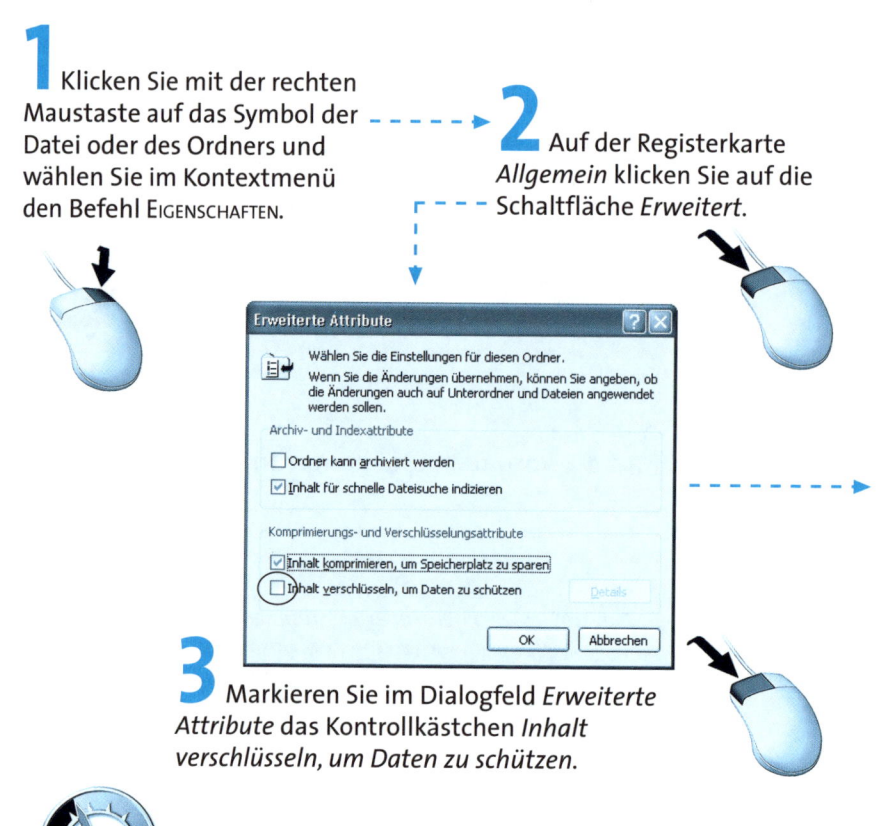

1 Klicken Sie mit der rechten Maustaste auf das Symbol der Datei oder des Ordners und wählen Sie im Kontextmenü den Befehl EIGENSCHAFTEN.

2 Auf der Registerkarte *Allgemein* klicken Sie auf die Schaltfläche *Erweitert*.

3 Markieren Sie im Dialogfeld *Erweiterte Attribute* das Kontrollkästchen *Inhalt verschlüsseln, um Daten zu schützen*.

4 Schließen Sie die geöffneten Dialogfelder über die *OK*-Schaltfläche.

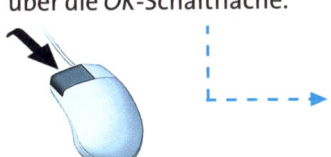

5 Erscheint eine Nachfrage, ob die Änderungen für alle Dateien und Unterordner auszuführen ist, bestätigen Sie das gewünschte Optionsfeld und klicken Sie auf die *OK*-Schaltfläche.

Windows übernimmt die Vorgaben und verschlüsselt den Inhalt der Datei bzw. des Ordner. Ein anderer Benutzer (mit Ausnahme des Administrators) kann dann die Datei nicht mehr einsehen.

HINWEIS Zum Aufheben der Verschlüsselung wählen Sie den gleichen Weg, löschen aber die Markierung des Kontrollkästchens. Benötigen Sie eine Verschlüsselung für Dokumente, empfiehlt sich auf andere Verschlüsselungsprogramme auszuweichen, die ein getrenntes Kennwort erlauben. Dies schützt Sie davor, dass Dritte Ihr Benutzerkennwort ausspähen und sich Zugang zu Ihren Dateien verschaffen.

Laufwerke aufräumen

Ist ein Laufwerk voll, hilft es manchmal, dieses Laufwerk aufzuräumen und nicht mehr benötigte Dateien zu löschen. Windows besitzt eine eigene Funktion zur Datenträgerbereinigung. Um diese Funktion zu benutzen, gehen Sie folgendermaßen vor:

1 Klicken Sie im Fenster *Arbeitsplatz* mit der rechten Maustaste auf das Laufwerkssymbol und wählen Sie im Kontextmenü den Befehl EIGENSCHAFTEN.

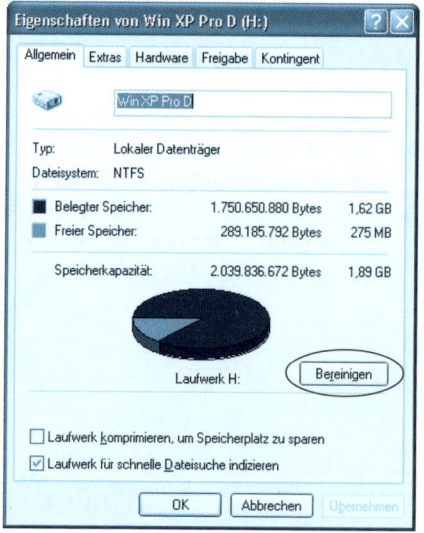

2 Wählen Sie auf der Registerkarte *Allgemein* die Schaltfläche *Bereinigen*.

Windows prüft das Laufwerk auf überflüssige Dateien, die sich entfernen lassen. Es handelt sich hierbei im Wesentlichen um den Inhalt des Papierkorbs sowie um den Zwischenspeicher für Internetdateien.

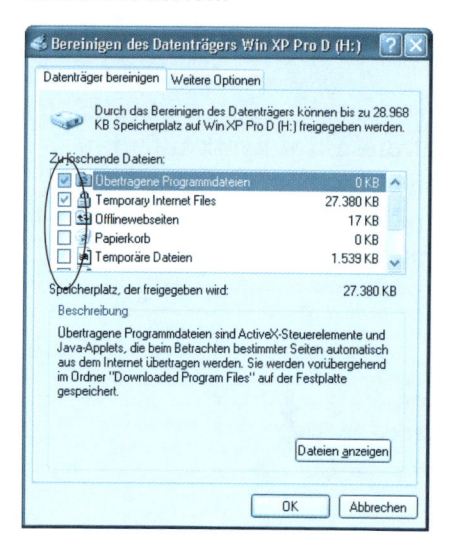

Dann fragt Windows nach, welche Dateien eigentlich zu entfernen sind.

3 Markieren Sie auf der Registerkarte *Datenträger bereinigen* die Kontrollkästchen der Gruppen, deren Daten zu löschen sind.

142

4 Schließen Sie das Dialogfeld über die *OK*-Schaltfläche.

Windows beginnt mit der Datenträgerbereinigung und löscht die betreffenden Dateien. Der Fortschritt wird in einem eigenen Fenster angezeigt.

> **HINWEIS** Die Registerkarte *Weitere Optionen* erlaubt erfahrenen Benutzern, weiteren Speicherplatz durch Entfernen nicht mehr benötigter Windows-Komponenten freizugeben.

Mit diesen Erläuterungen möchte ich das vorliegende Kapitel beenden, weitere Details finden Sie in der Hilfe des Betriebssystems.

5 Sicherheit

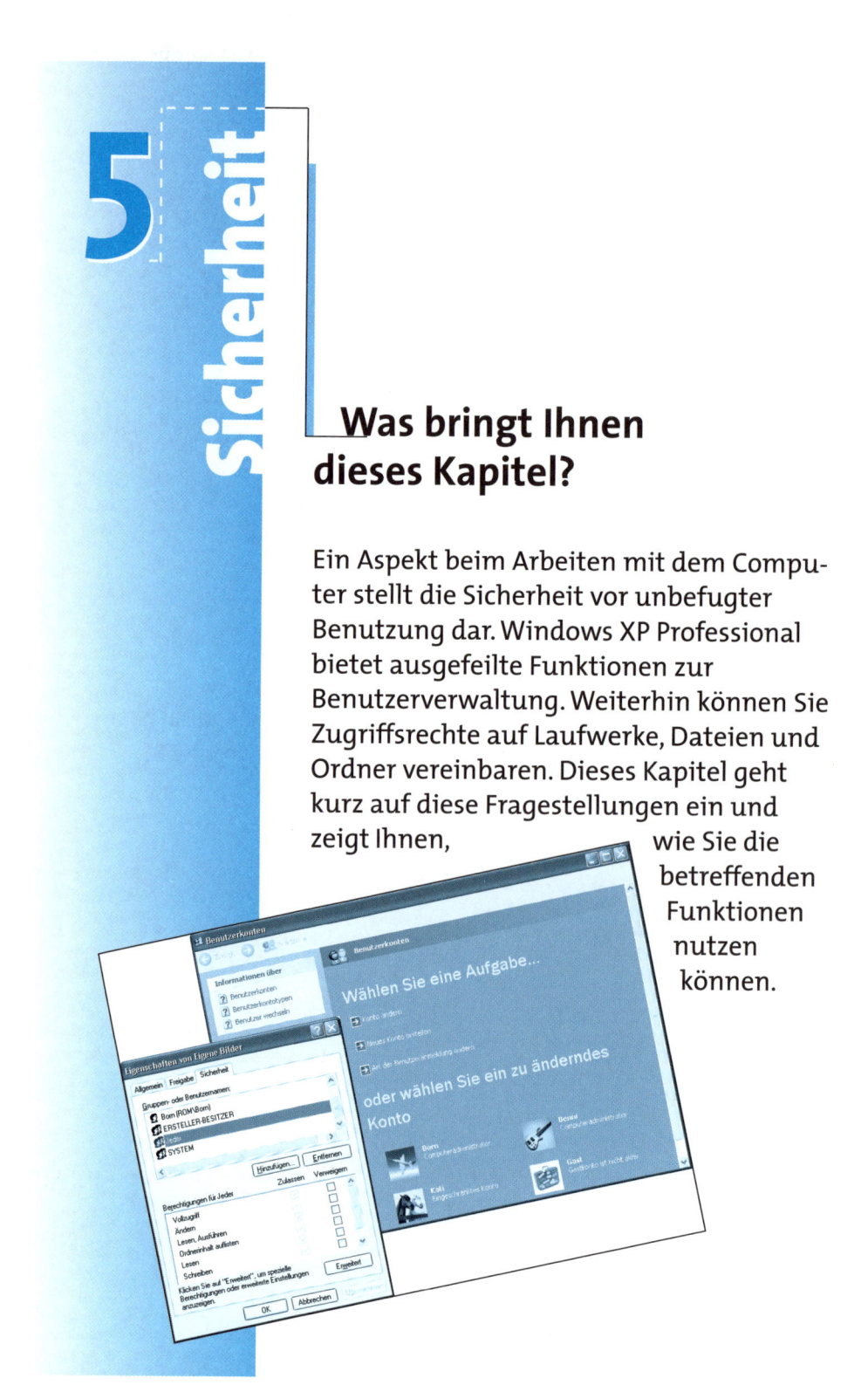

Was bringt Ihnen dieses Kapitel?

Ein Aspekt beim Arbeiten mit dem Computer stellt die Sicherheit vor unbefugter Benutzung dar. Windows XP Professional bietet ausgefeilte Funktionen zur Benutzerverwaltung. Weiterhin können Sie Zugriffsrechte auf Laufwerke, Dateien und Ordner vereinbaren. Dieses Kapitel geht kurz auf diese Fragestellungen ein und zeigt Ihnen, wie Sie die betreffenden Funktionen nutzen können.

Das können Sie schon:

Mit Fenstern arbeiten	27
Programme starten	36
Mit Dateien und Ordnern umgehen	82
Arbeiten im Netzwerk	113
Spezialfunktionen nutzen	128

Das lernen Sie neu:

Benutzerkonten pflegen	146
Berechtigungen verwalten	152

Benutzerkonten pflegen

In Kapitel 1 haben Sie das Anmelden unter Windows kennen gelernt. Je nach Einstellung verlangt Windows dabei die Eingabe eines Kennworts. Der sichere Betrieb eines Rechners ist dabei ohne Kennwortschutz nicht denkbar. Sie sollten daher zumindest die Funktionen zum Ändern eines Kennworts kennen. Die Pflege der Benutzerkonten erfolgt über die Windows-Systemsteuerung.

> **HINWEIS**
>
> Windows verwaltet die einzelnen Benutzer dabei über sogenannte Konten (diese regeln, was der Benutzer mit Windows tun kann und erlauben auch die Speicherung der individuellen Benutzereinstellungen). Windows unterscheidet primär zwei Kontenkategorien: Computeradministratoren und »Eingeschränkte Benutzer«. Als Benutzer eines eingeschränkten Kontos können Sie das eigene Kennwort ändern und mit dem Computer arbeiten. Benutzer, die an Administratorenkonten angemeldet sind, können die Einstellungen weiterer Benutzerkonten ändern oder zusätzliche Benutzerkonten anlegen. Außerdem stehen Administratoren weitgehende Rechte zur Verwaltung des Computers (Installation von Programmen, Defragmentieren der Festplatte etc.) zu.

1 Öffnen Sie das Ordnerfenster der Systemsteuerung (z.B. über das Startmenü).

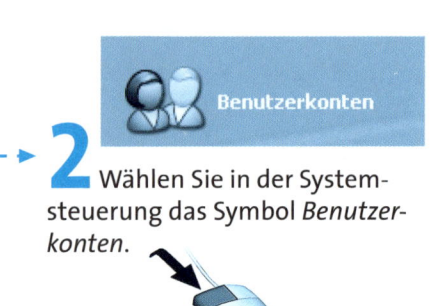

2 Wählen Sie in der Systemsteuerung das Symbol *Benutzerkonten*.

Windows öffnet das Formular mit den Befehlen zur Verwaltung der Benutzerkonten. Benutzer eingeschränkter Konten sehen das nebenstehende Fenster.

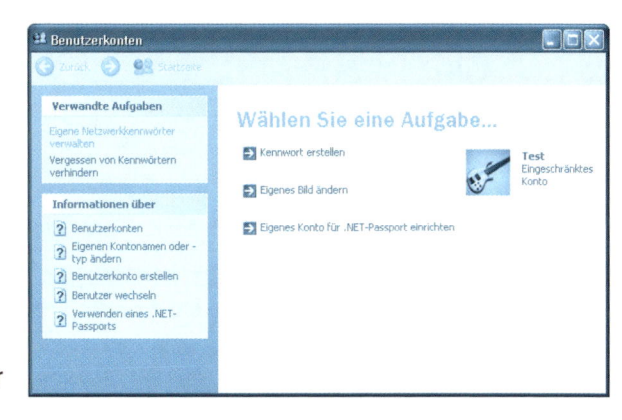

Über die im Formular eingeblendeten Befehle lässt sich ein Kennwort erstellen, ein Kennwort umsetzen oder das bei der Anmeldung gezeigte Bild umsetzen. Das Einrichten eines .NET-Passportkontos erfordert einen Internetzugang und bleibt in diesem Buch ausgespart.

> **HINWEIS**
> Rufen Administratoren die Funktion auf, zeigt das Formular alle eingerichteten Konten sowie die zulässigen Befehle. Ein Administrator kann dann neue Konten anlegen, Konten löschen oder Konteneinstellungen anpassen.

Kennwort erstellen/umsetzen

Möchten Sie als Benutzer Ihr Konto mit einem Kennwort versehen, gehen Sie in folgenden Schritten vor:

1 Rufen Sie das Formular zum Anpassen der Konteneinstellungen gemäß obigen Anweisungen auf.

2 Wählen Sie im Formular den Hyperlink *Kennwort erstellen*.

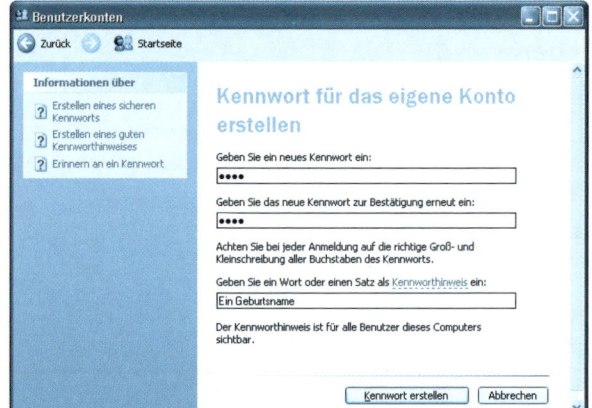

3 Füllen Sie im Formular die Felder entsprechend aus.

Das Kennwort muss zur Sicherheit in zwei Textfeldern eingetragen werden. Ihre Eingaben werden aus Sicherheitsgründen durch Punkte ersetzt.

Tragen Sie im betreffenden Feld einen Hinweis zur Erinnerung ein. Sie können diesen Hinweis beim Anmelden abrufen (siehe Kapitel 1). Über die Befehle der Aufgabenleiste lassen sich zusätzliche Informationen zur Kennwortvergabe etc. abrufen.

4 Klicken Sie auf die Schaltfläche *Kennwort erstellen*.

Die Einstellungen werden übernommen und Sie gelangen zum vorherigen Formular zurück.

ACHTUNG

Beachten Sie, dass Windows XP bei der Kennworteingabe Groß-/Kleinschreibung unterscheidet. Wählen Sie die Kennwörter so, dass diese nicht leicht zu erraten sind. Anderseits sollten die Kennwörter auch nicht so schwierig zu merken sein, dass Sie diese auf einem unter die Tastatur geklebten Zettel notieren müssen.

▶ Zum Löschen des Kennworts gehen Sie wie oben vor, wählen aber im Formular *Benutzerkonten* den Hyperlink *Eigenes Kennwort entfernen*. Windows öffnet dann ein Formular, in dem Sie das Kennwort zur Bestätigung der Identität angeben müssen. Sobald Sie die Schaltfläche *Kennwort entfernen* betätigen, wird das Kennwort aus dem Konto gelöscht.

▶ Aus Sicherheitsgründen empfiehlt es sich, das Kennwort in bestimmten Zeitabständen abzuändern. Um das Kennwort zu ändern, öffnen Sie das Formular wie oben beschrieben. Im Formular wählen Sie den Hyperlink *Eigenes Kennwort ändern*. In einem zweiten Formular erwartet Windows, dass Sie das alte Kennwort, das neue Kennwort sowie einen Kennworthinweis eintragen. Sobald Sie die Schaltfläche *Kennwort ändern* betätigen, wird das Kennwort umgesetzt.

Windows weist die Befehle zum Ändern oder Löschen des Kennworts ab, falls das aktuelle Kennwort nicht korrekt eingegeben wurde. Weiterhin passt Windows die im Formular eingeblendeten Hyperlinks jeweils entsprechend den Gegebenheiten an (ein Kennwort lässt sich nur ändern, wenn es vorher definiert wurde).

Kontenpflege für Administratoren

Sind Sie als Administrator an einem Administratorenkonto unter Windows angemeldet, lassen sich die auf den vorhergehenden Seiten gezeigten Schritte zur Anpassung des eigenen Benutzerkontos ausführen. Windows erlaubt darüber hinaus zusätzliche Optionen auszuführen. Sie können auf die Konteneinstellung anderer Benutzer zugreifen, Konten hinzufügen oder Konten löschen. Weiterhin lässt sich der Typ eines Kontos ändern.

1 Öffnen Sie das Formular *Benutzerkonten* (z.B. über die Systemsteuerung, siehe auch vorhergehende Seiten).

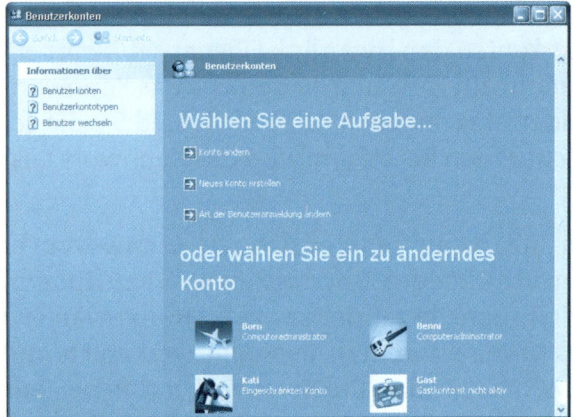

2 Wählen Sie im Formular *Benutzerkonten* entweder eine Aufgabe oder ein zu änderndes Konto.

3 Füllen Sie die Felder des Folgeformulars aus bzw. legen Sie die Optionen fest.

Über Schaltflächen wie *Weiter* am unteren Rand des Formulars lässt sich zum Folgeformular blättern.

Um ein neues Konto anzulegen, wählen Sie den Hyperlink *Neues Konto erstellen*. Im Folgedialog tippen Sie den Namen für das neue Konto ein (z.B. ein Benutzername) und klicken auf die Schaltfläche *Weiter*. Wählen Sie den Kontentyp (»Computeradministrator« für Personen, die das System betreuen und »Eingeschränkt« für normale Benutzer, die lediglich mit dem Computer arbeiten sollen). Sobald Sie eine dieser Optionen für den Kontentyp anklicken, blendet Windows eine Beschreibung der Berechtigungen für das Konto im Formular ein. Klicken Sie auf die Schaltfläche *Konto erstellen*.

BENUTZERKONTEN PFLEGEN

➪ Zum Anpassen der Konteneinstellungen klicken Sie entweder auf den Hyperlink *Konto ändern* und wählen dann das Konto. Oder Sie klicken im Formular *Benutzerkonten* auf das Symbol eines Konto. Windows zeigt dann das Folgeformular mit den Befehlen, die der Administrator auf das Konto anwenden kann. Sie finden beispielsweise Befehle zum Ändern des Namens und des für das Konto angezeigten Symbols. Weiterhin können Sie den Kontotyp umsetzen oder das Kennwort verändern sowie das Konto löschen.

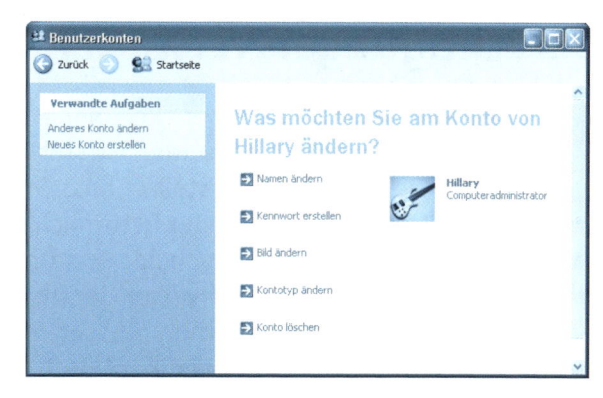

> **HINWEIS**
> Ein Administrator kann das Kennwort eines anderen Kontos verändern, ohne dass er das alte Kennwort kennt. Dies erlaubt es, ein Konto, bei dem der Anwender das Kennwort vergessen hat, erneut zu aktivieren. Beachten Sie aber, dass eventuell unter dem Konto gespeicherte Kennwörter für Webseiten etc. bei der Kennwortänderung ungültig werden. Ein Benutzer kann sich am System anmelden, das Formular *Benutzerkonten* anwählen und in der Aufgabenleiste den Link *Vergessen von Kennwörtern verhindern* anklicken. Windows erstellt dann eine Kennwortsicherungsdiskette, die anschließend sicher zu verschließen ist. Mit Hilfe dieser Diskette lässt sich ein vergessenes Kennwort löschen, ohne dass die Web-Kennwörter ungültig werden. Details liefert die Hilfe zu diesem Befehl.

Es sprengt an dieser Stelle den Umfang des Buches auf alle Fragen zur Benutzerverwaltung einzugehen. Sofern kein Administrator für das System benannt wurde, legen Sie sich zwei Konten, eines mit Administratorrechten und eines für normale Benutzerrechte an. Verwenden Sie das normale Benutzerkonto zum Arbeiten. Nur Wartungsarbeiten (z.B. Programme installieren, Festplatten defragmentieren etc.) werden unter dem Administratorenkonto ausgeführt. Die Windows-Hilfe bietet darüber hinaus zusätzliche Informationen zur Verwaltung der Benutzerkonten.

Berechtigungen verwalten

Wenn mehrere Benutzer an einem Rechner arbeiten oder wenn das System in ein Netzwerk eingebunden ist, steht der Punkt »Sicherheit« sicherlich an. Sie müssen sicherstellen, dass Dritte keinen Zugriff auf vertrauliche Dateien erhalten oder irrtümlich bzw. bewusst Dateien auf Ihrem System verändern. Auch das Ausführen bestimmter Programme oder das Verwenden diverser Geräte kann ggf. eingeschränkt werden. In der Standardeinstellung müssen Sie sich als Benutzer nicht um diese Sicherheitseinstellungen kümmern. Windows XP Professional verwendet von Microsoft festgelegte Sicherheitseinstellungen und versteckt alle Funktionen zur Anpassung dieser Vorgaben vor dem Benutzer. Lediglich bei der Freigabe einer Ressource im Netzwerk können Sie wählen, ob andere Benutzer beispielsweise Dateien ändern dürfen (siehe Kapitel 3). Nutzer älterer Windows-Versionen wie Windows NT oder Windows 2000 kennen Funktionen, mit denen sich die Zugriffsrechte auf Dateien, Ordner oder Geräte anpassen lassen. Auch in Windows XP Professional stehen Ihnen diese Funktionen zur Verfügung. In diesem Lernschritt möchte ich kurz skizzieren, wie die Funktionen aktiviert und benutzt werden.

Um Berechtigungen zum Zugriff auf Ordner definiert umsetzen zu können, müssen Sie die betreffenden Funktionen erst aktivieren.

1 Wählen Sie in einem beliebigen Ordnerfenster im Menü EXTRAS den Befehl ORDNER-OPTIONEN.

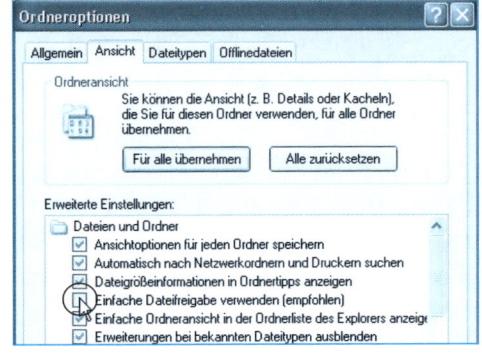

2 Löschen Sie auf der Registerkarte *Ansicht* die Markierung des Kontrollkästchens *Einfache Dateifreigabe verwenden (empfohlen)* und schließen Sie die Registerkarte über die *OK*-Schaltfläche.

BERECHTIGUNGEN VERWALTEN

Mit dieser Umstellung erreichen Sie, dass Windows ein etwas anderes Verhalten beim Freigeben einer Ressource im Netzwerk zeigt.

Laufwerke bzw. Ordner freigeben

Zur Freigabe eines Laufwerks oder eines Ordners zur gemeinsamen Benutzung im Netzwerk gehen Sie wie in Kapitel 3 beschrieben vor, berücksichtigen aber die hier aufgeführten Besonderheiten:

1 Klicken Sie mit der rechten Maustaste auf das Laufwerkssymbol und wählen Sie im Kontextmenü den Befehl *Freigabe und Sicherheit*.

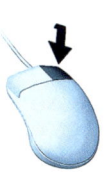

Ist die einfache Dateifreigabe deaktiviert, passt Windows die Registerkarte *Freigabe* wie hier gezeigt an. Das Optionsfeld *Diesen Ordner freigeben* ist bei freigegebenen Ressourcen markiert. Windows erlaubt ein Laufwerk mehrfach unter verschiedenen Namen freizugeben. Über das Listenfeld *Freigabename* können Sie alle Freigaben ansehen. Die Schaltflächen *Freigabe entfernen* und *Neue Freigabe* fehlen bei Freigabe von Ordnern – dort reicht die Markierung des Optionsfelds *Diesen Ordner freigeben*.

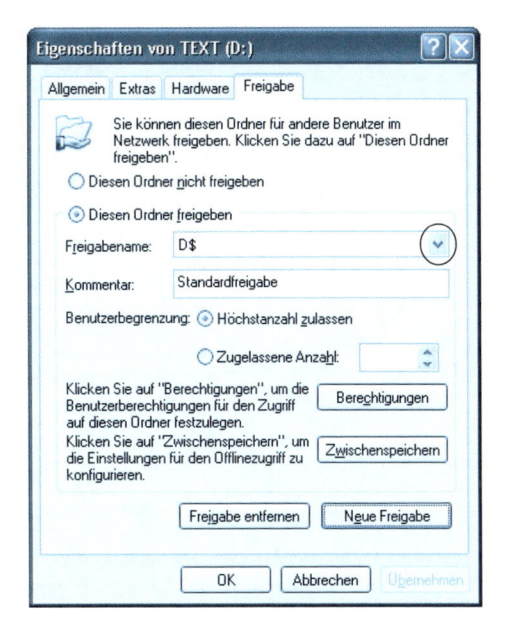

2 Zur Freigabe eines Laufwerks klicken Sie auf die Schaltfläche *Neue Freigabe* (das Optionsfeld *Diesen Ordner freigeben* dürfte in der Regel markiert sein).

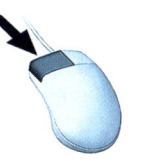

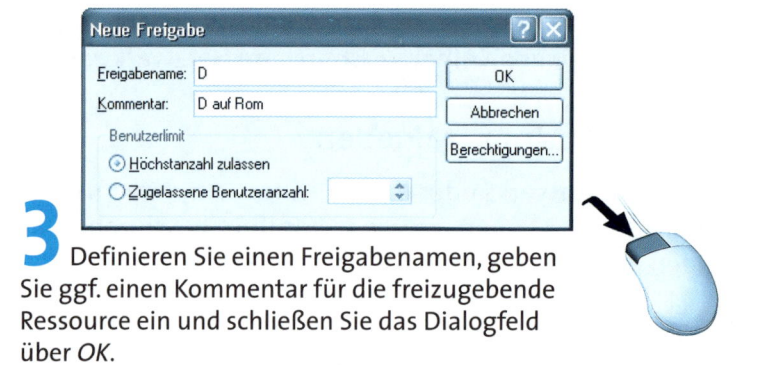

3 Definieren Sie einen Freigabenamen, geben Sie ggf. einen Kommentar für die freizugebende Ressource ein und schließen Sie das Dialogfeld über *OK*.

Bei Bedarf können Sie die maximale Anzahl an Benutzern, die gleichzeitig Zugriff zur Ressource besitzt, in der Gruppe *Benutzerlimit* festlegen. Standardmäßig ist aber das Optionsfeld *Höchstanzahl zulassen* markiert.

4 Klicken Sie auf die Schaltfläche *Berechtigungen*.

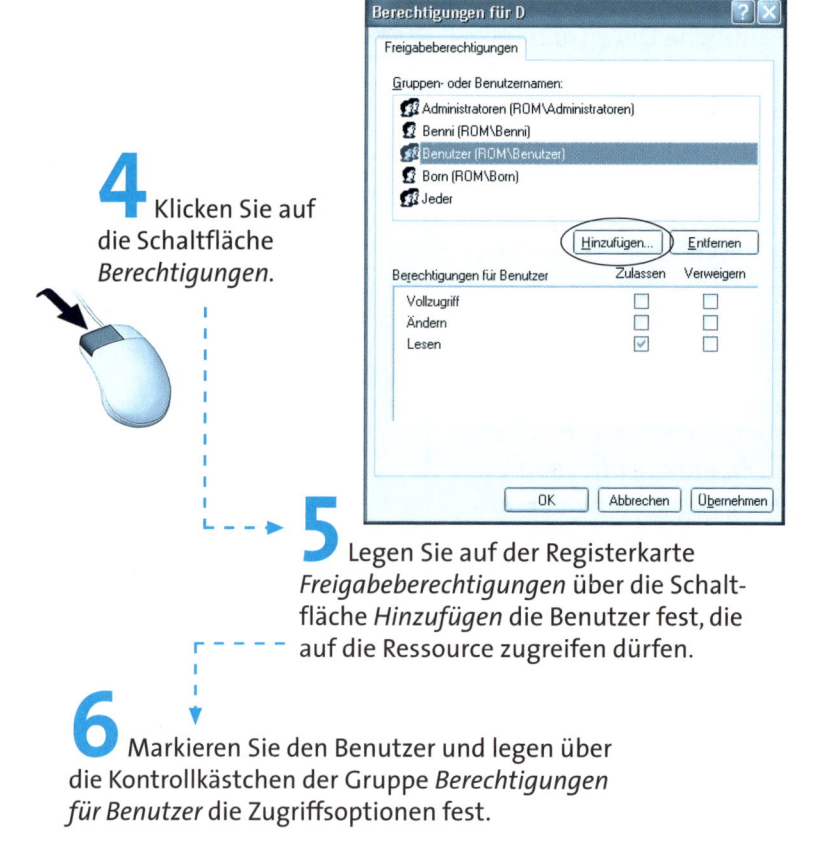

5 Legen Sie auf der Registerkarte *Freigabeberechtigungen* über die Schaltfläche *Hinzufügen* die Benutzer fest, die auf die Ressource zugreifen dürfen.

6 Markieren Sie den Benutzer und legen über die Kontrollkästchen der Gruppe *Berechtigungen für Benutzer* die Zugriffsoptionen fest.

BERECHTIGUNGEN VERWALTEN

HINWEIS

Die Schaltfläche *Hinzufügen* öffnet ein Dialogfeld zur Auswahl der Benutzer oder Gruppen. Klicken Sie auf die Schaltfläche *Erweitert*, um die nebenstehende Darstellung zu erzwingen. Über die Schaltfläche *Jetzt suchen* zeigt Ihnen Windows eine Liste der auf dem Rechner angelegten Benutzerkonten an. Diese umfasst neben den im Formular *Benutzerkonten* aufgeführten Einträgen noch einige Konten, die das System anlegt. Sie können einen Namen markieren und mittels der *OK*-Schaltfläche in die Liste auf der Registerkarte *Freigabeberechtigungen* übernehmen.

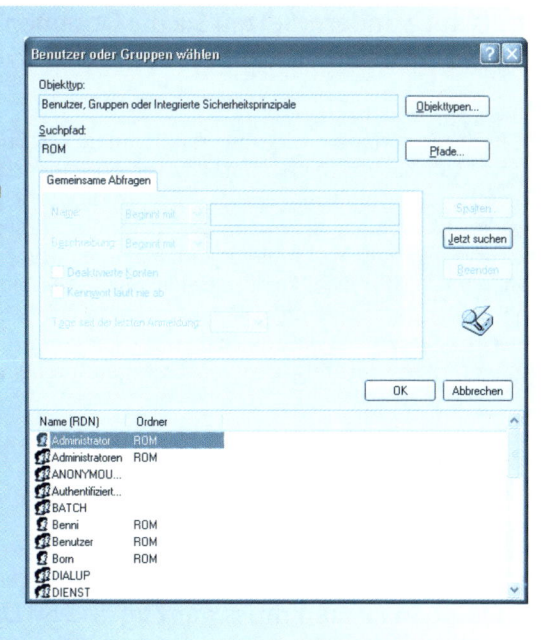

7 Schließen Sie die Registerkarten und Dialogfelder über die *OK*-Schaltflächen.

Windows gibt das Laufwerk mit den betreffenden Optionen im Netzwerk frei. Sie erkennen freigegebene Laufwerke an der stilisierten Hand, die in der linken unteren Ecke des Laufwerkssymbols eingeblendet wird.

Die Freigabe eines Ordners funktioniert mit fast den gleichen Schritten. Rufen Sie im Kontextmenü des Ordners den Befehl FREIGABE UND SICHERHEIT auf und markieren Sie auf der Registerkarte *Freigabe* das Optionsfeld *Diesen Ordner freigeben*. Anschließend können Sie über die Schaltfläche *Berechtigungen* die Benutzer, die auf diesen Ordner zugreifen dürfen, sowie deren Zugriffsrechte vereinbaren. Sie können auf der Registerkarte *Freigabeberechtigungen* für jeden Benutzer wählen, ob dieser nur lesen oder auch ändern darf. Ist das Kontrollkästchen *Vollzugriff* in der Spalte »Zulassen« markiert, darf der Benutzer sowohl

155

lesen als auch ändern. Setzen Sie die Optionen für den Benutzer *Jeder*, gilt diese Zugriffsberechtigung für alle Benutzer.

> **HINWEIS**
>
> Diese Art der Zugriffsberechtigung erlaubt Ihnen, Ressourcen vor unbefugtem Zugriff zu schützen. Bei kleineren privaten Netzwerken sollten Sie ohne profunde Kenntnisse der Sicherheitsmechanismen die vereinfachte Ordnerfreigabe verwenden. In Firmennetzwerken werden dagegen Sicherheitsrichtlinien aufgestellt, die die Zugriffe im Netzwerk regeln. Falls Sie Probleme mit der Freigabe von Ressourcen haben, bzw. falls andere Benutzer nicht auf Ihre freigegebene Ressourcen zugreifen können, bitten Sie Ihren Netzwerkadministrator, die betreffenden Benutzer auf der Arbeitsstation einzurichten und die Zugriffsberechtigungen zu setzen. Die Diskussion der Details im Hinblick auf Freigabeberechtigungen sprengt den Rahmen dieses Buches.

Zugriffsrechte auf Ordner/Dateien anpassen

Windows XP Professional bietet ausgefeilte Sicherheitsmechanismen, mit denen sich der Zugriff auf Laufwerke, Ordner und Dateien regeln lässt. In Firmen muss der Zugriff von Dritten auf Dateien eventuell unterbunden werden. Nicht jeder Benutzer darf beispielsweise die Gehaltsdaten der Belegschaft einsehen oder Preislisten dürfen nur von einem berechtigten Nutzerkreis aktualisiert werden.

Eine Person, die einen Ordner oder eine Datei anlegt, wird als deren **Besitzer** betrachtet. Dieser Besitzer besitzt alle Privilegien, um das betreffende Element zu lesen, zu verändern und auch wieder zu löschen. Dies entspricht dem, was man landläufig als Benutzer auch erwartet. In der Standardeinstellung von Windows XP dürfen andere Benutzer ebenfalls auf die betreffenden Dateien zugreifen. Sobald Sie die vereinfachte Freigabe im Netzwerk deaktiviert haben, ändert sich nicht nur die Registerkarte zur Freigabe von Ressourcen. Sie erhalten plötzlich die Möglichkeit, die Zugriffsrechte auf eigene Dateien zu verwalten. Die Vorgehensweise soll jetzt skizziert werden.

1 Klicken Sie mit der rechten Maustaste auf das Ordner- oder Dateisymbol und wählen Sie im Kontextmenü den Befehl *Eigenschaften*.

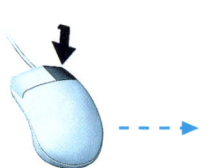

BERECHTIGUNGEN VERWALTEN

3 Entziehen Sie diesem Benutzer bestimmte Berechtigungen, indem Sie die Kontrollkästchen in der Spalte *Verweigern* markieren.

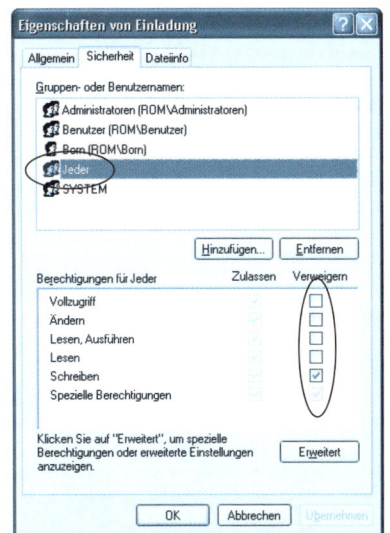

2 Wählen Sie auf der Registerkarte *Sicherheit* den gewünschten Benutzer aus.

4 Schließen Sie das geöffnete Dialogfeld über die *OK*-Schaltfläche.

Windows übernimmt die Sicherheitsvorgaben und verweigert anderen Benutzern ggf. den Zugriff.

Markieren Sie beispielsweise das Kontrollkästchen *Schreiben* in der Spalte »Verweigern«, können andere Benutzer den Inhalt einer Datei oder eines Ordners nicht mehr ändern. Nur der Besitzer verfügt noch über die entsprechenden Berechtigungen. Über die Schaltfläche *Hinzufügen* lassen sich neue Benutzer oder Gruppen in die Liste aufnehmen (siehe oben im Abschnitt zur Freigabe einer Ressource im Netzwerk). Die Schaltfläche *Erweitert* öffnet ein weiteres Dialogfeld, in dem sich die Berechtigungseinträge einzelner Benutzer pflegen lassen.

HINWEIS Die Diskussion der Details im Hinblick auf die Sicherheitseinstellungen sprengt den Rahmen dieses Buches. Konsultieren Sie ggf. den Administrator des Systems oder lesen Sie in der Hilfe nach, was es bei bestimmten Problemen zu tun gilt. Bei einer privaten Nutzung von Windows XP Professional empfiehlt sich (ohne profunde Kenntnisse) auf die Nutzung der Sicherheitseinstellungen zu verzichten.

6
Schreiben unter Windows

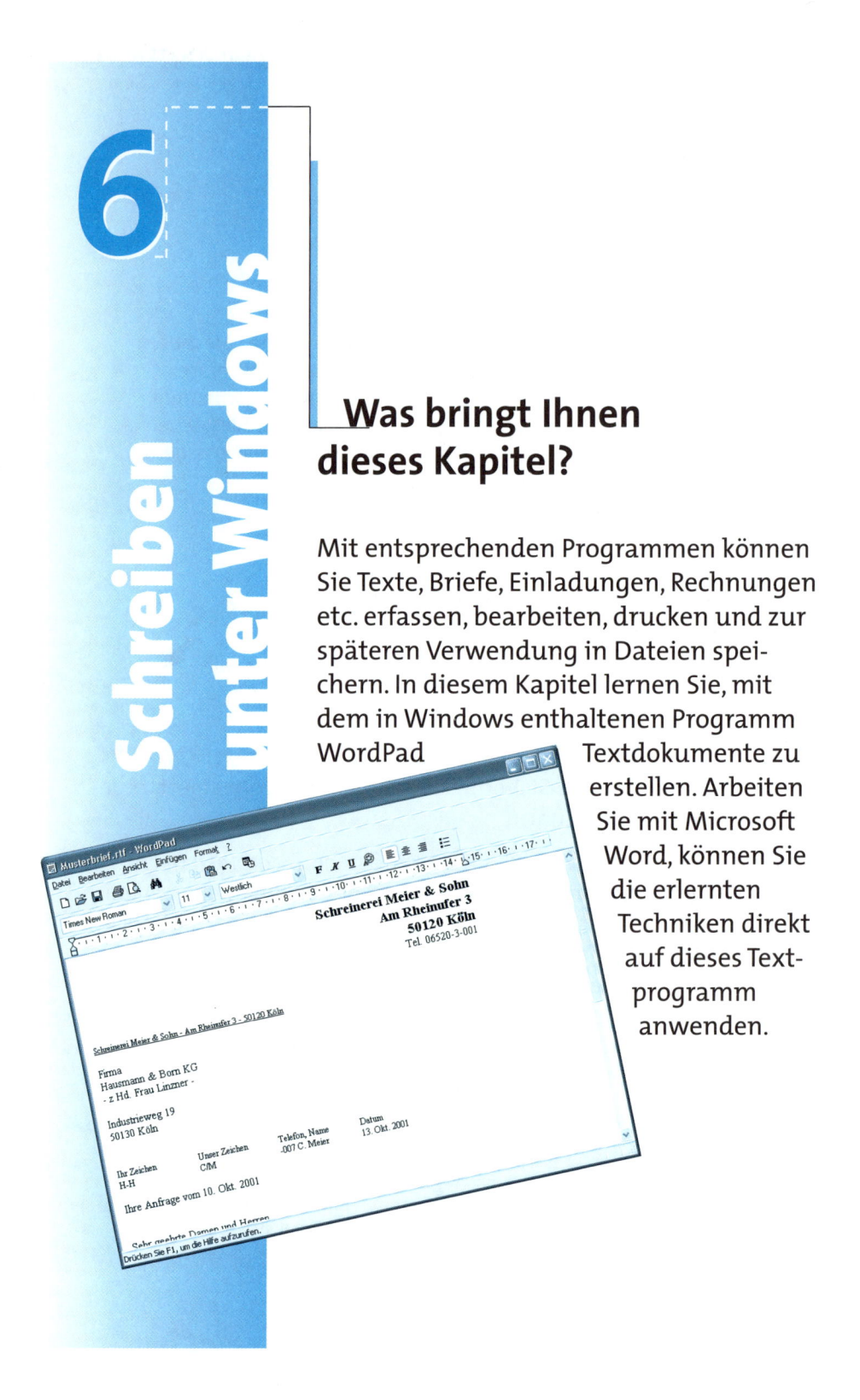

Was bringt Ihnen dieses Kapitel?

Mit entsprechenden Programmen können Sie Texte, Briefe, Einladungen, Rechnungen etc. erfassen, bearbeiten, drucken und zur späteren Verwendung in Dateien speichern. In diesem Kapitel lernen Sie, mit dem in Windows enthaltenen Programm WordPad Textdokumente zu erstellen. Arbeiten Sie mit Microsoft Word, können Sie die erlernten Techniken direkt auf dieses Textprogramm anwenden.

Ihr Erfolgsbarometer

Das können Sie schon:

Mit Fenstern arbeiten	27
Programme starten	36
Mit Dateien und Ordnern umgehen	82
Arbeiten im Netzwerk	113
Spezialfunktionen nutzen	128
Sicherheitseinstellungen anpassen	144

Das lernen Sie neu:

Schriftstücke mit WordPad erstellen	160
Texte bearbeiten	165
WordPad-Dokumente speichern, laden und drucken	173
Ein Textdokument formatieren	180

Schriftstücke mit WordPad erstellen

Eine häufige Tätigkeit am Computer stellt wohl das Verfassen von Texten wie Briefen oder ähnlichen Schriftstücken dar. Im Büro werden dabei spezielle Programme wie Microsoft Word benutzt. Falls Sie das Programm Word nicht haben, nutzen Sie doch das in Windows bereits enthaltene WordPad (dies ist quasi der »kleine Bruder«), um einfache Texte zu erfassen, zu drucken und zur späteren Verwendung in Dateien zu speichern. Das Programm ist aber mehr als ein »Schreibmaschinenersatz«! Verfassen Sie Briefe, Einladungen etc. mit WordPad, lassen sich die Schriftstücke ansprechender gestalten und mit einer persönlichen Note versehen. Wie einfach dies alles ist, zeigt Ihnen dieser Lernschritt. Also, auf geht's, starten Sie das betreffende Programm.

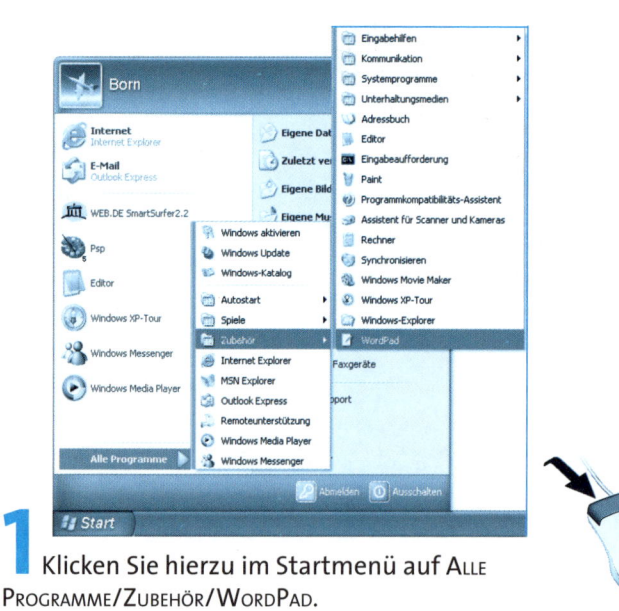

1 Klicken Sie hierzu im Startmenü auf ALLE PROGRAMME/ZUBEHÖR/WORDPAD.

Windows startet das zugehörende Programm mit dem Namen *Wordpad.exe*.

Das WordPad-Fenster ist beim Aufruf noch leer und enthält die bereits von anderen Fenstern bekannten Elemente wie Titelleiste, Menüleiste, Symbolleiste und Statusleiste. Zusätzlich gibt es auch den Textbereich mit der Einfügemarke. Der Mauszeiger nimmt innerhalb des Textbereichs die Form des Textcursors an.

Hier ist das leere WordPad-Fenster zu sehen, welches eine Menüleiste, zwei Symbolleisten, eine Statusleiste und ein Lineal besitzt. Neu ist der weiße **Fensterinnenbereich**, der zur **Aufnahme des Textes** dient. Beim Aufruf zeigt das Programm ein »weißes Blatt« an, das noch keinen Text enthält.

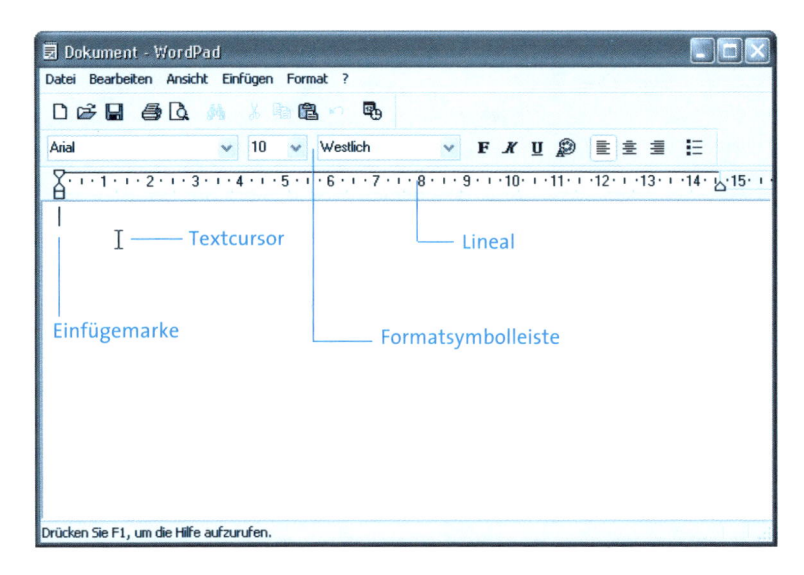

Über die **Menüleiste** können Sie die einzelnen Befehle zur Gestaltung des Dokuments abrufen. Die **Symbolleisten** enthalten in WordPad die Schaltflächen und Elemente, um den Text zu speichern, zu drucken und mit Auszeichnungen (d.h. Formatierungen) zu versehen. In der linken oberen Ecke des Fensters sehen Sie die **Einfügemarke**.

> **WAS IST DAS**
>
> Die **Einfügemarke** wird als senkrechter, blinkender schwarzer Strich dargestellt. Diese Marke zeigt an, wo das nächste eingegebene Zeichen auf dem Bildschirm eingefügt wird. Einfügemarken werden in Windows überall verwendet, wo Texte einzugeben sind. Sie haben dies vielleicht in Kapitel 2 beim Umbenennen von Dateinamen kennen gelernt.
>
> Zeigen Sie auf den Textbereich, erscheint anstelle des Mauszeigers der bereits erwähnte **Textcursor**. Dieser lässt sich genauso wie der Mauszeiger handhaben. Sie können mit dem Textcursor auf ein Wort zeigen, etwas markieren oder klicken.

> **HINWEIS**
> Besitzt WordPad bei Ihnen keine Symbolleisten oder fehlt vielleicht das Lineal? Im Menü Ansicht finden Sie die Befehle, um diese Elemente ein- oder auszublenden. (Ähnliches haben Sie bereits in Kapitel 2 beim Ordnerfenster kennen gelernt. Sie sehen, in Windows ähnelt sich vieles.)

Um ein neues Dokument zu erstellen, sind nur zwei Schritte erforderlich:

1 Klicken Sie auf die Schaltfläche ▯ (oder wählen Sie den Befehl Neu im Menü Datei).

> **HINWEIS**
> Bei Anwahl der Schaltfläche *Neu* ▯ fragt WordPad nach, welcher Dokumenttyp gewünscht wird. Wählen Sie dann *RTF-Dokument* und schließen Sie das Dialogfeld über die *OK*-Schaltfläche.

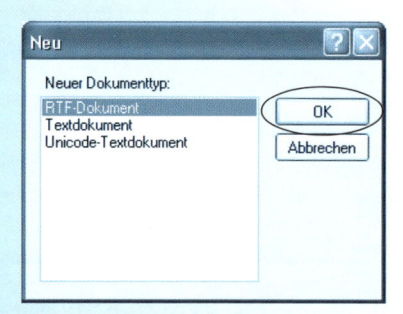

Diese Schritte sind natürlich nicht erforderlich, wenn Sie WordPad neu aufrufen, da dann ja bereits ein leeres »Blatt« (standardmäßig mit dem Dokumenttyp *RTF-Dokument*) für den Text vorliegt.

Nehmen wir an, Sie möchten einen einfachen Brief schreiben.

2 Geben Sie den gewünschten Text ein.

Schriftstücke mit WordPad erstellen

Das nebenstehende Fenster enthält einen Ausschnitt aus einem Beispielbrief, der hier mit einigen Fehlern eingetippt wurde.

Sie sollten jetzt vielleicht diesen Text ebenfalls eintippen. Sofern Sie sich mit der **Bedienung der Tastatur** noch nicht auskennen, hier ein paar Tipps zur Eingabe des Textes.

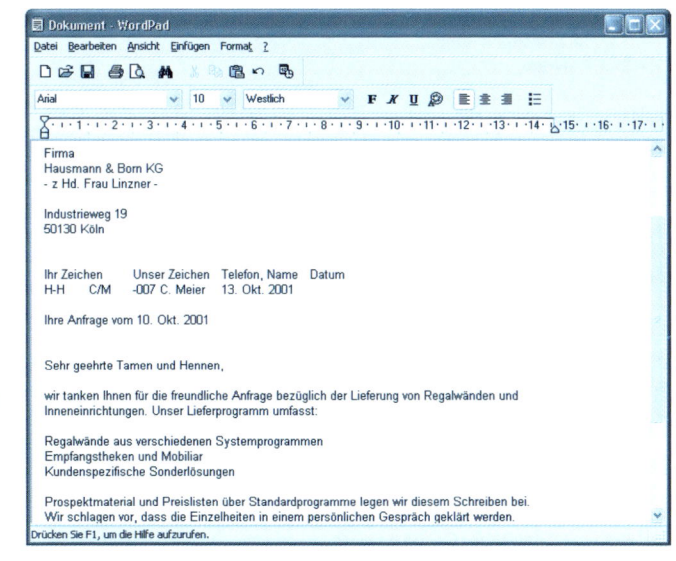

➡ Tippen Sie einfach die Zeichen, um die betreffenden Wörter zu schreiben. Der Zwischenraum zwischen den Wörtern wird durch die ⬚-Taste am unteren Rand der Tastatur eingefügt.

➡ Normalerweise erscheinen beim Drücken der Buchstabentasten kleine Buchstaben. Um einen **Großbuchstaben einzugeben**, halten Sie die ⇧-Taste fest und drücken anschließend die Taste mit dem gewünschten Zeichen.

➡ Möchten Sie Sonderzeichen wie $, %, & über die oberste Tastenreihe eintippen, müssen Sie ebenfalls die ⇧-Taste gedrückt halten.

➡ Drücken Sie die ⇩-Taste, stellt sich die Tastatur auf Großschreibung um. Alle eingetippten Zeichen erscheinen als Großbuchstaben. Nur wenn Sie gleichzeitig die ⇧-Taste drücken, erscheinen Kleinbuchstaben. Um den Modus aufzuheben, tippen Sie kurz die ⇧-Taste an.

➡ Zahlen lassen sich auch über den rechten Ziffernblock der Tastatur eingeben. Dieser Ziffernblock besitzt aber eine Doppelfunktion, er lässt sich auch zur Cursorsteuerung im Textfenster verwenden. Die Umschaltung erfolgt durch einmaliges Drücken der Num-Taste.

Leuchtet die Anzeige »Num« auf der Tastatur, lassen sich Ziffern eingeben.

➟ Wenn Sie eine Taste länger festhalten, schaltet der Computer in den Wiederholmodus. Dann wird das Zeichen automatisch bei der Eingabe wiederholt.

➟ Ein irrtümlich eingegebenes Zeichen lässt sich sofort durch Drücken der ⌫-Taste löschen.

➟ Manche Tasten sind mit drei Symbolen versehen. Das erste Zeichen können Sie direkt durch Drücken der Taste abrufen. Das zweite Zeichen erreichen Sie, indem Sie die ⇧-Taste beim Tippen gedrückt halten. Um auch an das dritte Zeichen zu gelangen, müssen Sie die Taste zusammen mit der AltGr-Taste drücken. Das Eurozeichen wird dann beispielsweise mit der Tastenkombination AltGr+E eingegeben.

➟ Gelangen Sie beim Schreiben eines Absatzes an den rechten Rand des Fensters, tippen Sie einfach weiter (dies ist z.B. bei den vier Zeilen des eigentlichen Brieftexts der Fall). WordPad »schreibt« den Text in der nächsten Zeile weiter. Keinesfalls dürfen Sie wie bei einer Schreibmaschine am Zeilenende die ↵-Taste drücken, um eine neue Zeile einzuleiten. Dies führt bei der späteren Bearbeitung des Dokuments zu vielfältigen Problemen (z.B. wenn Sie die Länge der Textzeile über die Randsteller verändern).

➟ Ausnahme von obiger Regel: Um eine einzelne Zeile (z.B. in einer Liste oder in einer Adresse) an einer bestimmten Stelle zu beenden und zur nächsten Zeile weiterzuschalten, drücken Sie die ↵-Taste. Dies wird bei obigem Brief beispielsweise im Anschreiben mit Absender und Empfänger genutzt. Das Gleiche gilt, falls Sie einen Absatz beenden und **zum nächsten Absatz weiterschalten** möchten. Die ↵-Taste fügt einen so genannten **Absatzwechsel** im Text ein.

➟ Brauchen Sie etwas mehr **Abstand zwischen zwei Absätzen**, drücken Sie zweimal die ↵-Taste.

➟ Möchten Sie Text spaltenweise anordnen oder den linken Textrand etwas nach rechts einrücken, könnten Sie Leerzeichen über die ␣-Taste einfügen. Besser ist es aber die ⇥-Taste für Einrückungen (man bezeichnet dieses Einrücken auch als **Einzug**) zu verwenden. Die Tab-

TEXTE BEARBEITEN

Taste sorgt dafür, dass die Textanfänge der Zeilen genau untereinander zu stehen kommen. Dies wurde beispielsweise in obigem Brief in der Zeile »Ihre Nachricht ...« sowie in der Folgezeile genutzt.

TIPP
Haben Sie noch etwas Schwierigkeiten, die richtigen Tasten zu finden? Eine Übersicht über die Tastatur finden Sie im Anfang dieses Buches.

Vielleicht versuchen Sie einmal, den obigen Text oder irgend einen anderen Text probehalber einzutippen. Sie bekommen schnell ein Gefühl für die Texteingabe.

HINWEIS
Wenn Sie einen neuen Text eintippen, erfolgt der automatische Zeilenumbruch meist am rechten Fensterrand und nicht am durch das Lineal festgelegten rechten Blattrand. Sie können dies aber leicht korrigieren, indem Sie im Menü ANSICHT den Befehl OPTIONEN wählen.

Im Dialogfeld *Optionen* markieren Sie auf der Registerkarte *Rich Text* in der Gruppe *Zeilenumbruch* das Optionsfeld *Am Lineal umbrechen*. Schließen Sie das Dialogfeld über die *OK*-Schaltfläche.

Falls dies nicht hilft, wiederholen Sie die letzten Schritte und stellen diese Option auch noch auf der Registerkarte *Word* ein.

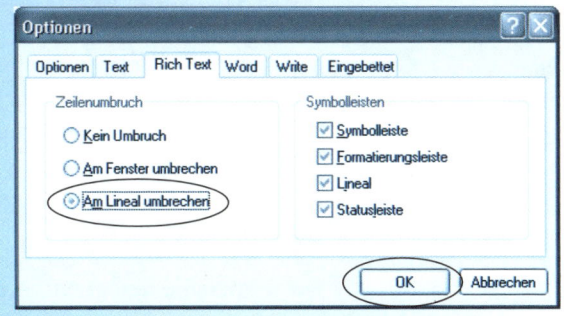

WordPad unterstützt Texte, die von verschiedenen anderen Anwendungen (z.B. Windows Write, Microsoft Word 6.0 etc.) erzeugt wurden. Über die verschiedenen Registerkarten des Dialogfelds *Optionen* können Sie WordPad im Hinblick auf diese Anwendungen anpassen. Details zu den Optionen des Dialogfelds liefert Ihnen die Schaltfläche *Direkthilfe* in der rechten oberen Ecke (siehe auch Kapitel 1).

Texte bearbeiten

Bei der Eingabe von Texten geht es selten ohne Fehler ab. Schnell wird ein Wort vergessen, ein Buchstabe ist zuviel oder es sind Ergänzungen erforderlich. In obigem Beispiel wurden daher bewusst einige Schreibfehler eingebracht. Vermutlich stellen Sie beim späteren Lesen eigener Texte ebenfalls fest, dass diese zu korrigieren sind.

165

Diese Korrekturen sind aber eine der Stärken von WordPad. Daher möchte ich kurz auf die betreffenden Techniken eingehen.

Text einfügen und überschreiben

Haben Sie noch das auf den vorhergehenden Seiten eingegebene Dokument? Sie können den Text zum Üben verwenden. Möchten Sie einen Buchstaben oder ein neues Wort an einer bestimmten Stelle im Text einfügen? In obigem Briefausschnitt fehlt noch die Absenderangabe.

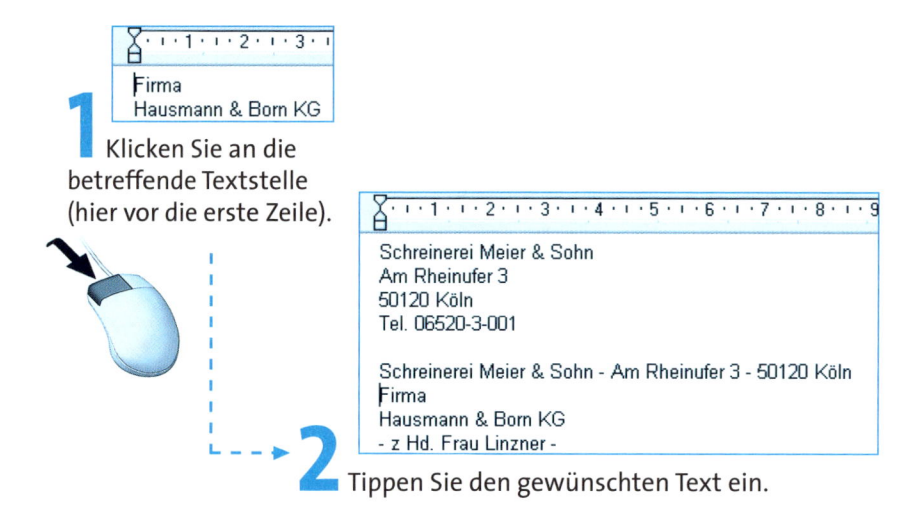

1 Klicken Sie an die betreffende Textstelle (hier vor die erste Zeile).

```
Firma
Hausmann & Born KG
```

```
Schreinerei Meier & Sohn
Am Rheinufer 3
50120 Köln
Tel. 06520-3-001

Schreinerei Meier & Sohn - Am Rheinufer 3 - 50120 Köln
Firma
Hausmann & Born KG
- z Hd. Frau Linzner -
```

2 Tippen Sie den gewünschten Text ein.

Hier wurden gleich mehrere Zeilen mit dem Absender eingegeben.

Weiterhin finden Sie oberhalb des Empfängerfelds nochmals die Absenderadresse in einer Zeile vor (dies ist die später in einem Fensterkuvert sichtbare Absenderangabe). Um eine neue Zeile zu erzeugen, drücken Sie einfach die ⏎-Taste.

WordPad fügt die neu eingetippten Buchstaben an der Position der Textmarke im Dokument ein. Der rechts von der Textmarke stehende Text wird nach rechts verschoben.

Soll der rechts von der Textmarke stehende Text mit den neu eingetippten Buchstaben überschrieben werden? Dann drücken Sie vor dem Eingeben die Taste (Einfg) auf dem numerischen Ziffernblock. WordPad aktiviert den Modus »Überschreiben«. Anschließend tippen Sie den neuen Text ein.

TEXTE BEARBEITEN

1 Sehr geehrte Tamen und Hennen,
Klicken Sie im Text vor das zu überschreibende Zeichen.

2 Sehr geehrte Damen und Hennen,
Tippen Sie die neuen Zeichen (hier D) ein.

WordPad überschreibt den bereits vorhandenen Text mit den neu eingegebenen Zeichen. Ein zweites Drücken der Taste (Einfg) schaltet den Modus wieder auf »Einfügen« zurück.

Text löschen

In einem weiteren Schritt soll jetzt der Schreibfehler im Wort »Hennen« korrigiert werden. Dafür sind die beiden Buchstaben »nn« zu löschen. Wissen Sie noch, wie sich Buchstaben vor und hinter dem Textcursor löschen lassen?

1 Sehr geehrte Damen und Hennen,
Klicken Sie im Text vor das zu entfernende Zeichen.

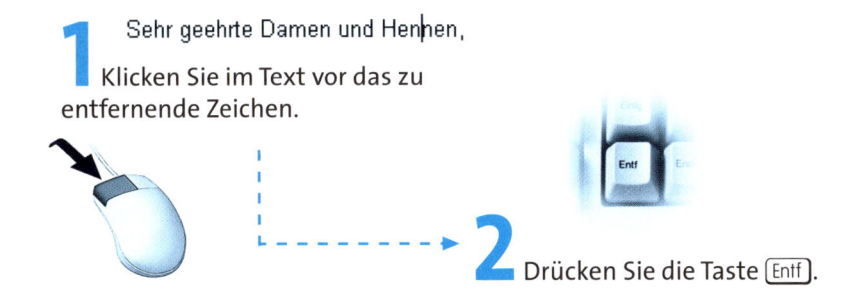

2 Drücken Sie die Taste (Entf).

WordPad entfernt jetzt das rechts von der Einfügemarke stehende Zeichen.

Sehr geehrte Damen und Henen,

3 Drücken Sie jetzt noch die (⌫)-Taste.

WordPad löscht das links von der Ein- Sehr geehrte Damen und He|en,
fügemarke stehende Zeichen.

4 Sehr geehrte Damen und Her|en,
Geben Sie anschließend den
neuen Text ein.

Auf diese Weise lassen sich Schreibfehler im Text sehr einfach korrigieren. Vielleicht passen Sie bei dieser Gelegenheit die noch im Textentwurf enthaltenen Fehler an. Mit der Taste [Entf] löschen Sie immer **Zeichen**, die rechts von der Einfügemarke stehen. Um ein Zeichen links von der Einfügemarke zu **entfernen**, drücken Sie die [⇐]-Taste.

Positionieren im Text

Die Einfügemarke können Sie an jeder Stelle im Text positionieren, indem Sie mit der Maus vor den jeweiligen Buchstaben klicken. Sie dürfen aber auch die so genannten **Cursortasten** sowie weitere Tasten benutzen, um die Einfügemarke im Text zu bewegen. Nachfolgend finden Sie eine Aufstellung der wichtigsten Tasten und Tastenkombinationen, um die Einfügemarke im Text zu bewegen.

Tasten	Bemerkung
[↑]	Verschiebt die Einfügemarke im Text eine Zeile nach oben.
[↓]	Verschiebt die Einfügemarke im Text eine Zeile nach unten.
[←]	Verschiebt die Einfügemarke im Text ein Zeichen nach links in Richtung Textanfang.
[→]	Verschiebt die Einfügemarke im Text ein Zeichen nach rechts in Richtung Textende.
[Strg]+[←]	Verschiebt die Einfügemarke im Text um ein Wort nach links.
[Strg]+[→]	Verschiebt die Einfügemarke im Text um ein Wort nach rechts.

Tasten	Bemerkung
Pos 1	Drücken Sie diese Taste, springt die Einfügemarke an den Zeilenanfang.
Ende	Mit dieser Taste verschieben Sie die Einfügemarke an das Zeilenende.

Markieren von Texten

Bei bestehenden Texten kommt es häufiger vor, dass ganze Sätze oder Textteile gelöscht werden müssen. Sie können hierzu die Einfügemarke an den Anfang des Textbereichs setzen und dann die Entf-Taste solange drücken, bis alle Zeichen gelöscht sind. Eleganter klappt das Löschen aber, wenn Sie den Text **markieren**.

> **WAS IST DAS**
>
> Der Begriff **Markieren** kommt in Windows und in den zugehörigen Programmen häufiger vor. Sie können Dateien, Symbole, Ordner, Textbereiche oder Bildausschnitte mit der Maus markieren. Je nach Programm zeigt Windows den markierten Bereich mit einem farbigen Hintergrund oder durch eine gestrichelte Linie an.

Das Markieren lässt sich mit dem farbigen Auszeichnen eines Texts auf einem Blatt Papier vergleichen. In WordPad benutzen Sie hierzu den Textcursor, den Sie über den zu markierenden Text ziehen. Nehmen wir an, Sie möchten im Beispielbrief die Anrede »Sehr geehrte Damen und Herren,« in »Sehr geehrte Frau Linzner,« ändern. Dann gehen Sie folgendermaßen vor:

1 Klicken Sie mit der Maus an den Anfang des zu markierenden Textbereichs.

2 Halten Sie die linke Maustaste gedrückt und ziehen Sie die Maus zum Ende des Markierungsbereichs.

Der markierte Textbereich wird farbig hervorgehoben.

Sehr geehrte Damen und Herren,

3 Drücken Sie die ⌊Entf⌋-Taste.

WordPad löscht den gesamten markierten Textbereich.   Sehr geehrte |,

4 Tippen Sie anschließend den neuen Text ein.

Sehr geehrte Frau Linzner|,

Ein markierter Bereich wird übrigens beim Eintippen direkt (auch ohne Löschen) durch den neuen Text ersetzt. Aber dies kennen Sie ja bereits aus Kapitel 2 vom Umbenennen von Dateien und Ordnern. Vielleicht korrigieren Sie zur Übung die im obigen Briefentwurf eingebrachten Fehler.

> **TIPP**
>
> Haben Sie irrtümlich etwas gelöscht? Wenn Sie die Tastenkombination ⌊Strg⌋+⌊Z⌋ drücken, oder auf die Schaltfläche ↶ klicken, wird die **letzte Änderung rückgängig** gemacht. Haben Sie einen Textbereich markiert, wirken alle Befehle auf den Inhalt der Markierung.

Zum **Aufheben der Markierung** klicken Sie auf eine Stelle außerhalb des markierten Bereichs.

> **TIPP**
>
> Sie können Texte auch mit der Tastatur markieren. Verschieben Sie die Einfügemarke an den Anfang des zu markierenden Bereichs. Anschließend halten Sie die ⌊⇧⌋-Taste gedrückt und verschieben die Einfügemarke mit den oben beschriebenen Tasten im Text. WordPad markiert die jeweiligen Zeichen.
>
> Und hier noch ein paar Tipps zum Markieren des Texts per Maus:
>
> Doppelklicken Sie auf ein Wort, wird dieses markiert.
> Ein Mausklick vor eine Zeile markiert die komplette Zeile.
> Ein Dreifachklick auf ein Wort markiert den Absatz.
> Drücken Sie die Tastenkombination ⌊Strg⌋+⌊A⌋ wird das gesamte Dokument markiert.

Texte ausschneiden, kopieren und verschieben

Abschließend stellt sich die Frage, wie sich größere Textbereiche in einem Dokument »verschieben« oder kopieren lassen. Dies ist vor allem bei der Übernahme bereits bestehender Texte äußerst hilfreich. Auch hierfür stellen Windows bzw. die betreffenden Programme entsprechende Funktionen bereit. Die nachfolgend beschriebenen Techniken lassen sich bei fast allen Windows-Anwendungen verwenden.

1 Markieren Sie den auszuschneidenden oder zu verschiebenden Text.

Hier wurde eine ganze Zeile markiert, die kopiert werden soll.

Regalwände aus verschiedenen Systemprogrammen
Empfangstheken und Mobiliar
Kundenspezifische Sonderlösungen

2 Wählen Sie den Befehl zum Ausschneiden oder Kopieren.

Diese Befehle lassen sich auf verschiedenen Wegen aufrufen:

Die nebenstehende Schaltfläche, der Befehl Ausschneiden im Menü Bearbeiten oder die Tastenkombination [Strg]+[X] schneiden den markierten Bereich aus. Der markierte Bereich verschwindet im Dokumentfenster.

Die nebenstehende Schaltfläche, der Befehl Kopieren im Menü Bearbeiten oder die Tastenkombination [Strg]+[C] kopieren den markierten Bereich aus dem Dokumentbereich.

In beiden Fällen wird der vorher markierte Bereich in die Windows-**Zwischenablage** übertragen.

WAS IST DAS

Windows besitzt einen bestimmten Speicherbereich, der als **Zwischenablage** bezeichnet wird. Wählen Sie die Funktionen AUSSCHNEIDEN oder KOPIEREN (z.B. im Menü BEARBEITEN), fügt Windows den markierten Bereich (Text, Bildbereiche, Dateinamen etc.) in die Zwischenablage ein. Mit dem Befehl EINFÜGEN im Menü BEARBEITEN wird der Inhalt der Zwischenablage im aktuellen Fenster eingefügt. Der Inhalt der Zwischenablage geht verloren, wenn Sie den Rechner ausschalten. Beim Einfügen eines neuen markierten Bereichs, wird der alte Inhalt der Zwischenablage überschrieben.

3 Klicken Sie in die Zeile vor »Kundenspezifische Lösungen«.

4 Klicken Sie auf die Schaltfläche, oder wählen Sie im Menü BEARBEITEN den Befehl EINFÜGEN, oder drücken Sie die Tastenkombination [Strg]+[V].

WordPad fügt jetzt den **Text** aus der **Zwischenablage** an der **Einfügemarke** im Dokument ein.

5 Drücken Sie noch die [↵]-Taste, um einen Absatzwechsel zwischen den Zeilen einzuleiten.

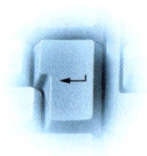

Das Ergebnis sollte dann wie hier gezeigt aussehen.

Regalwände aus verschiedenen Systemprogrammen
Empfangstheken und Mobiliar
Regalwände aus verschiedenen Systemprogrammen
Kundenspezifische Sonderlösungen

Sie haben mit diesen Schritten quasi den vorher markierten Text an die neue Position kopiert (oder verschoben, wenn der Befehl AUSSCHNEIDEN gewählt wurde).

> Sie können nicht nur einzelne Sätze, sondern ganze Abschnitte oder den ganzen Text markieren und in die Zwischenablage übernehmen. Anschließend lässt sich der Inhalt der Zwischenablage beliebig oft im Dokument einfügen.
>
> Der **Datenaustausch** über die **Zwischenablage** funktioniert auch **zwischen verschiedenen Fenstern**. Sie können zum Beispiel WordPad zweimal starten. Markieren Sie in einem Fenster den Text und übernehmen Sie diesen in die Zwischenablage. Dann wechseln Sie zum zweiten Fenster und fügen den Text aus der Zwischenablage wieder ein.

An dieser Stelle soll es mit den ersten Übungen genügen. Sie können einen einfachen Text eingeben, Stellen markieren und auch korrigieren sowie mit der Zwischenablage arbeiten. Im nächsten Lernschritt speichern Sie den Text, laden diesen erneut und drucken das Ergebnis.

WordPad-Dokumente speichern, laden und drucken

Nachdem Sie den obigen Brieftext zur Übung bearbeitet haben, möchten Sie diesen vielleicht aufheben. In WordPad können Sie den Text in Dateien speichern. Wählen Sie im Menü DATEI den Befehl SPEICHERN oder drücken Sie die Tastenkombination [Strg]+[S], wird das Dokument gespeichert. Da WordPad aber eine Symbolleiste besitzt, geht das Speichern noch einfacher:

1 Klicken Sie in der Symbolleiste auf die Schaltfläche *Speichern*.

Bei einem neuen Dokument erscheint des Dialogfeld *Speichern unter*. Dieses enthält die im Ordner enthaltenen Unterordner und Dateien. Über die Symbole in der linken Spalte lassen sich Speicherorte wie *Eigene Dateien* wählen.

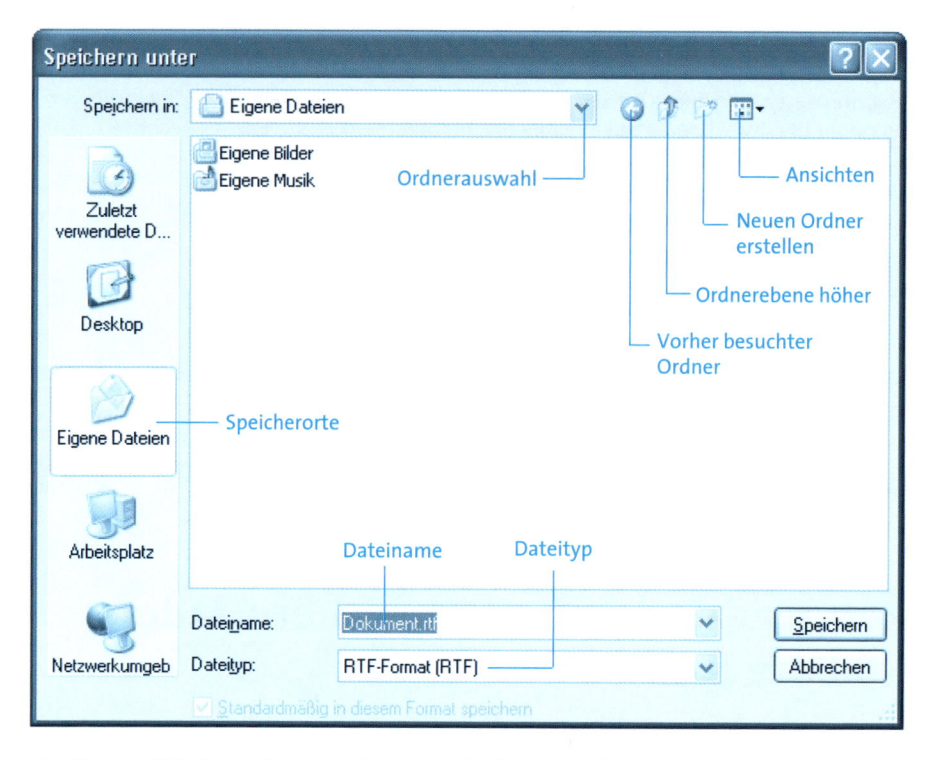

Speichern unter Dialogfeld mit Beschriftungen: Ordnerauswahl, Ansichten, Neuen Ordner erstellen, Ordnerebene höher, Vorher besuchter Ordner, Speicherorte, Dateiname, Dateityp.

Ein Doppelklick auf ein Ordnersymbol öffnet dieses im Dialogfeld *Speichern unter*. Die Schaltflächen im Kopfbereich des Dialogfelds erlauben Ihnen einen neuen Unterordner anzulegen oder eine Ordnerebene höher zu gehen. Weiterhin lässt sich – wie bei Ordnerfenstern – die Symbolgröße über die Schaltfläche *Ansichten* wechseln.

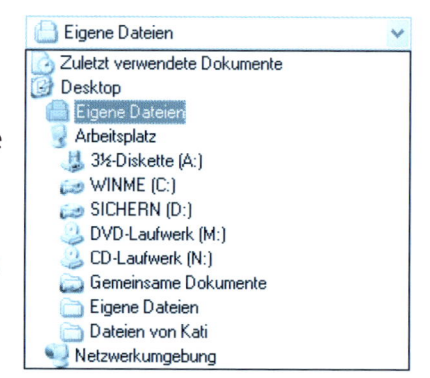

Über das **Listenfeld** *Speichern in* rufen Sie eine Laufwerks- und Ordnerliste ab, in der Sie ggf. das Laufwerk und den Ordner, in dem die Datei zu speichern ist, wählen.

Das Listenfeld lässt sich durch einen Mausklick auf den Pfeil öffnen. Einen Ordner öffnen Sie durch einen Doppelklick auf das zugehörige Symbol.

WordPad-Dokumente speichern, laden und drucken

Für unsere Zwecke soll das Dokument im Ordner *Eigene Dateien/Briefe* abgelegt werden. Falls dieser Unterordner noch nicht existiert, sind einige zusätzliche Schritte erforderlich.

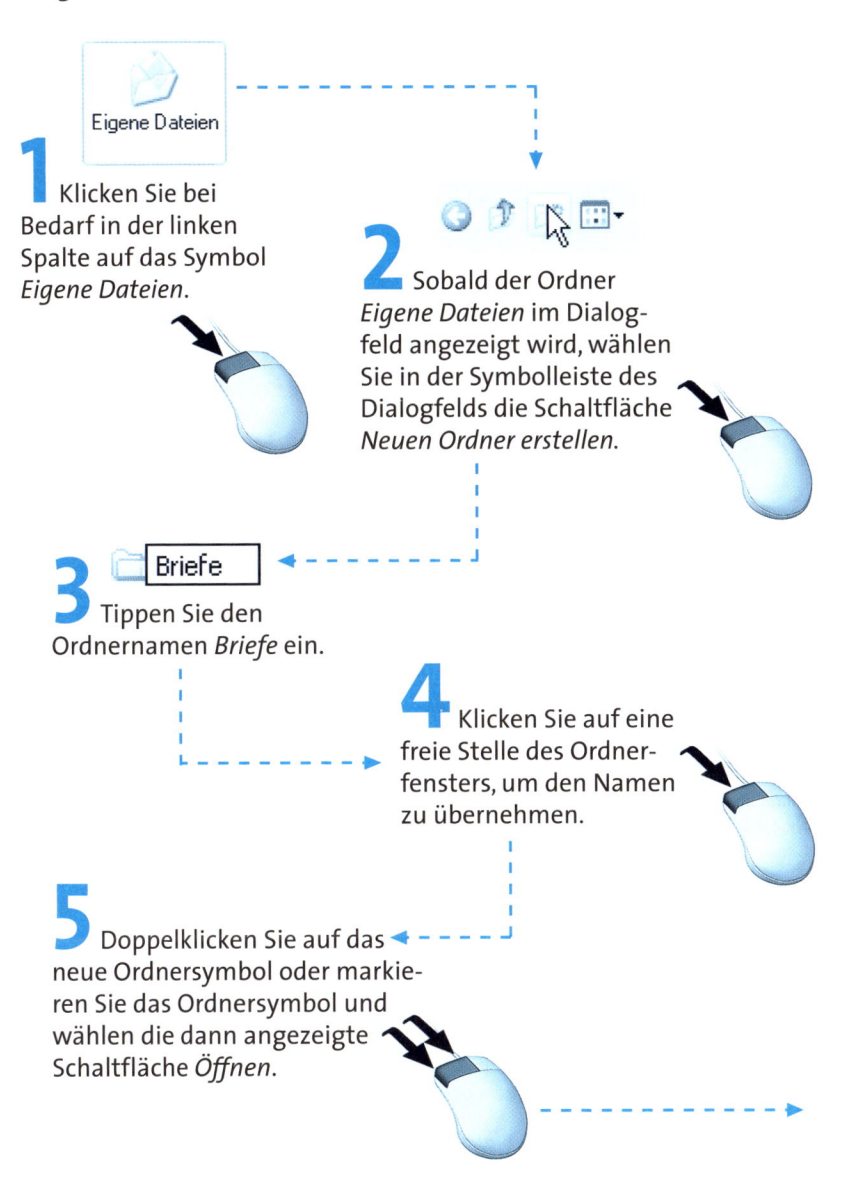

1 Klicken Sie bei Bedarf in der linken Spalte auf das Symbol *Eigene Dateien*.

2 Sobald der Ordner *Eigene Dateien* im Dialogfeld angezeigt wird, wählen Sie in der Symbolleiste des Dialogfelds die Schaltfläche *Neuen Ordner erstellen*.

3 Tippen Sie den Ordnernamen *Briefe* ein.

4 Klicken Sie auf eine freie Stelle des Ordnerfensters, um den Namen zu übernehmen.

5 Doppelklicken Sie auf das neue Ordnersymbol oder markieren Sie das Ordnersymbol und wählen die dann angezeigte Schaltfläche *Öffnen*.

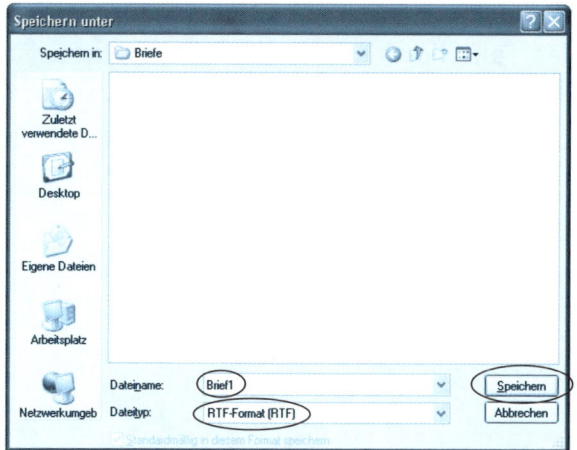

6 Geben Sie jetzt den Dateinamen *Brief1* im gleichnamigen Feld an.

7 Wählen Sie bei Bedarf den Dateityp im gleichnamigen Listenfeld aus.

8 Klicken Sie auf die Schaltfläche *Speichern*.

WordPad schließt das Dialogfeld und legt jetzt das Dokument in einer Datei im gewünschten Ordner ab. Die Datei erhält den von Ihnen gewählten Namen und eine Dateinamenerweiterung.

> **HINWEIS**
>
> Die Erweiterung wie *.rtf* brauchen Sie im Dateinamen nicht anzugeben, da WordPad diese automatisch in Abhängigkeit vom Dateityp ergänzt. Die Auswahl des Dateiformats erfolgt im Listenfeld *Dateityp*. Falls die Anzeige der Dateinamenerweiterungen aktiviert ist, achten Sie aber darauf, dass die von WordPad vergebene Erweiterung beim Eintippen des neuen Dateinamens erhalten bleibt.
>
> Standardmäßig verwendet WordPad das RTF-Dateiformat (Dateinamenerweiterung *.rtf*). Wählen Sie im Listenfeld *Dateityp* den Typ *Textdokument* (Dateinamenerweiterung *.txt*), speichert WordPad das Dokument als einfache Textdatei. Dann geht die Formatierung (siehe Folgeseiten) beim Speichern in eine *.txt*-Datei verloren.

WordPad-Dokumente speichern, laden und drucken

Möchten Sie ein geändertes Dokument, dem bereits ein Dateiname zugewiesen wurde, speichern, reicht ein Mausklick auf die Schaltfläche *Speichern*. WordPad sichert dann die Änderungen ohne weitere Nachfragen in der zugehörigen Datei. Um ein Dokument unter neuem Namen zu speichern, wählen Sie im Menü DATEI den Befehl SPEICHERN UNTER. Dann erscheint das oben gezeigte Dialogfeld *Speichern unter* und Sie können einen neuen Dateinamen angeben.

> **TIPP:** In den Dialogfeldern *Speichern unter* und *Öffnen* können Sie mit der rechten Maustaste ein Kontextmenü öffnen und Befehle zur Dateibearbeitung abrufen.

Textdokumente lassen sich in WordPad **laden** und anschließend anzeigen, bearbeiten oder drucken.

Am einfachsten geht das Laden, wenn Sie das Symbol der Dokumentdatei im Ordnerfenster per Doppelklick anwählen. Dann öffnet Windows das Dokument im zugehörigen Programm. Ist lediglich WordPad auf dem Rechner installiert, erscheint das Dokument automatisch in WordPad. Oder Sie gehen in folgenden Schritten vor:

1 Starten Sie das Programm WordPad.

2 Klicken Sie im WordPad-Fenster auf die nebenstehende Schaltfläche.

WordPad öffnet dieses Dialogfeld.

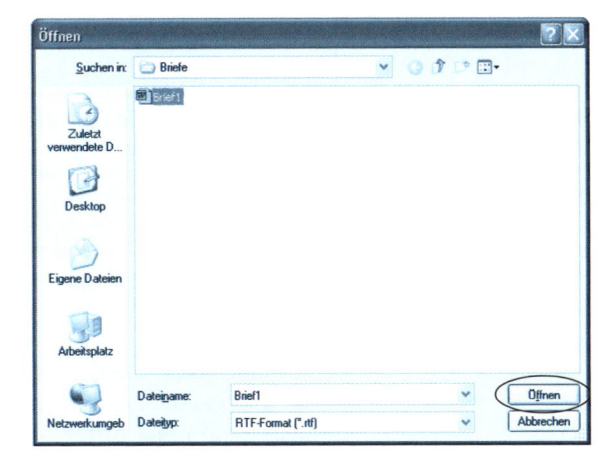

3 Öffnen Sie wie auf den vorherigen Seiten beim Speichern denjenigen Ordner, der die zu ladende Datei enthält.

177

4 Klicken Sie auf die Datei, die Sie öffnen möchten.

5 Klicken Sie auf die Schaltfläche *Öffnen*.

WordPad lädt anschließend die Datei und zeigt das Ergebnis im Dokumentfenster an.

> **HINWEIS**
> WordPad kann nicht nur Dateien mit der Erweiterung *.rtf* laden. Über das Listenfeld *Dateityp* lassen sich auch Dateien mit Erweiterungen wie *.txt* (Textdateien) oder *.doc* (Dateien aus Word für Windows) laden. Am günstigsten ist der Wert »Alle Dokumente(*.*)«, da dann alle Dateien des Ordners angezeigt werden. Sie können dann eine für WordPad geeignete Dokumentdatei (*.txt, .doc, .rtf, .wri*) wählen.

Das **Drucken** eines **Dokuments** ist in WordPad sehr einfach.

1 Klicken Sie in der Symbolleiste auf die nebenstehend gezeigte Schaltfläche.

Während des Ausdrucks zeigt WordPad dieses Dialogfeld an.

Um den Ausdruck ggf. abzubrechen, wählen Sie die Schaltfläche *Abbrechen*.

Haben Sie ein mehrseitiges Dokument verfasst und möchten nur einige Seiten ausdrucken? Verwendet WordPad vielleicht den verkehrten Drucker oder versucht auf einem Faxgerät zu drucken?

1 Wählen Sie im Menü DATEI den Befehl DRUCKEN oder drücken Sie die Tastenkombination [Strg]+[P].

WordPad-Dokumente speichern, laden und drucken

WordPad öffnet das Dialogfeld *Drucken*. Im Feld *Drucker auswählen* können Sie ggf. den Drucker bei mehreren Geräten wählen (einfach das Druckersymbol anklicken).

Möchten Sie nur einzelne Seiten eines Dokuments drucken?

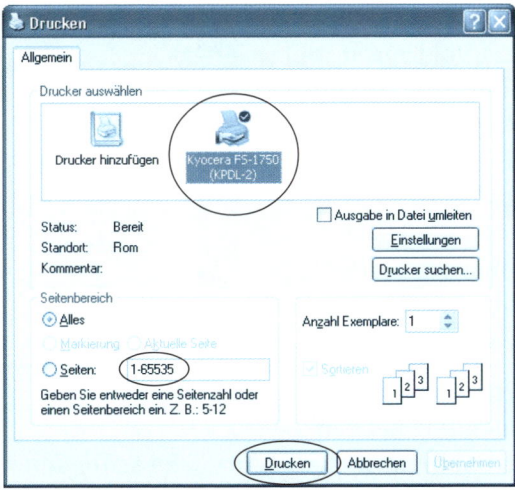

2 Klicken Sie auf das Optionsfeld *Seiten* und geben Sie die zu druckenden Seitenzahlen in der Form »11-22« ein. In diesem Fall würden die Seiten 11 bis 22 gedruckt.

3 Um den Ausdruck zu starten, klicken Sie auf die *Drucken*-Schaltfläche.

Weiterhin können Sie über das Feld *Anzahl Exemplare* mehrere Kopien eines Ausdrucks anfertigen lassen.

> **HINWEIS**
> Über die Schaltfläche *Einstellungen* können Sie ein Dialogfeld zum Einstellen der Druckereigenschaften (z.B. Papierformat, Ausdruck im Hoch- oder Querformat etc.) öffnen. Weitere Informationen zu diesen Funktionen finden Sie in der WordPad-Hilfe sowie in der Direkthilfe des betreffenden Dialogfelds.

Seitenvorschau und WordPad beenden

Möchten Sie lediglich sehen, wie das Dokument im Ausdruck aussieht, ohne es gleich zu drucken?

Dann reicht es aus, auf die Schaltfläche **Seitenansicht** zu klicken.

WordPad zeigt dann das Dokument in einem verkleinerten **Vorschaufenster** an. Über die Schaltfläche *Schließen* des Vorschaufensters schalten Sie zur normalen Darstellung zurück.

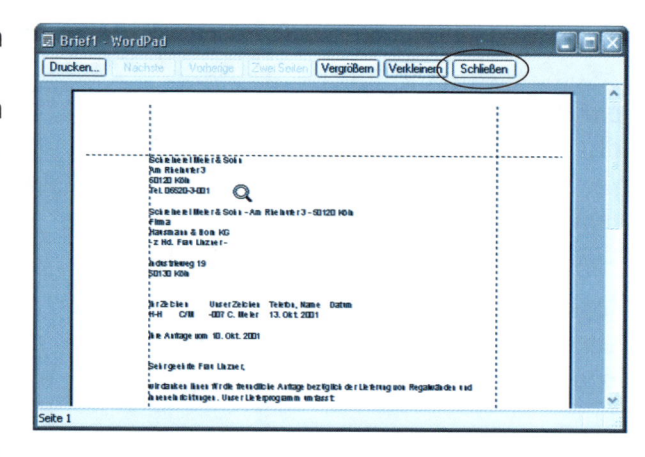

Um WordPad zu beenden, klicken Sie entweder auf die Schaltfläche *Schließen* in der rechten oberen Ecke des WordPad-Fensters. Oder Sie wählen den Befehl BEENDEN im Menü DATEI.

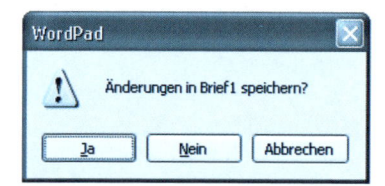

Enthält das Dokumentfenster noch ungespeicherte Änderungen, erscheint folgendes Dialogfeld. Über die *Ja*-Schaltfläche werden diese Änderungen gespeichert.

Mit der *Nein*-Schaltfläche wird WordPad beendet und die Änderungen werden verworfen. Möchten Sie dagegen mit WordPad weiterarbeiten, klicken Sie auf die Schaltfläche *Abbrechen*.

Ein Textdokument formatieren

Der in den vorherigen Lernschritten entworfene Brief besteht aus reinem Text. Vermutlich haben Sie bereits häufiger Schriftstücke wie Briefe oder Einladungen bekommen, die besonders ansprechend gestaltet waren. Bestimmte Textstellen waren fett gedruckt oder Überschriften standen in der Zeilenmitte. In WordPad können auch Sie Ihre Dokumente entsprechend **formatieren**.

WAS IST DAS
Die Gestaltung eines Textdokuments mit verschiedenen Schrifteffekten wie Fett, Farbe, größere Buchstaben etc. bezeichnet man auch als **Formatieren**.

Wie Sie WordPad nutzen, um einen formatierten Brief zu erstellen, der auch professionellen Ansprüchen genügt, lernen Sie auf den folgenden Seiten. Die Gestaltung des Briefes erfolgt in Anlehnung an DIN 5008 (Regeln für allgemeine Schreibweisen) und nach DIN 676 (Gestaltung/Abstände Geschäftsbrief).

Der nebenstehende Briefbogen wurde aus Platzgründen etwas in der Höhe gekürzt. Ein DIN A4 Blatt ist 21 cm breit und 29,7 cm hoch, wobei die ersten 4,5 cm im DIN-Brief zur freien Gestaltung des Briefkopfes reserviert sind. Die DIN legt den Rand für den Brief mit mindestens 2,14 cm links und 0,81 cm rechts fest. Als Schriftgrad ist ein Wert von mindestens 10 Punkt vorgegeben.

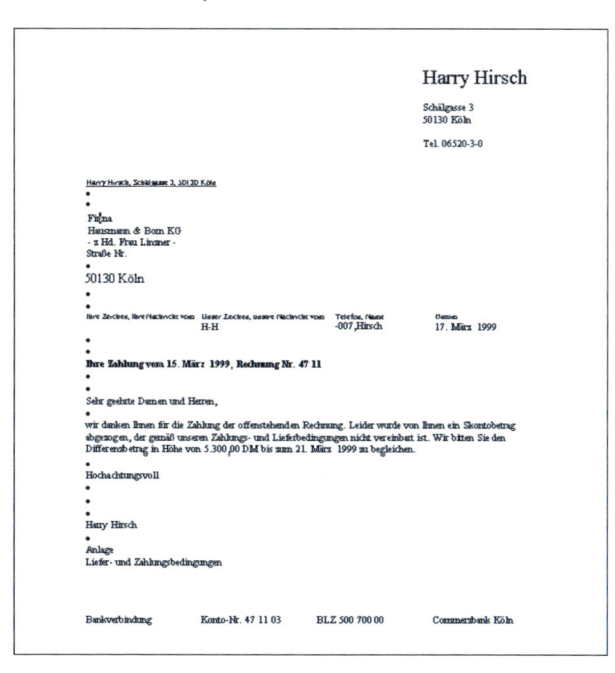

Das Anschriftenfeld mit der Empfängeradresse beginnt 5,08 cm vom oberen sowie 2,41 cm vom linken Rand und weist 9 Zeilen auf. Die erste Zeile enthält den Namen oder die Versandart (z.B. Einschreiben). Die letzte Zeile ist der (nicht hervorgehobenen) Ortsangabe vorbehalten. Weitere Bestandteile des Briefs sind Bezugs- und Betreffszeilen, die Anrede, die Grußformel, Unterschriftenfeld und die Anlagen. Diese Bestandteile (können im Privatbrief entfallen) werden durch eine vorgegebene Anzahl an Leerzeilen getrennt (im hier gezeigten Schema durch kleine Punkte markiert). Die Fußzeile am unteren Rand ist nach DIN frei gestaltbar.

Der bereits mit WordPad erstellte Brief soll jetzt entsprechend gestaltet werden. Dabei lernen Sie dann die Funktionen zum Formatieren des Dokuments kennen.

Starten Sie ggf. WordPad und laden Sie den bereits im vorherigen Lernschritt entworfenen Brief.

Im ersten Schritt gilt es, den Brieftext so zu formatieren, dass dieser gut aussieht und möglichst auch noch den DIN-Regeln entspricht.

1 Markieren Sie die ersten drei Zeilen mit der Absenderangabe.

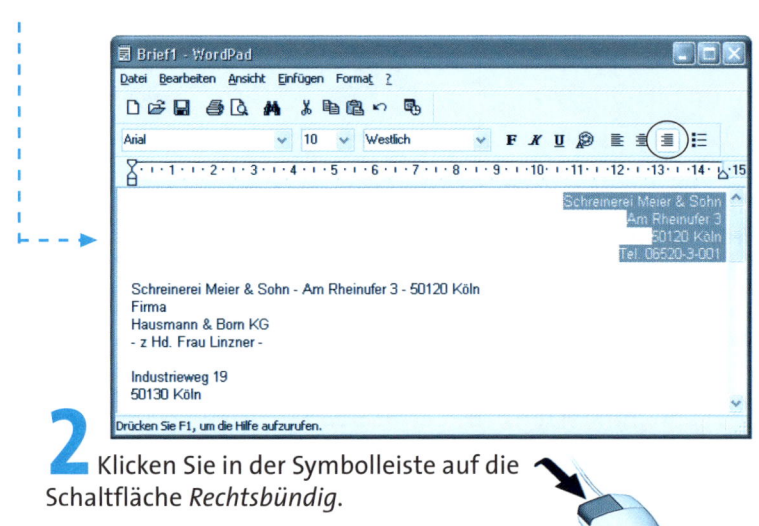

2 Klicken Sie in der Symbolleiste auf die Schaltfläche *Rechtsbündig*.

WordPad richtet den markierten Textbereich am rechten Seitenrand aus.

Mit den drei Schaltflächen *Linksbündig*, *Zentrieren* und *Rechtsbündig* können Sie den Text am linken (Seiten-) Rand, in der Zeilenmitte und am rechten Rand ausrichten.

Die Schaltfläche *Linksbündig* richtet die Zeilen am linken Rand aus und bricht Text am rechten Rand automatisch in die Folgezeile um.

Ein Textdokument formatieren

▤ Die Schaltfläche *Zentrieren* richtet Texte zentriert zwischen dem linken und rechten Rand aus (z.B. Überschriften).

▤ Über die Schaltfläche *Rechtsbündig* enden die Textzeilen am rechten Seitenrand, während der so genannte »Flatterrand« links auftritt.

> **HINWEIS**
>
> Das **Ausrichten** bezieht sich auf den **markierten Textbereich** oder den aktuellen **Absatz**. Haben Sie bei der Eingabe eines Satzes am Zeilenende die ⏎-Taste gedrückt, legt WordPad jede Zeile als Absatz an. Dann wird das Ausrichten dieses Satzes recht aufwendig. Sie sehen, auch hier zahlt es sich aus, wenn Sie den Text bereits bei der Eingabe in Absätzen schreiben.

Jetzt soll der Firmenkopf noch mit fetter Schrift und etwas größeren Buchstaben hervorgehoben werden.

1 Stellen Sie sicher, dass der Text der Zeilen noch markiert ist.

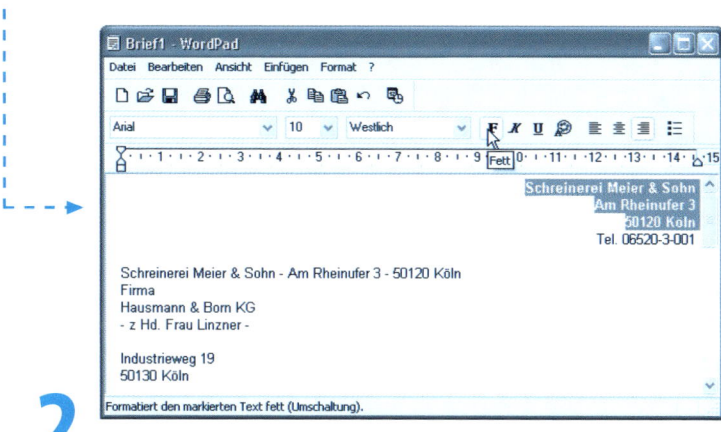

2 Klicken Sie auf die Schaltfläche *Fett*.

Jetzt wird der Text fett angezeigt.

183

3 Klicken Sie auf das Listenfeld *Schriftgrad*.

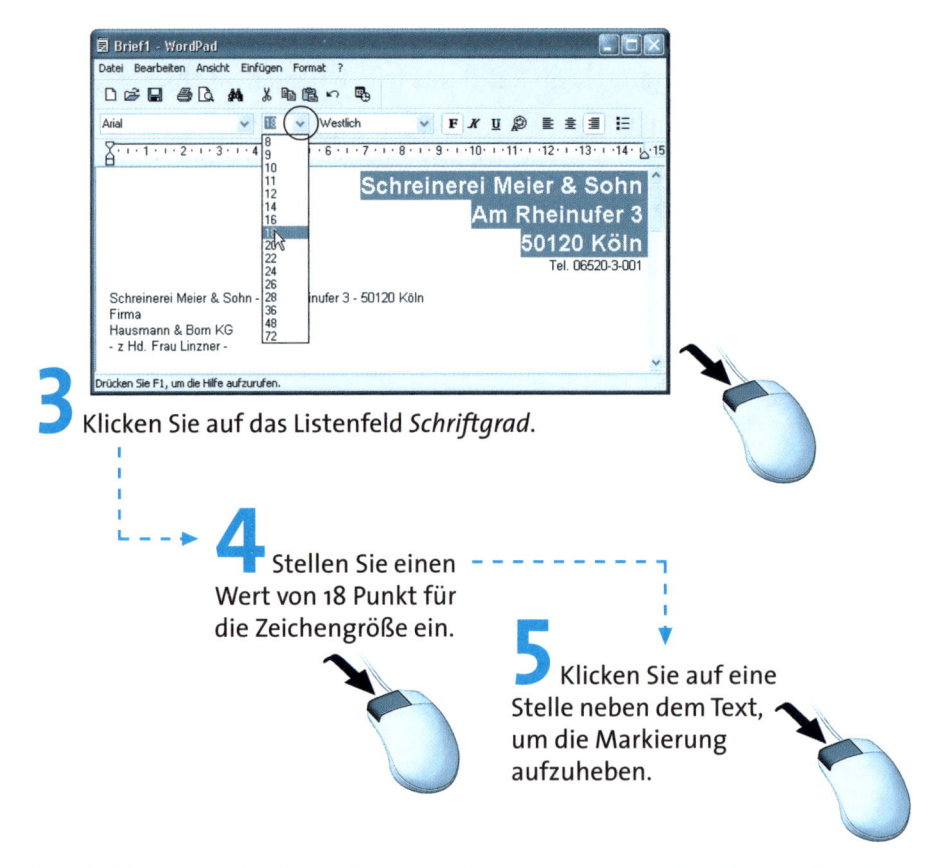

4 Stellen Sie einen Wert von 18 Punkt für die Zeichengröße ein.

5 Klicken Sie auf eine Stelle neben dem Text, um die Markierung aufzuheben.

Das Dokument sieht nun bereits etwas besser aus, der Firmenkopf erscheint jetzt in fetter Schrift und vergrößert in der rechten oberen Ecke des Briefkopfes.

Sie können Textstellen in WordPad fett, kursiv oder unterstrichen hervorheben. WordPad bietet Ihnen hierzu drei Schaltflächen:

F Diese Schaltfläche formatiert den markierten Text mit **fetten** Buchstaben.

K Klicken Sie auf diese Schaltfläche, erscheint der markierte Text mit schräg gestellten Buchstaben. Man bezeichnet dies auch als *kursiv* formatieren.

U̲ Um einen markierten Text zu unterstreichen, klicken Sie auf diese Schaltfläche.

Ein Textdokument formatieren

WAS IST DAS

Bei der Formatierung von Texten werden verschiedene Fachbegriffe benutzt. Die Größe der Zeichen nennt man nicht Zeichengröße oder Zeichenhöhe, der korrekte Fachausdruck lautet **Schriftgrad**. Die Zahlen geben dabei den Schriftgrad in **Punkt** an, was in der Typografie einer bestimmten Maßeinheit ähnlich wie mm entspricht. Zur Darstellung von Texten werden so genannte **Schriftarten** benutzt. Es gibt verschiedene Schriftarten (Times Roman, Courier, Helvetica etc.), die für unterschiedliche Stile stehen. Sie kennen dies vermutlich: die Schrift einer Zeitung sieht sicherlich anders aus als das Werbeplakat Ihres Lebensmittelhändlers. Die Schriftarten lassen sich direkt über das Listenfeld in der *Format*-Symbolleiste wählen.

Jetzt soll dem gesamten Text die Schriftart »Times New Roman« zugewiesen werden. Diese sieht etwas gefälliger als die standardmäßig benutzte »Arial«-Schriftart aus.

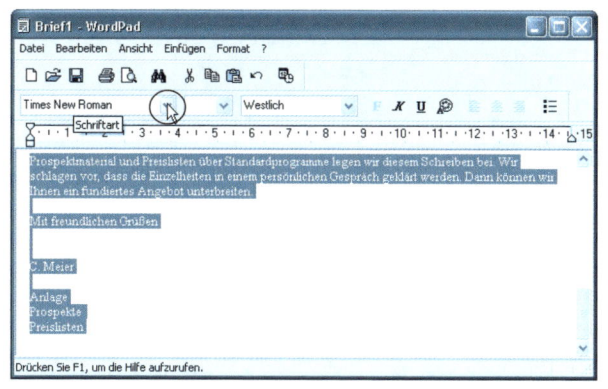

1 Markieren Sie den gesamten Dokumentbereich (z.B. über die Tastenkombination [Strg]+[A]).

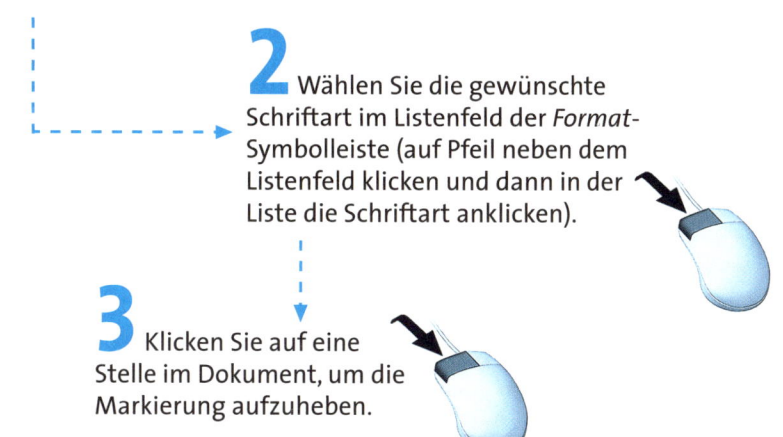

2 Wählen Sie die gewünschte Schriftart im Listenfeld der *Format*-Symbolleiste (auf Pfeil neben dem Listenfeld klicken und dann in der Liste die Schriftart anklicken).

3 Klicken Sie auf eine Stelle im Dokument, um die Markierung aufzuheben.

185

> **HINWEIS**
> WordPad unterstützt bei entsprechenden Voraussetzungen auch die Eingabe fremdsprachlicher Zeichen in Hebräisch, Arabisch, Koreanisch etc. Da hier deutschsprachige Texte eingegeben werden, belassen Sie den Zeichensatz, der zur Darstellung der Text verwendet wird, auf »Westlich«.

Jetzt soll die Absenderangabe oberhalb des Adressfelds etwas verkleinert eingefügt und unterstrichen formatiert werden. Die betreffende Zeile muss dabei durch Einfügen von Leerzeilen so ausgerichtet werden, dass sie im Fenster eines Kuverts erscheint.

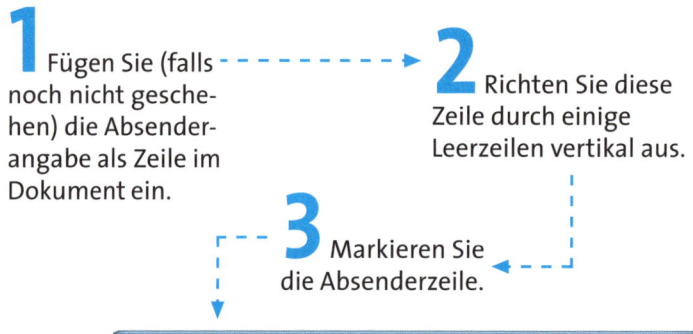

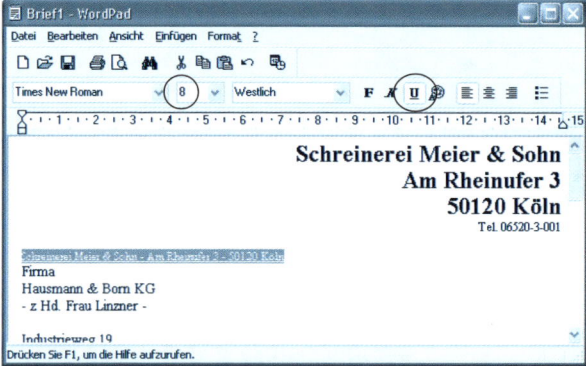

1 Fügen Sie (falls noch nicht geschehen) die Absenderangabe als Zeile im Dokument ein.

2 Richten Sie diese Zeile durch einige Leerzeilen vertikal aus.

3 Markieren Sie die Absenderzeile.

4 Klicken Sie auf die Schaltfläche *Unterstreichen*.

> **HINWEIS**
> Einen Schriftgrad von 7 Punkt müssen Sie direkt als Wert im betreffenden Kombinationsfeld eintippen, da nur Schriftgrade bis 8 Punkt in der Liste angeboten werden.

5 Weisen Sie den Schriftgrad von 7 oder 8 Punkt zu.

Die Empfängerangabe können Sie in der hier gezeigten Form belassen. Notfalls müssen Sie an dieser Stelle einen Probeausdruck anfertigen, um zu prüfen, ob die Angaben in das Fenster eines Kuverts passen. Bei Bedarf können Sie ja den restlichen Brieftext markieren und mit einem Schriftgrad von 11 Punkt versehen (damit der Text besser lesbar ist).

Arbeiten mit Tabulatoren

HINWEIS Die DIN 5008 kennt eine Langform sowie die hier benutzte Kurzform für die Bezugszeile. Die Spalten besitzen folgende Abstände vom linken Seitenrand: 2,41; 7, 49; 12,57 und 17,65 cm.

Jetzt gilt es, die Bezugszeichenzeile zu formatieren. In dieser Zeile werden Sachbearbeiterzeichen, Telefonnummern und das Datum eingetragen.

1 Markieren Sie die beiden Zeilen des Bezugsfelds.

2 Verkleinern Sie ggf. den Schriftgrad auf 9 Punkt.

Schwieriger wird das spaltenweise Ausrichten der beiden Zeilen. Haben Sie Probleme, die entsprechenden Einrückungen mit Leerzeichen vorzunehmen? Die Lösung dieses Problems ist recht einfach: Verwenden Sie beim Eingeben der beiden Zeilen die ⇆-Taste, um die einzelnen Spalten zu trennen. Vermutlich wird es mit dem Eingeben der Tabulatorzeichen noch nicht reichen. Sie können aber die genauen Positionen für die Tabulator-Stopps festlegen.

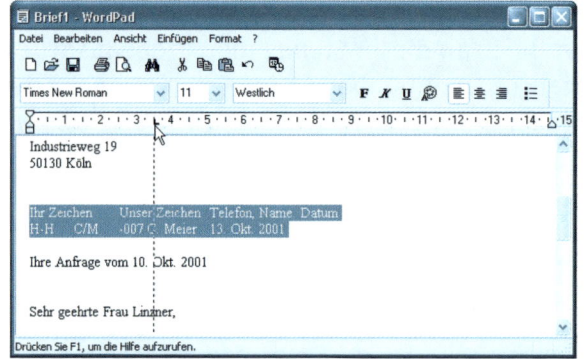

3 Klicken Sie im Lineal auf die Positionen, an denen ein Tabulatorstopp für die markierten Zeilen zu setzen ist.

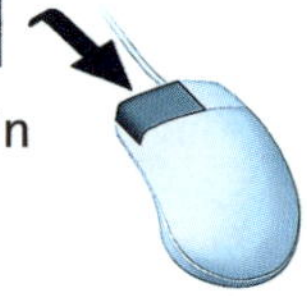

WordPad markiert die Tabulatorposition mit einem kleinen Winkel. Gleichzeitig werden die Tabulatorzeichen im markierten Textbereich bis zu dieser Position eingerückt. Bei Bedarf können Sie die Marken für die Tabulator-Stopps der aktuellen Zeile oder des markierten Bereichs durch Ziehen per Maus verschieben:

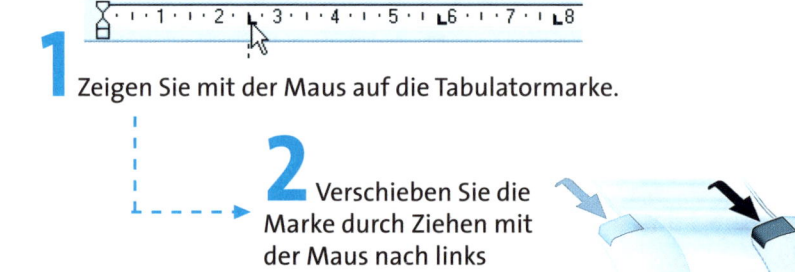

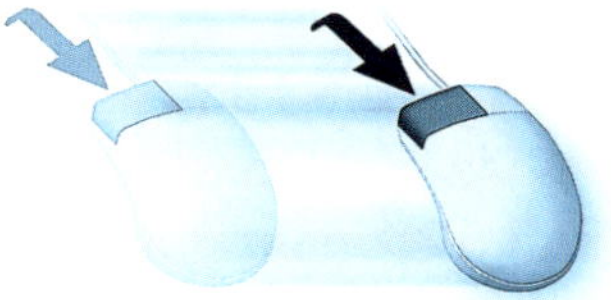

1 Zeigen Sie mit der Maus auf die Tabulatormarke.

2 Verschieben Sie die Marke durch Ziehen mit der Maus nach links oder rechts.

Eine kleine gestrichelte Linie zeigt die Tabulatorposition im Text an.

3 Zum Löschen einer Tabulatormarke ziehen Sie diese in den Textbereich und lassen anschließend die Maustaste los.

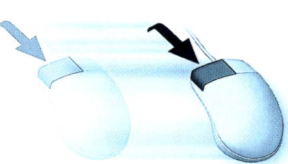

Ein Textdokument formatieren

> **HINWEIS**
>
> Tabulatoren eignen sich sehr gut zum Erstellen von Listen (z.B. bei Rechnungen). Die einzelnen Spalten lassen sich prima über die ⇆-Taste ausrichten. Bei Listen wird übrigens jede Zeile am Zeilenende mit der ↵-Taste abgeschlossen. Nach dem Eingeben des Listentextes können Sie diesen markieren und die Tabulatorpositionen bei Bedarf nachträglich anpassen.
>
> Eine weitere Option für die Gestaltung eines Schriftstücks bietet die **Zeilenlänge** für den Text. WordPad beginnt mit der Zeile am linken Rand und sorgt dafür, dass der Text am Zeilenende in der nächsten Zeile fortgesetzt wird. Aber woher weiß WordPad, wo der rechte und linke Rand für eine Zeile zu finden ist?
>
> Im Lineal sehen Sie am linken und rechten Rand kleine Dreiecke.
>
> Diese Dreiecke werden auch **Randsteller** genannt. Sie können mit dem linken unteren und dem rechten unteren Randsteller den Zeilenanfang und das Zeilenende für die aktuelle Zeile oder für einen markierten Bereich festlegen. Der Randsteller links oben legt bei Absätzen mit mehreren Zeilen den Anfang der ersten Zeile fest. Man sagt auch, dass dieser Randsteller den **Erstzeileneinzug** (d.h. den Einzug der ersten Zeile eines Absatzes) festlegt.

Automatische Datumseingabe

Haben Sie die Bezugszeile entsprechend den Anforderungen formatiert? Jetzt fehlt noch das Datum, welches Sie manuell in der Form »31. Oktober 2001« eintippen können. Sie können WordPad das aktuelle Datum auch automatisch einfügen lassen.

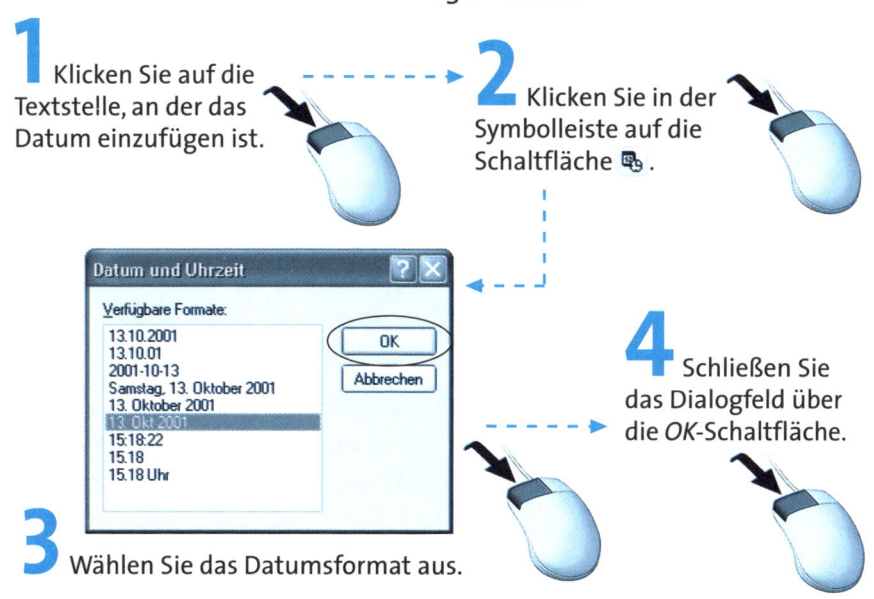

1 Klicken Sie auf die Textstelle, an der das Datum einzufügen ist.

2 Klicken Sie in der Symbolleiste auf die Schaltfläche 📇.

3 Wählen Sie das Datumsformat aus.

4 Schließen Sie das Dialogfeld über die *OK*-Schaltfläche.

Datum und Uhrzeit

Verfügbare Formate:
- 13.10.2001
- 13.10.01
- 2001-10-13
- Samstag, 13. Oktober 2001
- 13. Oktober 2001
- 13. Okt 2001
- 15:18:22
- 15.18
- 15.18 Uhr

189

Auf diese Weise können Sie den Brief verfassen, formatieren und anschließend drucken bzw. in eine Datei zu späteren Verwendung speichern. Speichern Sie den Brief anschließend.

Aufzählungen erstellen

Abschließend möchte ich noch eine Funktion zur Formatierung Ihrer Texte vorstellen. Manchmal sollen Absätze mit einem vorangestellten **Schmuckpunkt** optisch hervorgehoben werden. Man bezeichnet solche hervorgehobenen Absätze auch als **Aufzählungen**. In WordPad lässt sich eine solche Aufzählung sehr elegant gestalten. Dies soll am Beispiel des vorhergehenden Briefentwurfs demonstriert werden.

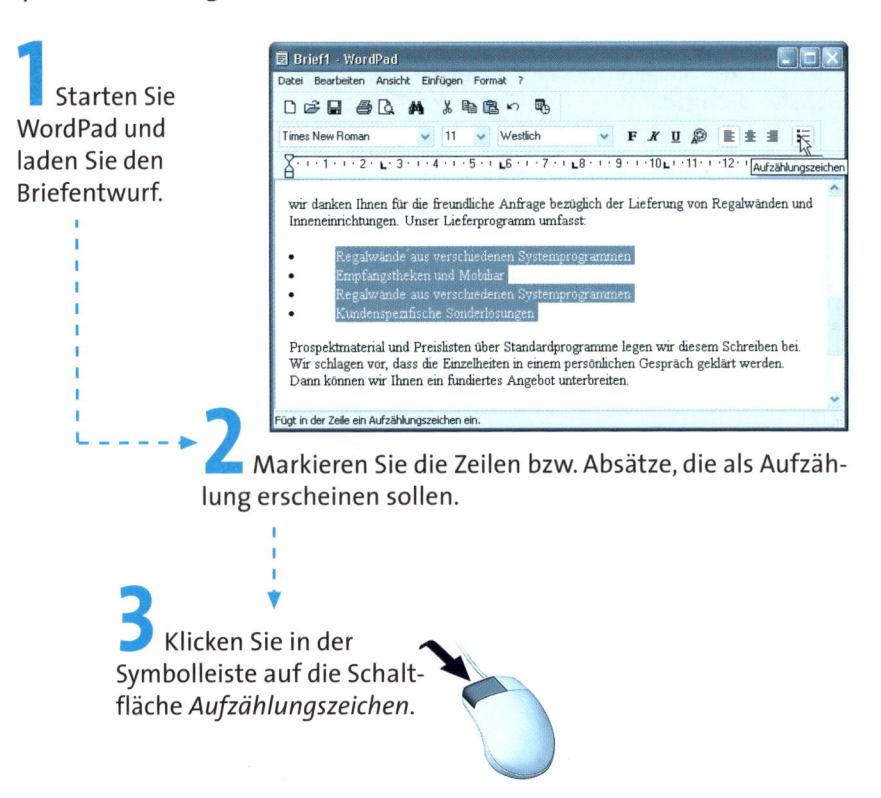

1 Starten Sie WordPad und laden Sie den Briefentwurf.

2 Markieren Sie die Zeilen bzw. Absätze, die als Aufzählung erscheinen sollen.

3 Klicken Sie in der Symbolleiste auf die Schaltfläche *Aufzählungszeichen*.

WordPad setzt nun vor die betreffenden ersten Zeilen der Absätze einen kleinen Punkt (auch Schmuckpunkt, Aufzählungszeichen oder Bullet genannt).

Besteht ein Absatz aus mehreren Zeilen, werden die Folgezeilen an den Anfang der ersten Zeile angepasst. Man sagt dazu auch, dass die **Folgezeilen** zur gleichen **Spalte** der ersten Zeile **eingezogen** werden.

> **TIPP**
>
> In obigem Beispiel bestehen die Absätze aus jeweils einer Zeile. Um die horizontalen Abstände zu vergrößern, müssen Sie jeweils Leerzeilen in die Aufzählung einfügen. Normalerweise verwenden Sie hierzu die ⏎-Taste. Dies führt aber dazu, dass auch die Leerzeilen mit Schmuckpunkten versehen werden. Um dies zu verhindern, drücken Sie am Zeilenende jeweils ⇧+⏎. Dies führt zu einem weichen Zeilenumbruch und nicht zu einem Absatzwechsel. Anschließend drücken Sie noch die ⏎-Taste, um den Absatzwechsel einzuleiten. Im Ergebnis besteht jetzt ein Absatz aus zwei Zeilen, wobei die zweite Zeile leer ist.
>
> WordPad bietet weitere Funktionen, die an dieser Stelle nicht erwähnt werden. Informationen zu diesen Funktionen finden Sie in der WordPad-Hilfe sowie in der Direkthilfe der betreffenden Dialogfelder.

Lernkontrolle

Nachdem Sie dieses Kapitel durchgearbeitet haben, verfügen Sie über die Kenntnisse zur Gestaltung von Textdokumenten. Vielleicht überprüfen Sie Ihr Wissen und die neu gewonnenen Fähigkeiten anhand der folgenden Übungen. Hinter jeder Übung wird in Klammern der Lernschritt angegeben, in dem die Antwort zu finden ist.

- **Erstellen Sie einen Text mit WordPad und speichern Sie diesen in eine Datei auf einer Diskette.**
  (Lesen Sie im Kapitel die Schritte zum Arbeiten mit WordPad und zum Speichern eines Dokuments. Als Ziel müssen Sie das Diskettenlaufwerk verwenden.)

- **Erstellen Sie eine Einladung mit dem Programm WordPad.**
  (Die Antworten finden Sie in diesem Kapitel im Lernschritt »Schriftstücke mit WordPad erstellen«.)

7
Arbeiten mit Bildern

Was bringt Ihnen dieses Kapitel?

Windows unterstützt die Übernahme von Bildern von Scannern oder aus Digitalkameras. Bilder und Zeichnungen lassen sich im Programm Paint erstellen und bearbeiten. In diesem Kapitel erhalten Sie eine Übersicht über die Funktionen zum Umgang mit Bildern.

Das können Sie schon:

Mit Fenstern arbeiten	27
Programme starten	36
Mit Dateien und Ordnern umgehen	82
Arbeiten im Netzwerk	113
Spezialfunktionen nutzen	128
Sicherheitseinstellungen anpassen	144
Schreiben unter Windows	158

Das lernen Sie neu:

Bilder scannen und drucken	194
Arbeiten mit Paint	201
Bildteile ausschneiden und kopieren	208
Ein Bild in Paint speichern, laden und drucken	211

Bilder scannen und drucken

In Kapitel 2 haben Sie bereits erfahren, dass der Unterordner *Eigene Bilder* im Ordner *Eigene Dateien* zur Speicherung von Bildern dienen kann. Wählen Sie eine Bilddatei per Doppelklick an, wird diese in der Windows Bild- und Faxanzeige dargestellt. Die Anzeigemodi *Miniaturansicht* und *Filmstreifen* erlauben Ihnen zusätzlich eine Vorschau auf den Inhalt der Bilddateien. Das Ordnerfenster bietet in der Aufgabenleiste verschiedene Zusatzfunktionen, wie beispielsweise die Darstellung der Bilddateien in einer Diashow. Aber Windows hat noch mehr Funktionen. Schauen wir uns einmal die Details an.

Bilder drucken

Das Drucken eines Fotos oder eines Bildes ist in Windows mit wenigen Mausklicks erledigt.

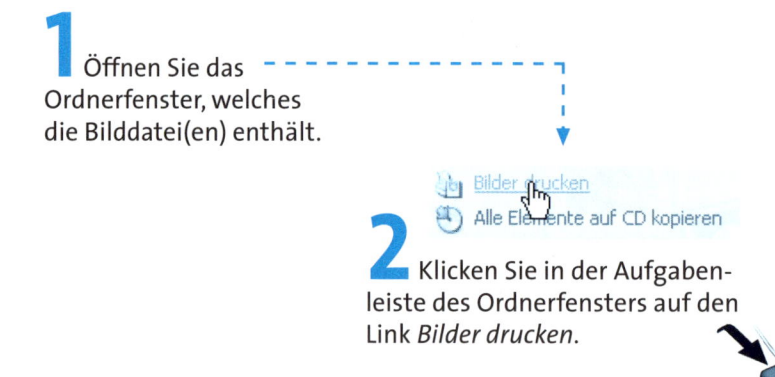

1 Öffnen Sie das Ordnerfenster, welches die Bilddatei(en) enthält.

2 Klicken Sie in der Aufgabenleiste des Ordnerfensters auf den Link *Bilder drucken*.

Windows startet jetzt einen Assistenten, der in verschiedenen Dialogfeldern die Druckeinstellungen abfragt.

3 Klicken Sie im Willkommensdialog auf die Schaltfläche *Weiter*.

BILDER SCANNEN UND DRUCKEN

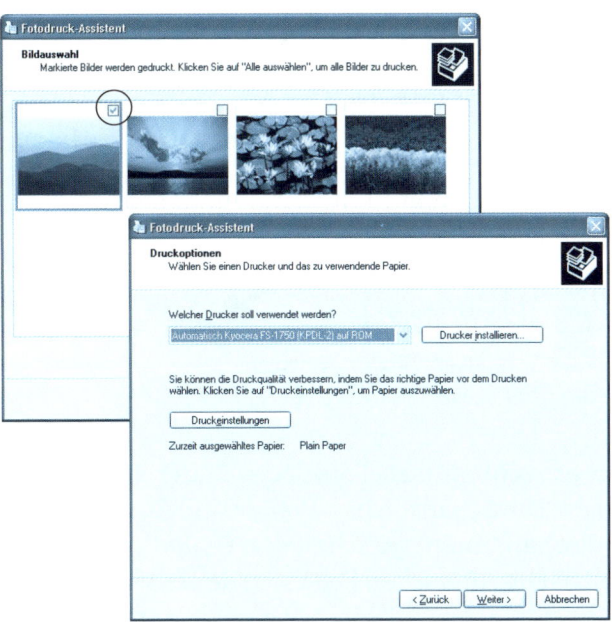

4 Im ersten Dialogfeld *Bildauswahl* markieren Sie die Kontrollkästchen der auszudruckenden Bildmotive mit einem Häkchen. Dann klicken Sie auf die Schaltfläche *Weiter*.

5 Wählen Sie ggf. im Folgedialog *Druckoptionen* den gewünschten Drucker bzw. die Optionen und klicken Sie auf die Schaltfläche *Weiter*.

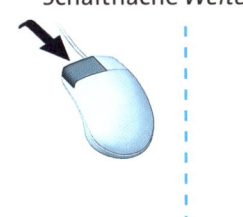

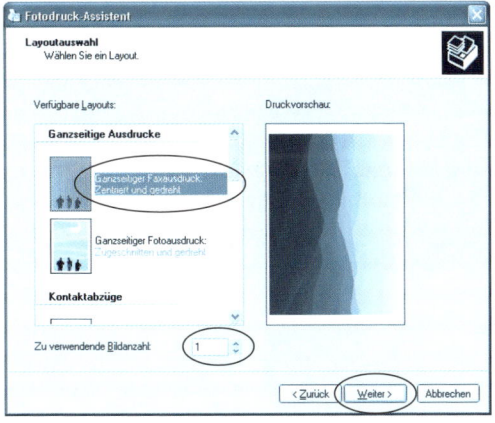

6 Wählen Sie eines der verfügbaren Layouts und tragen Sie die Zahl der Kopien ein.

195

7 Klicken Sie auf die Schaltfläche *Weiter*.

Anschließend sollte das Foto oder Bild auf dem (eingeschalteten Drucker) ausgegeben werden.

8 Schließen Sie den Assistenten über diese Schaltfläche.

Auf diese Weise ist es recht einfach, Fotos oder Bilder direkt aus Windows zu drucken. Die Schaltflächen *Weiter* und *Zurück* im Fenster des Assistenten erlauben Ihnen, zwischen den Dialogfelder zu blättern. Mit der Schaltfläche *Abbrechen* lässt sich der Assistent jederzeit beenden.

Bilder scannen

Besitzen Sie einen von Windows unterstützten Scanner oder eine Digitalkamera? Dann können Sie Bilder, Fotos und Zeichnungen ganz leicht in Windows übernehmen und in Dateien speichern. Nachfolgend wird die Vorgehensweise beim Scannen skizziert.

> **HINWEIS** Es wird davon ausgegangen, dass die betreffenden Geräte von Windows erkannt und die Treiber zur Steuerung der Geräte installiert wurden. Einen Treiber für Scanner oder Digitalkamera installieren Sie im Ordner *Scanner und Kameras*. Dieser Ordner lässt sich über das gleichnamige Symbol im Ordnerfenster der Systemsteuerung aufrufen. Die Systemsteuerung erreichen Sie über den Befehl SYSTEMSTEUERUNG des Startmenüs. Lesen Sie notfalls in den Geräteunterlagen oder in weiterführenden Titeln nach, wie sich solche Geräte einrichten lassen.

1 Schalten Sie das betreffende, an den Computer angeschlossene Gerät ein und öffnen Sie das Ordnerfenster *Arbeitsplatz*.

BILDER SCANNEN UND DRUCKEN

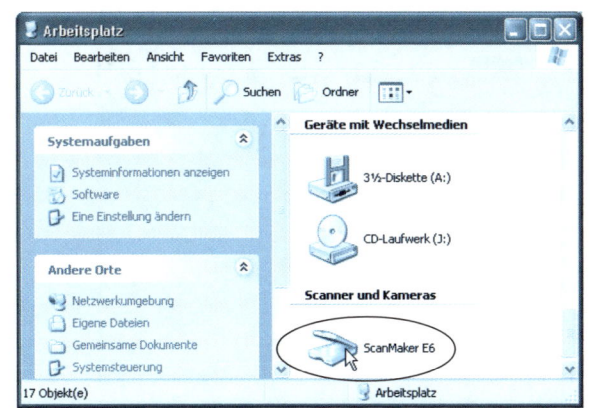

2 Wählen Sie im Ordnerfenster *Arbeitsplatz* das gewünschte Gerätesymbol (hier ein Scanner) per Doppelklick an.

Windows startet dann einen Assistenten, der Sie durch die Schritte der Bildübernahme beim Gerät führt. Über die Schaltflächen *Weiter* und *Zurück* können Sie zwischen den jeweiligen Dialogen wechseln. Der Aufbau der Dialogfelder hängt etwas vom gewählten Gerät ab. Bei einer Digitalkamera fragt der Assistent die Kamera nach Daten ab und zeigt dann ein Dialogfeld, in dem Sie die zu kopierenden Fotos auswählen. In einem weiteren Dialogfeld wird die Bildgruppe und der Zielordner zum Speichern abgefragt. Bei einem Scanner funktioniert es ähnlich.

1 Klicken Sie im Willkommensdialog auf die Schaltfläche *Weiter*, um zur nächsten Seite zu gelangen.

Anschließend müssen Sie die Scan-Optionen wählen.

197

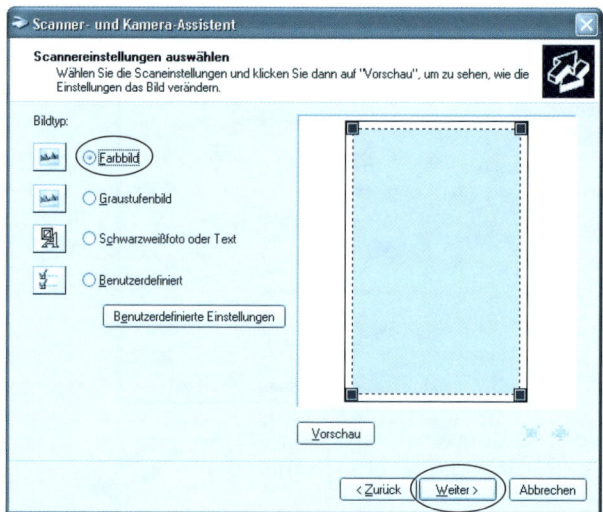

2 Wählen Sie in diesem Dialogfeld die Scannereinstellungen, indem Sie ein Optionsfeld markieren und klicken Sie auf die Schaltfläche *Weiter*.

HINWEIS

Die Schaltfläche *Benutzerdefinierte Einstellungen* öffnet ein Dialogfeld, in dem Sie den Kontrast, die Helligkeit, die Auflösung und den Bildtyp anpassen können.

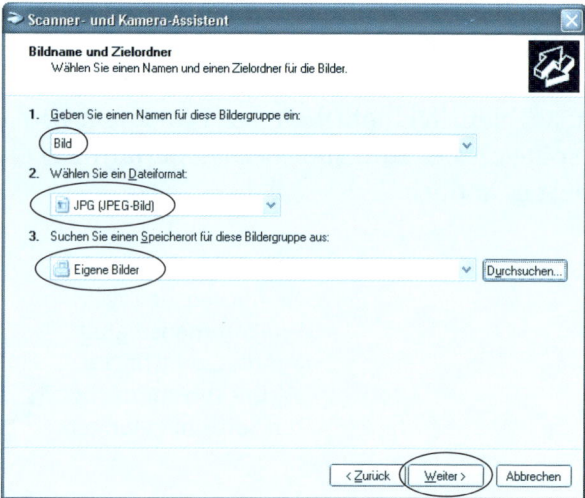

3 Wählen Sie in diesem Dialogfeld das Dateiformat, den Speicherort (z.B. *Eigene Bilder*), geben Sie den Namen der Bildgruppe ein und klicken Sie auf die Schaltfläche *Weiter*.

BILDER SCANNEN UND DRUCKEN

> **HINWEIS**
> Der Assistent leitet den Namen der Bilddateien aus der Bildgruppe ab. Den einzelnen Scans wird lediglich eine fortlaufende Nummer angehängt (z.B. *Bild001*, *Bild002* etc.).

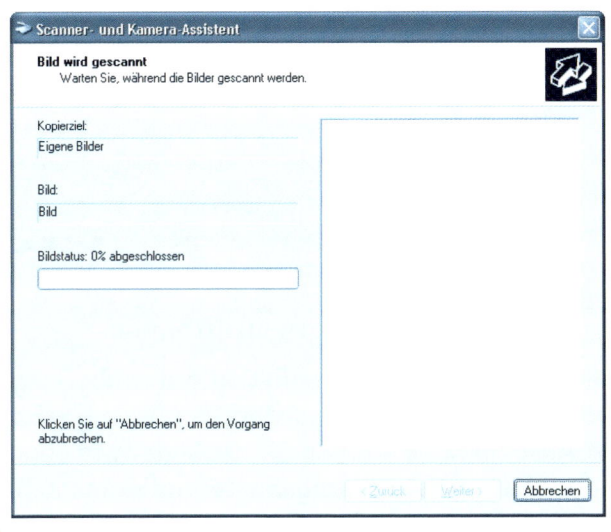

4 Klicken Sie auf die Schaltfläche *Weiter*.

Windows beginnt mit dem Scannen der Vorlage. Dieser Vorgang lässt sich über die Schaltfläche *Abbrechen* beenden.

Sobald der Scan-Vorgang abgeschlossen ist, sichert Windows den Scan in einer Bilddatei. Diese Bilddatei findet sich im gewählten Zielordner (meist *Eigene Bilder* oder ein Unterordner) und besitzt den Gruppennamen samt der fortlaufenden Nummer.

Im letzten Dialogschritt ist das Kontrollkästchen *Nichts* markiert. Sie können dann über die Schaltfläche *Weiter* die nächsten Dialogschritte aufrufen bzw. den Assistenten beenden.

Über die Schaltfläche *Weiter* lässt sich dagegen zum ersten Dialog zurückkehren, um die nächste Vorlage einzuscannen.

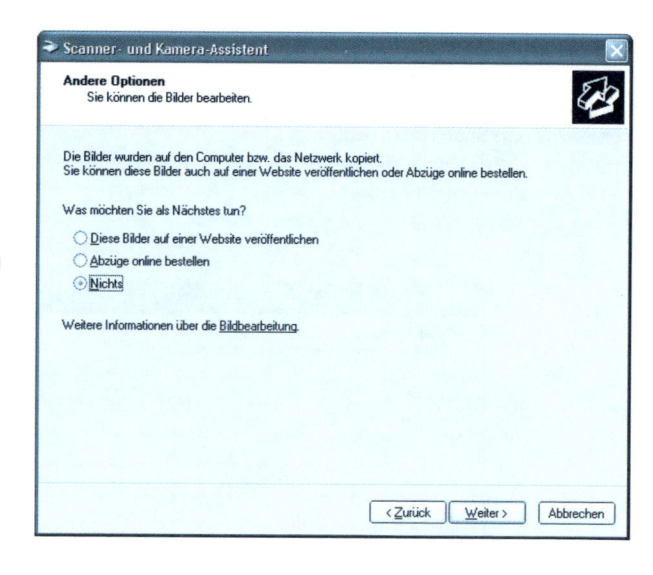

Sobald die Bilder von der Kamera zum Computer übertragen wurden, schließen Sie das Dialogfeld des Assistenten über die Schaltfläche *Fertig stellen*. Anschließend können Sie die Bilder wie oben gezeigt drucken, in der Bildvorschau anzeigen oder mit dem nachfolgend vorgestellten Programm Paint bearbeiten.

> **TIPP**
>
> Besitzen Sie einen CD-Brenner? Dann können Sie die im Bildordner abgelegten Bilddateien des Scanners oder der Digitalkamera über den Befehl *Alle Elemente auf CD kopieren* der Aufgabenleiste für den Transfer zu einer CD vorsehen. Oder Sie öffnen über das Fenster *Arbeitsplatz* das Ordnerfenster des CD-Laufwerks. Dann lassen sich die Dateien per Maus aus dem Bildordner (z.B. *Eigene Bilder*) zum Ordnerfenster des CD-Brenners ziehen. Im Ordnerfenster des CD-Brenners finden Sie in der Aufgabenleiste Befehle, um die CD anschließend zu brennen. Der Befehl öffnet einen Assistenten, der Sie durch die Schritte zum Brennen der CD führt.
>
> Windows bietet in der Aufgabenleiste der Ordnerfenster weitere Funktionen zum Umgang mit Bildern. Die Vorstellung aller Funktionen führt über den Umfang dieses Buches hinaus. Lesen Sie hierzu in der Windows-Hilfe nach oder konsultieren Sie weiterführende Bücher.

Arbeiten mit Paint

Windows enthält das Programm *Paint*. Mit diesem Programm können Sie Bilder bearbeiten oder kleine Zeichnungen erstellen.

1 Starten lässt sich Paint im Startmenü über die Befehle ALLE PROGRAMME/ZUBEHÖR/PAINT.

Paint öffnet ein Fenster, welches eine Titelleiste und eine Menüleiste enthält. Diese beiden Elemente kennen Sie bereits aus anderen Fenstern.

Neu ist der **Zeichenbereich**. Befindet sich der Mauszeiger in diesem Bereich, nimmt er die Form eines Stifts oder Pinsels an.

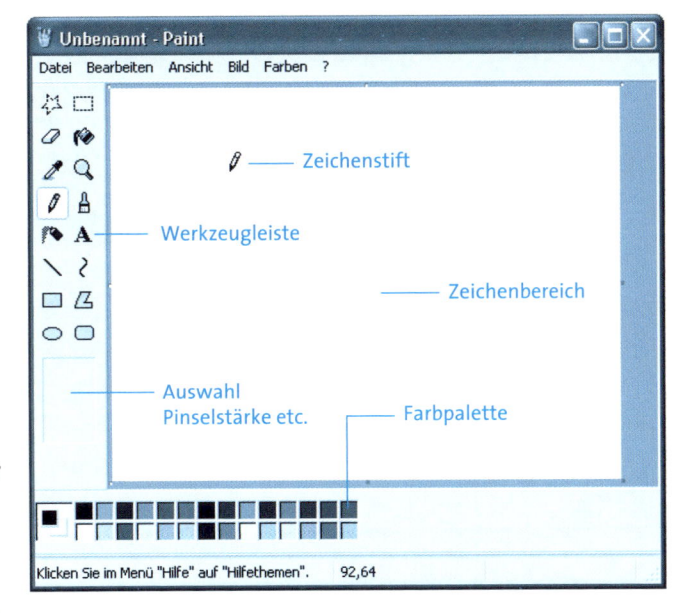

Am linken Fensterrand finden Sie eine **Werkzeugleiste** (auch Toolbox genannt) mit den Schaltflächen der Zeichenfunktionen. Am unteren Fensterrand befindet sich die **Farbpalette** zur Auswahl der Zeichenfarben.

Mit dem Stift und dem Pinsel lassen sich bei gedrückter Maustaste Striche (auch als **Freihandlinien** bezeichnet) in der gewählten Farbe ziehen. Beim Pinsel können Sie zusätzlich die Strichstärke wählen.

Linien zeichnen, Farben wählen

Um etwas zu zeichnen, führen Sie die folgenden Schritte aus:

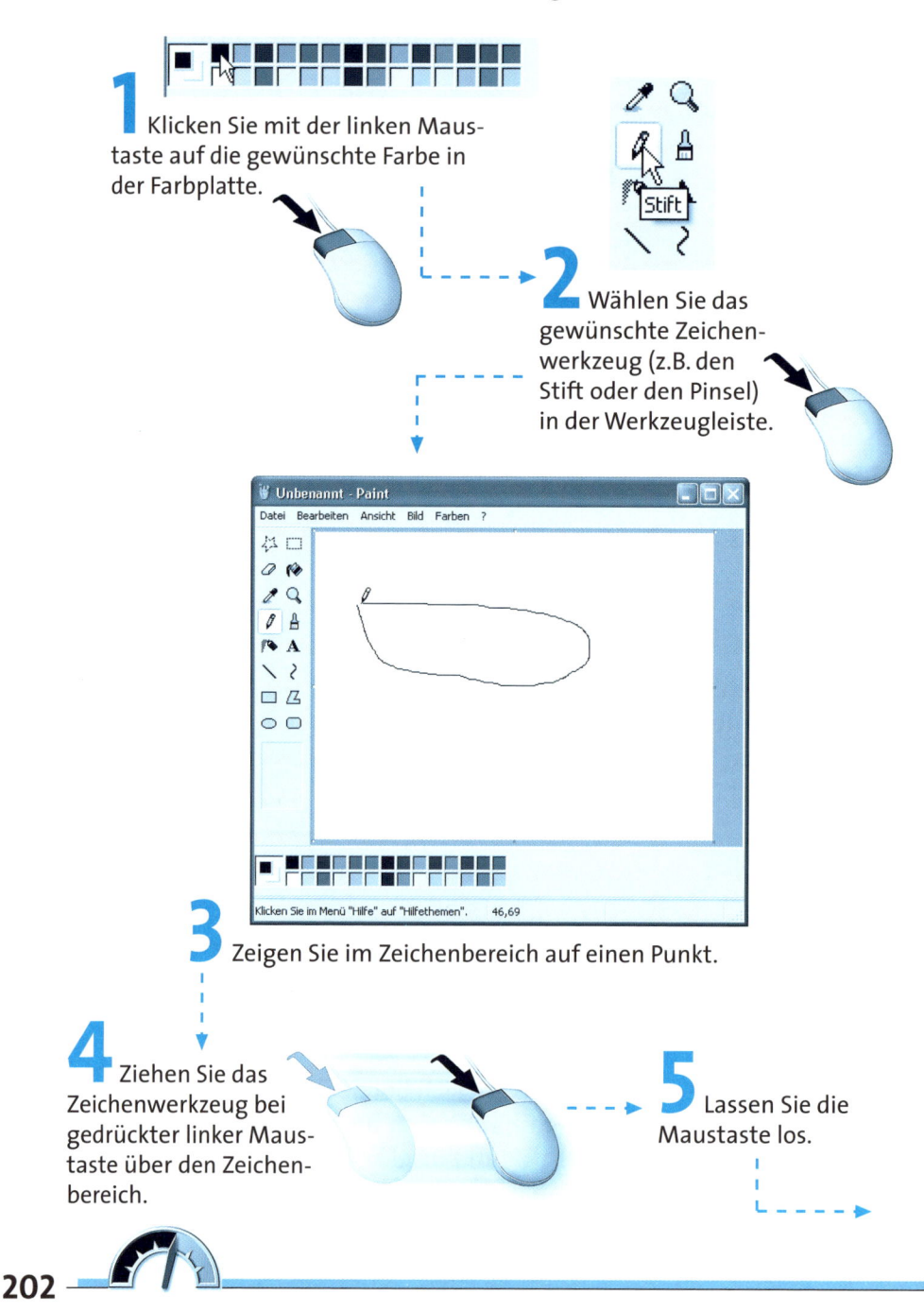

1 Klicken Sie mit der linken Maustaste auf die gewünschte Farbe in der Farbplatte.

2 Wählen Sie das gewünschte Zeichenwerkzeug (z.B. den Stift oder den Pinsel) in der Werkzeugleiste.

3 Zeigen Sie im Zeichenbereich auf einen Punkt.

4 Ziehen Sie das Zeichenwerkzeug bei gedrückter linker Maustaste über den Zeichenbereich.

5 Lassen Sie die Maustaste los.

6 Klicken Sie jetzt auf den Pinsel als Werkzeug.

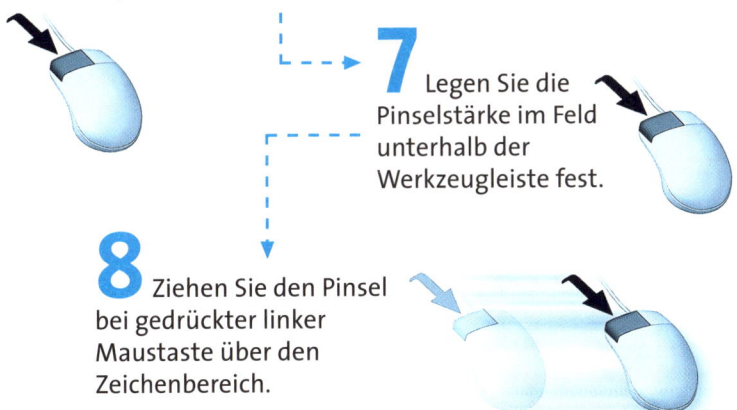

7 Legen Sie die Pinselstärke im Feld unterhalb der Werkzeugleiste fest.

8 Ziehen Sie den Pinsel bei gedrückter linker Maustaste über den Zeichenbereich.

Abhängig vom gewählten Werkzeug wird jetzt eine Freihandlinie in der gewählten Farbe und Strichstärke im Zeichenbereich ausgegeben.

> **HINWEIS**
>
> Das Feld zur **Auswahl** der **Strichstärke** wird auch bei anderen Werkzeugen (Radiergummi, Spraydose etc.) angezeigt. Durch Anklicken einer Option lässt sich dann die »Dicke« des Werkzeugs ändern. Bei der Spraydose wird bei gedrückter linker Maustaste statt eines dicken Strichs ein Sprayeffekt in der gewählten Farbe erzeugt. Haben Sie den Radiergummi gewählt und ziehen Sie diesen bei gedrückter linker Maustaste über den Zeichenbereich, wird der betreffende Teil ausradiert.

HINWEIS Ist Ihnen ein **Fehler beim Zeichnen** unterlaufen? Drücken Sie die Tastenkombination ⟨Strg⟩+⟨Z⟩. Der letzte **Befehl** zum Zeichnen wird **rückgängig** gemacht. Sie können mit dieser Tastenkombination z.B. den zuletzt gezeichneten Strich entfernen. In Paint lassen sich die drei zuletzt durchgeführten Befehle wieder zurücknehmen. Um die zuletzt durchgeführte Aktion zu wiederholen, wählen Sie dagegen den Befehl WIEDERHOLEN im Menü BEARBEITEN.

Linien und Figuren zeichnen

Das Zeichnen von Linien und Figuren funktioniert bei den meisten Werkzeugen auf ähnliche Weise.

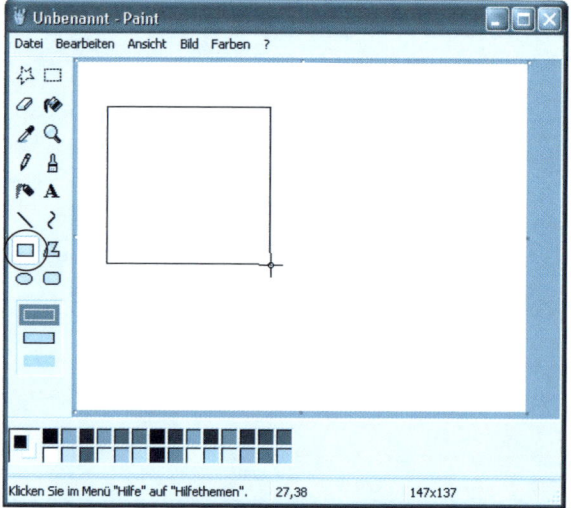

1 Klicken Sie auf das gewünschte Werkzeug (hier das Rechteck).

2 Klicken Sie auf den Anfangspunkt des Rechtecks, der Linie oder der Figur.

3 Ziehen Sie die Maus bei gedrückter linker Maustaste zum Endpunkt der Figur bzw. Linie.

Arbeiten mit Paint

Beim Ziehen zeigt Paint bereits die Umrisse der Linie oder der Figur. Sobald Sie die Maustaste loslassen, zeichnet Paint die Figur oder die Linie in der gewählten Größe.

Bei Flächen (Rechteck, Kreis) können Sie übrigens über die nebenstehend gezeigten Symbole wählen, ob die Figur aus einer Linie bestehen, in der Hintergrundfarbe gefüllt und/oder mit einem Rand versehen werden soll.

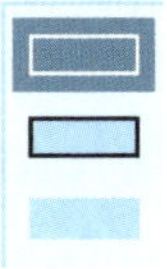

> **HINWEIS**
>
> Mit dem Werkzeug *Vieleck* lassen sich kompliziertere Figuren durch Aneinanderfügen mehrerer Linien zeichnen. Klicken Sie einfach an den Anfangspunkt. Ziehen Sie die Maus zum nächsten Punkt und lassen die Maustaste los. Paint verbindet beide Punkte durch eine Linie. Klicken Sie per Maus auf weitere Punkte, verbindet Paint diese mit dem jeweils vorhergehenden Punkt durch eine Linie. Ein Doppelklick schließt das Vieleck durch eine Linie zwischen letztem Punkt und Ausgangspunkt.

Figuren füllen

Haben Sie ein Vieleck, einen Kreis, ein Rechteck oder eine andere Fläche gezeichnet? Geschlossene **Figuren** (Flächen) lassen sich mit dem *Farbfüller* **füllen**.

1 Legen Sie über die Farbpalette die gewünschte Füllfarbe fest.

2 Wählen Sie das Werkzeug *Farbfüller* aus.

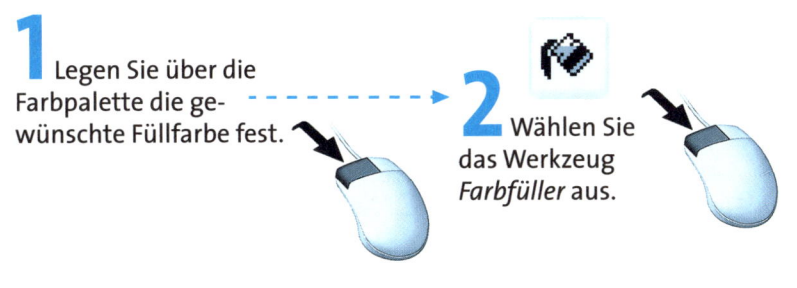

Paint zeigt bereits nach Auswahl des Werkzeugs einen Farbeimer als Mauszeiger. Sobald Sie eine **geschlossene Figur** anklicken, wird deren Inhalt mit Farbe gefüllt.

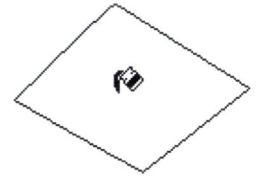

3 Klicken Sie in die zu füllende Figur.

Paint wird diese mit der gewählten Farbe füllen. Achten Sie aber darauf, dass die Figur keine »Löcher« hat, da die Farbe sonst über die gesamte »Zeichnung« läuft. Ein solches Malheur lässt sich durch Drücken der Tastenkombination [Strg]+[Z] rückgängig machen.

Zeichnung beschriften

Häufig sollen **Zeichnungen beschriftet** werden. Mit dem Werkzeug *Text* ist dies kein Problem.

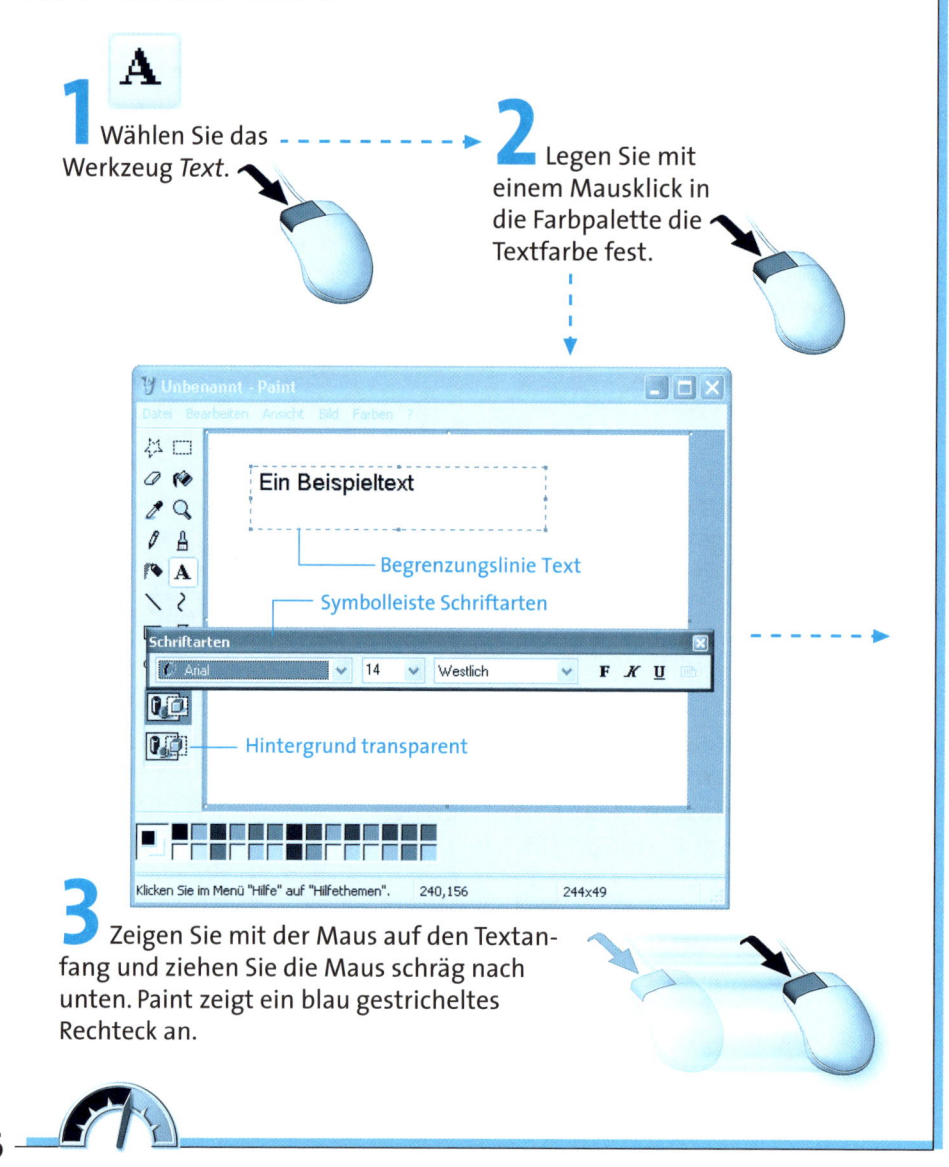

1 Wählen Sie das Werkzeug *Text*.

2 Legen Sie mit einem Mausklick in die Farbpalette die Textfarbe fest.

- Ein Beispieltext
- Begrenzungslinie Text
- Symbolleiste Schriftarten
- Schriftarten: Arial, 14, Westlich, F *K* U
- Hintergrund transparent
- Klicken Sie im Menü "Hilfe" auf "Hilfethemen". 240,156 244x49

3 Zeigen Sie mit der Maus auf den Textanfang und ziehen Sie die Maus schräg nach unten. Paint zeigt ein blau gestricheltes Rechteck an.

4 Lassen Sie die Maustaste los und tippen Sie den gewünschten Text ein.

5 Klicken Sie auf eine Stelle neben dem Textkästchen.

Mit Schritt 5 fixieren Sie den Text an der aktuellen Position in der Zeichnung. Sie können den Text anschließend nicht mehr bearbeiten, da dieser jetzt quasi als »Bild« in der Zeichnung enthalten ist. Sie haben aber die Möglichkeit, den Text mit dem Werkzeug *Radiergummi* zu entfernen.

HINWEIS Während der Texteingabe erscheint die Symbolleiste *Schriftarten*. Solange Sie den Text eingeben, lässt sich dieser über die Symbolleiste formatieren. In der Symbolleiste lassen sich die *Schriftart*, der *Schriftgrad* sowie die Formatierung für *Fett*, *Kursiv* und *Unterstrichen* wählen. Abweichend zu WordPad bezieht sich die Formatierung jedoch auf den gesamten Text, der gerade geschrieben wird. Das Gleiche gilt für einen Wechsel der Schriftfarbe über die Farbpalette.

Im Auswahlfeld der Werkzeugpalette zeigt Paint übrigens noch zwei Symbole an, über die Sie die Transparenz des gezeichneten Elements (hier der Text) festlegen. Das untere Symbol bewirkt, dass der Hintergrund des aktuell gezeichneten Elements transparent bleibt.

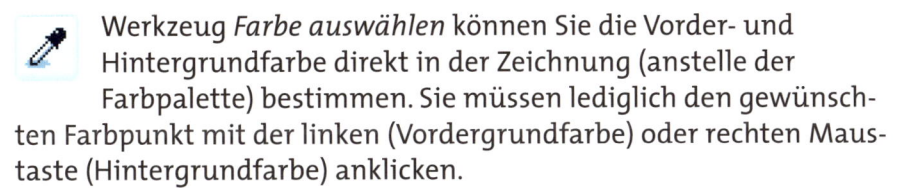

Werkzeug *Farbe auswählen* können Sie die Vorder- und Hintergrundfarbe direkt in der Zeichnung (anstelle der Farbpalette) bestimmen. Sie müssen lediglich den gewünschten Farbpunkt mit der linken (Vordergrundfarbe) oder rechten Maustaste (Hintergrundfarbe) anklicken.

Ist das Werkzeug *Lupe* gewählt, können Sie mit einem Klick der linken Maustaste den Bildausschnitt vergrößern, während ein Klick mit der rechten Maustaste die Vergrößerung wieder zurücknimmt.

Bildteile ausschneiden, kopieren und einfügen

Im Kapitel zu WordPad haben Sie die Funktionen zum Markieren, Ausschneiden, Kopieren und Einfügen kennen gelernt. Etwas Ähnliches steht Ihnen auch unter Paint zur Verfügung.

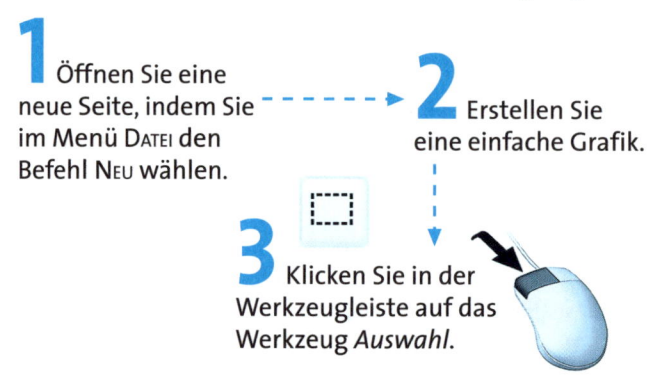

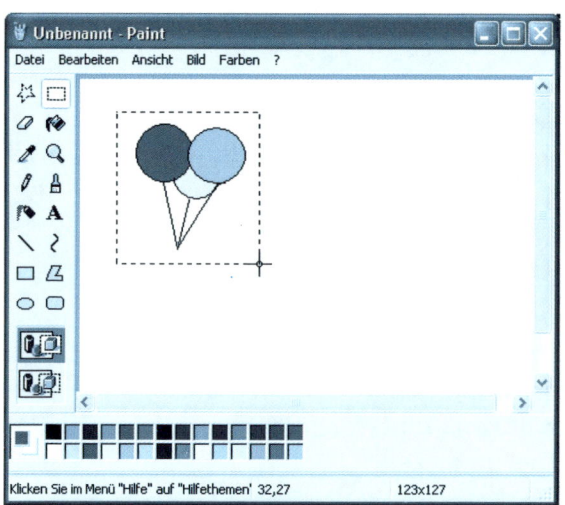

1 Öffnen Sie eine neue Seite, indem Sie im Menü DATEI den Befehl NEU wählen.

2 Erstellen Sie eine einfache Grafik.

3 Klicken Sie in der Werkzeugleiste auf das Werkzeug *Auswahl*.

4 Zeigen Sie mit der Maus in die obere linke Ecke des auszuschneidenden Bereichs.

5 Halten Sie die linke Maustaste gedrückt und ziehen Sie die Maus in die diagonale Ecke des Bereichs.

Bildteile ausschneiden, kopieren und einfügen

Paint markiert den Bereich mit einem gestrichelten Rechteck. Sobald Sie die linke Maustaste loslassen, wird dieses Rechteck als Markierung fixiert. Jetzt können Sie den Bereich ausschneiden, kopieren und anschließend aus der Zwischenablage einfügen.

Die drei Funktionen lassen sich über das Menü BEARBEITEN oder über die folgenden Tastenkombinationen abrufen:

Strg+X   Schneidet den markierten Bereich aus und kopiert diesen in die Zwischenablage. Der markierte Bereich verschwindet und wird durch die Hintergrundfarbe ersetzt.

Strg+C   Kopiert den markierten Bereich in die Zwischenablage. Die Zeichnung wird dabei nicht verändert.

Strg+V   Der Inhalt der Zwischenablage wird in der linken oberen Ecke des Zeichenbereichs als Markierung eingefügt. Sie können diesen markierten Bereich per Maus an jede beliebige Stelle der Zeichnung ziehen.

Diese Tastenkombinationen haben Sie bereits kennen gelernt. Windows verwendet bei allen Programmen diese Tastenkombinationen, um markierte Bereiche auszuschneiden, zu kopieren und wieder einzufügen.

1 Drücken Sie jetzt die Tastenkombination Strg+C, um den markierten Bildbereich in die Zwischenablage zu kopieren.

2 Betätigen Sie anschließend die Tastenkombination Strg+V, um den Inhalt der Zwischenablage wieder in das Fenster einzufügen.

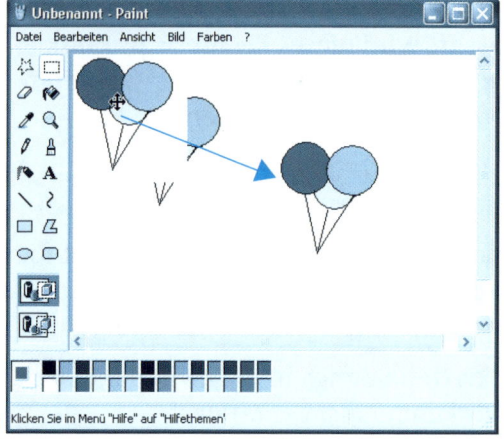

3 Zeigen Sie in der linken oberen Ecke auf den markierten Bereich mit dem eingefügten Bild.

4 Ziehen Sie den markierten Teil bei gedrückter linker Maustaste an die gewünschte Stelle in der Zeichnung.

5 Klicken Sie auf einen Punkt außerhalb der Markierung.

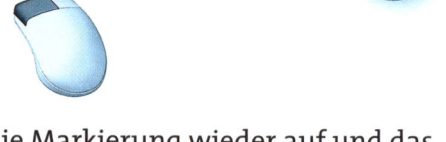

Mit dem letzten Schritt heben Sie die Markierung wieder auf und das Teilbild wird in der Zeichnung eingefügt.

HINWEIS

Sie haben es beim letzten Schritt vielleicht schon gemerkt: Um einen Teil einer Zeichnung zu verschieben, müssen Sie diesen lediglich markieren. Anschließend lässt sich der markierte Bereich per Maus in der Zeichnung verschieben.

TIPP

Bilder lassen sich nicht nur in Paint wieder einfügen. Sie können ein Bild in Paint erstellen, dieses markieren und in die Zwischenablage kopieren. Anschließend wechseln Sie zum Beispiel zu WordPad und fügen das Bild mit [Strg]+[V] aus der Zwischenablage in den Text ein. Auf diese Weise können Sie Ihre Texte mit Grafiken anreichern.

Speichern, laden und drucken in Paint

Mit den auf den vorhergehenden Seiten beschriebenen Funktionen lassen sich in Paint Zeichnungen, Einladungen oder Bilder bearbeiten. Weiterhin können Sie über den Befehl VON SCANNER ODER KAMERA im Menü DATEI ein Motiv von einem Scanner oder einer Digitalkamera einlesen (der Vorgang wird durch den bereits weiter oben beschriebenen Assistenten gesteuert). Sobald Sie ein Bild in Paint vorliegen haben, lässt sich das Ergebnis in einer Datei speichern.

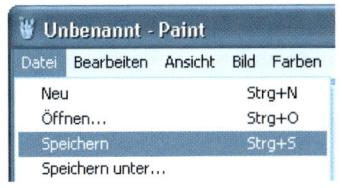

1 Wählen Sie im Menü DATEI den Befehl SPEICHERN oder drücken Sie die Tastenkombination [Strg]+[S].

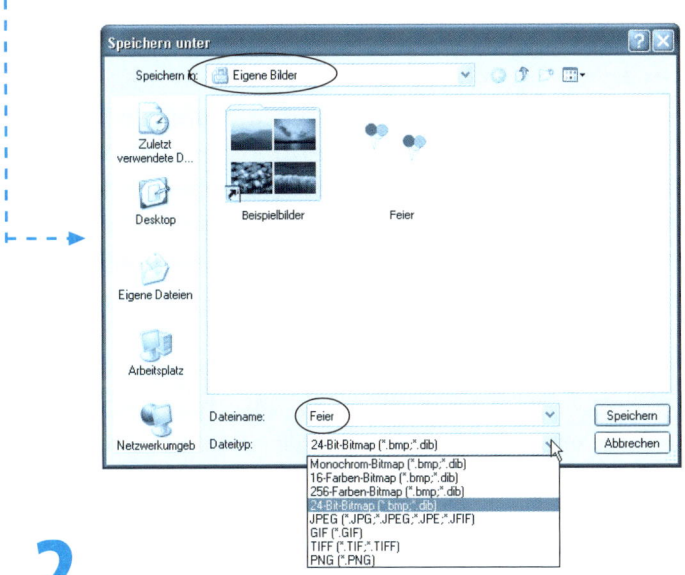

2 Legen Sie im Dialogfeld *Speichern unter* den Zielort (z.B. Ordner *Eigene Bilder*) fest, wo die Datei abgelegt werden soll.

> **HINWEIS**
> Die Dateidialoge in Paint unterstützen dabei die neuen Windows-Funktionen. Die linke Spalte des Dialogfelds erlaubt die direkte Auswahl verschiedener Speicherorte (z.B. *Eigene Dateien*). Dateien lassen sich über die Schaltfläche *Menü Ansicht* in verschiedenen Anzeigemodi darstellen (z.B. Miniaturansicht, siehe auch Kapitel 2).

3 Tippen Sie im Feld *Dateiname* den Dateinamen ein.

4 Bei Bedarf können Sie im Listenfeld *Dateityp* noch wählen, mit wie viel Farben und in welchem Format das Bild zu speichern ist.

5 Klicken Sie auf die Schaltfläche *Speichern*, um das Bild in der Datei zu sichern.

Paint legt eine neue Datei an und speichert das Bild darin. Das Dialogfeld *Speichern unter* erscheint allerdings nur beim ersten Speichern eines neuen Bildes. Existiert die Datei bereits, sichert der Befehl SPEICHERN in Paint die Änderungen ohne weitere Nachfrage. Um einen anderen Dateinamen anzugeben, müssen Sie den Befehl SPEICHERN UNTER im Menü DATEI wählen.

> **HINWEIS**
> Paint legt die Bilder in Dateien mit der Erweiterung *.bmp* ab. Diese Dateien können von vielen Programmen in Windows gelesen werden. Sie können dabei die Bilder Schwarzweiß (Monochrom), mit 16, 256 oder 16,8 Millionen Farben speichern. Die 16,8 Millionen Farben werden durch den Dateityp *24-Bit-Bitmap* gespeichert. Je mehr Farben Sie beim Speichern wählen, umso größer wird die Datei. Weiterhin unterstützt Paint auch Grafikformate wie GIF, PNG, TIFF und JPEG.

Ein Bild laden

Bilder, die den Dateityp *.bmp*, *.tiff*, *.gif*, *.jpeg* oder *.png* aufweisen, lassen sich in Paint **laden**. Es kann sich hierbei um selbst erstellte Bilder oder Zeichnungen oder um Fotos und Scans handeln. Weiterhin können Sie auch Bilder aus anderen Quellen in Paint laden und bearbeiten. Im Ordner *Beispieldateien* werden von Windows zum Beispiel einige *.jpeg*-Dateien hinterlegt.

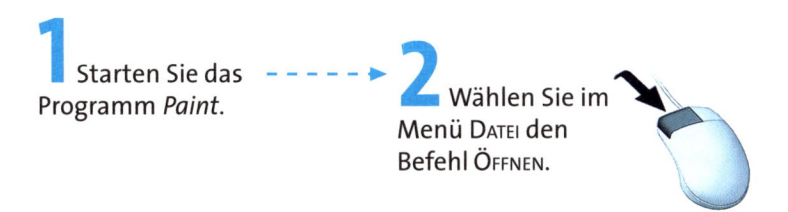

1 Starten Sie das Programm *Paint*.

2 Wählen Sie im Menü DATEI den Befehl ÖFFNEN.

Alternativ können Sie auch die Tastenkombination [Strg]+[O] zum Aufruf des Befehls *Öffnen* verwenden.

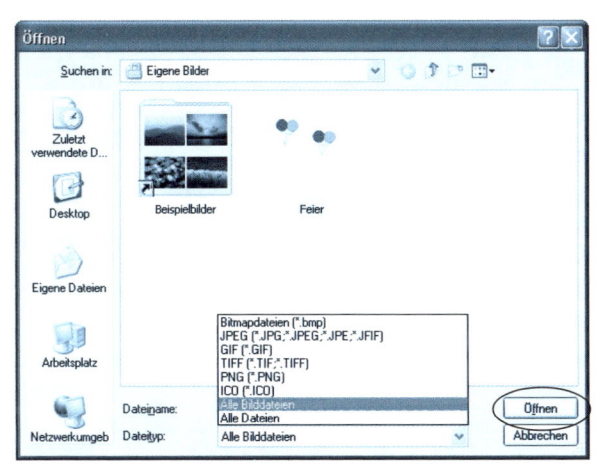

3 Wählen Sie im Dialogfeld *Öffnen* den Ordner mit den Dateien aus.

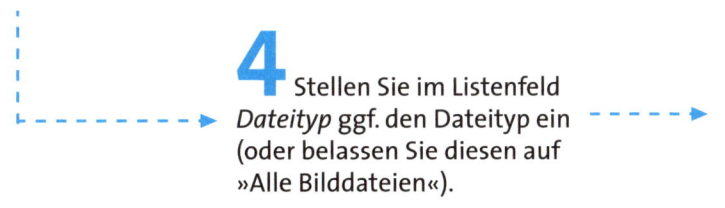

4 Stellen Sie im Listenfeld *Dateityp* ggf. den Dateityp ein (oder belassen Sie diesen auf »Alle Bilddateien«).

5 Klicken Sie auf die gewünschte Bilddatei.

6 Klicken Sie auf die Schaltfläche *Öffnen*.

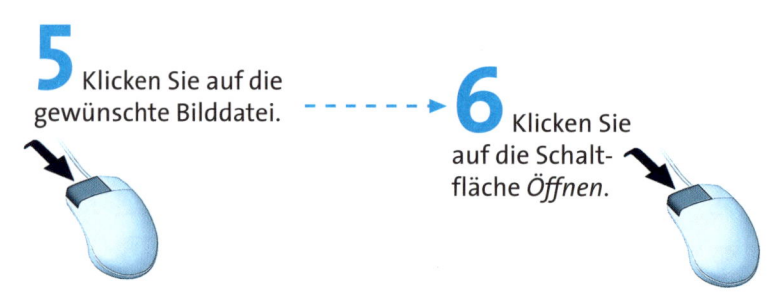

Paint öffnet die gewählte Bilddatei und zeigt das Ergebnis in Paint. Sie können dieses Bild anschließend bearbeiten, speichern und/oder drucken.

Paint merkt sich, wie viele andere Windows-Programme, die Namen der vier zuletzt bearbeiteten Dateien. Sie finden die Namen dieser Dateien im Menü Datei.

Bilder drucken

Sie können **Bilder** in Paint laden und anschließend **auf einem Drucker ausgeben**. Abhängig vom benutzten Drucker setzt Windows die Farbbilder gegebenenfalls in eine Schwarzweißdarstellung um.

1 Starten Sie das Programm *Paint*.

2 Laden Sie die Datei mit dem gewünschten Bild.

3 Wählen Sie im Menü Datei den Befehl Drucken.

Alternativ können Sie auch direkt die Tastenkombination [Strg]+[P] drücken. Paint öffnet das Dialogfeld *Drucken* zur Auswahl der Druckoptionen (siehe im Kapitel 6 beim Drucken von WordPad-Dokumenten).

4 Klicken Sie auf die *Drucken*-Schaltfläche.

> **HINWEIS:** Paint besitzt eine Reihe weiterer Funktionen, die in diesem Buch nicht vorgestellt werden. Rufen Sie notfalls die Paint-Hilfe auf, um mehr über diese Funktionen zu erfahren.

Jetzt beginnt Paint mit dem Ausdrucken des Bildes. Hierbei wird das komplette Bild ausgegeben, auch wenn das Bild vielleicht unvollständig im Fenster zu sehen ist.

Lernkontrolle

Nachdem Sie dieses Kapitel durchgearbeitet haben, können Sie mit Fotos und Bilddateien umgehen und mit Paint arbeiten. Vielleicht überprüfen Sie Ihr Wissen und die neu gewonnenen Fähigkeiten anhand der folgenden Übungen. Die Lösungen sind in Klammern angegeben.

- **Wie lässt sich ein Bild drucken?**
  (Markieren Sie die Bilddatei und wählen Sie in der Aufgabenleiste den Link *Bild drucken*.)

- **Laden Sie ein Bild in Paint.**
  (Starten Sie Paint, wählen im Menü DATEI den Befehl ÖFFNEN, wählen die Bilddatei und klicken auf die Schaltfläche *Öffnen*.)

- **Erstellen Sie eine Einladung mit einem Bild.**
  (Schreiben Sie die Einladung in WordPad; siehe voriges Kapitel; erstellen Sie das Bild in Paint; markieren Sie das Bild und kopieren Sie dieses in die Zwischenablage; wechseln Sie zum WordPad-Fenster; klicken Sie im Text an die Stelle, an der das Bild einzufügen ist; fügen Sie den Inhalt der Zwischenablage im Textdokument ein – die einzelnen Schritte sind in diesem und dem vorhergehenden Kapitel besprochen.)

8

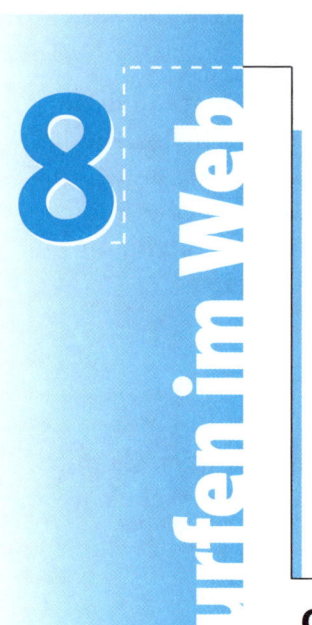

Surfen im Web

Was bringt Ihnen dieses Kapitel?

Windows XP enthält bereits Programme, mit denen Sie im so genannten World Wide Web des Internet »surfen« können. Sie brauchen lediglich einen funktionierenden Internetzugang, um diese Funktion zu nutzen. Anschließend können Sie Webseiten mit dem in Windows enthaltenen Internet Explorer abrufen. Dieses Kapitel zeigt Ihnen, wie Sie im Web die ersten Schritte unternehmen.

Das können Sie schon:

Mit Fenstern arbeiten	27
Programme starten	36
Mit Dateien und Ordnern umgehen	82
Arbeiten im Netzwerk	113
Spezialfunktionen nutzen	128
Sicherheitseinstellungen anpassen	144
Schreiben unter Windows	158
Arbeiten mit Bildern	192

Das lernen Sie neu:

Einführung ins Internet	218
Surfen im Internet	227
Webseiten merken	234
Webseiten speichern und drucken	237
Startseite und andere Optionen einstellen	240
Suchen im World Wide Web	242
Download von Dateien	244

Einführung ins Internet

Bevor wir uns mit den Funktionen des Internet Explorer befassen, möchte ich für alle Einsteiger noch einige allgemeine Informationen zum Thema **Internet** geben. Was steckt hinter diesem Begriff und was meint jemand, der »ins Internet geht«? Das Internet ist nichts anderes als ein weltweiter Zusammenschluss vieler tausend Rechner von Instituten, Behörden und Firmen über Telefonleitungen, Glasfaser und Satellit. Über diese Verbindungen lassen sich Daten austauschen und Dokumente von, oft auch als Webserver bezeichneten, Rechnern abrufen. Sobald Sie Zugang zu einem solchen Webserver haben, können Sie alle anderen Rechner im Internet (und damit auch die Teilnehmer dieser Rechner) erreichen.

Das Internet bietet aber verschiedene Funktionen – auch als Dienste bezeichnet. Das **World Wide Web** (auch kürz **WWW** genannt) ist eine Sammlung von Dokumenten auf verschiedenen Rechnern im Internet. Immer mehr Menschen gehen online und rufen Seiten im »World Wide Web« (auch kurz WWW genannt) ab. Diese Tätigkeit wird gelegentlich auch als »surfen im Internet« bezeichnet. Ein anderer Dienst erlaubt das Austauschen von Nachrichten (E-Mail). Andere Funktionen sind die Unterhaltung (Chat) per Internet, der Austausch von Informationen in Nachrichtengruppen (Newsgroups) oder der Austausch von Dateien im Internet. In diesem Kapitel erfahren Sie, wie sich Webseiten aus dem WWW abrufen lassen.

Den Internetzugang einrichten

Um ins Internet zu gelangen, brauchen Sie einen Online-Zugang. In Firmen ist dieser Zugang häufig zentral über einen Netzwerkrechner realisiert. In diesem Fall können Sie den Abschnitt übergehen. Bitten Sie ggf. den Administrator des Systems, den Internetzugang einzurichten. Bei einer direkten Verbindung des PC zum Internet wird ein Modem oder eine ISDN-Karte benötigt. Über diese Geräte kann Ihr Computer über den Telefonanschluss eine Verbindung mit einem Einwahlrechner des Internet herstellen.

Einführung ins Internet

WAS IST DAS

Modem steht für Modulator/Demodulator, eine Technik, um Rechnerdaten per Telefonleitung zu übertragen. ISDN ist die Abkürzung für Integrated Services Digital Network, eine weitere Technik, um Sprache und Daten vom ISDN-Anschluss mittels Telefonleitungen zu übertragen. Weitere Techniken sind DSL (Digital Subscriber Line) oder Modems für das Kabelnetz. Nachfolgend wird davon ausgegangen, dass diese Geräte bei Ihnen funktionsfähig mit Treibern installiert sind. Konsultieren Sie notfalls die Gerätedokumentation, um Details zur Installation zu erfahren. Beim Kauf neuer Geräte sollen Sie darauf achten, dass diese Windows XP unterstützen.

Neben der Gerätetechnik benötigen Sie auf jeden Fall noch einen **Internetzugang** – auch als **Internetkonto** bezeichnet. Solche Internetzugänge werden nach einer Anmeldung von Anbietern wie AOL oder T-Online und anderen so genannten **Providern** gegen Gebühr zur Verfügung gestellt. Unbürokratischer sind die so genannten »Internet-by-Call«-Zugänge, bei denen die Abrechnung komfortabel per Telefonrechnung erfolgt (d.h., es wird nur die Onlinezeit berechnet – und Sie können problemlos zwischen verschiedenen Anbietern wechseln). Welches dieser Angebote Sie wählen, bleibt Ihnen überlassen.

Vor der ersten Benutzung, müssen Sie den Internetzugang einmalig einrichten. Besitzen Sie eine CD-ROM mit der Zugangssoftware des Anbieters, legen Sie diese in das Laufwerk ein. Startet das Installationsprogramm nicht automatisch, rufen Sie die betreffende Datei (meist *Setup.exe*) in einem Ordnerfenster per Doppelklick auf. In der Regel werden Sie dann von einem Assistenten durch die Schritte zur Anmeldung geführt.

Verfügen Sie über keine CD mit Zugangssoftware, lässt sich die Verbindung auch manuell einrichten. Dies wird hier am Beispiel eines »Internet-by-Call«-Zugangs skizziert (diese Zugänge gibt es von vielen Firmen wie Mannesmann Arcor, Freenet etc.).

1 Öffnen Sie das Ordnerfenster *Netzwerkverbindungen*.

> **HINWEIS**
>
> Der Zugriff auf den Ordner *Netzwerkverbindungen* ist auf verschiedenen Wegen möglich. Im Idealfall finden Sie im Startmenü die Befehle Verbinden mit/Alle Verbindungen anzeigen. Oder Sie wählen in der Systemsteuerung (z.B. über System-steuerung im Startmenü) das Symbol *Netzwerkverbindungen*. Ist die Kategorie-ansicht in der Systemsteuerung aktiv, müssen Sie zuerst das Symbol *Netzwerk- und Internetverbindungen* wählen, um zu den Details mit dem Symbol *Netzwerk- verbindungen* zu gelangen. Im Ordnerfenster *Netzwerkumgebung* enthält die Aufgabenleiste zudem den Link *Netzwerkverbindungen anzeigen*.

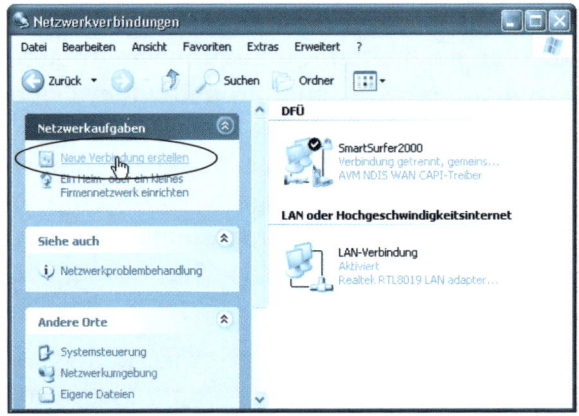

2 Wählen Sie in der Aufgabenleiste des Ordnerfensters *Netzwerkverbindungen* den Link *Neue Verbindung erstellen*.

Windows startet einen Assistenten, der Sie durch die erforderlichen Schritte führt. Über die Schaltflächen *Weiter* und *Zurück* können Sie zwischen den einzelnen Dialogfeldern blättern und die Optionen zum Zugang wählen.

3 Klicken Sie im Willkommensdialog auf die Schaltfläche *Weiter*.

Einführung ins Internet

Die einzelnen Dialogfelder wurden hier, beginnend mit Schritt 4, als Sequenz (von oben links nach unten rechts) angeordnet.

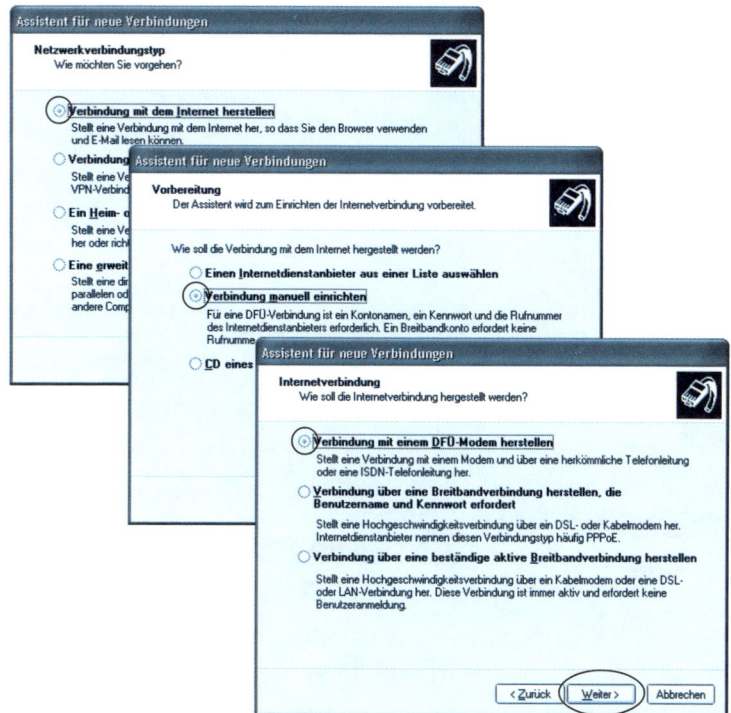

4 Markieren Sie im Dialogfeld *Netzwerkverbindungstyp* das Optionsfeld *Verbindung mit dem Internet herstellen* und bestätigen Sie die Schaltfläche *Weiter*.

5 Im Dialogfeld *Vorbereitung* markieren Sie das Optionsfeld *Verbindung manuell einrichten* und bestätigen dies mit der Schaltfläche *Weiter*.

6 Im Dialogfeld *Internetverbindung* markieren Sie das zutreffende Optionsfeld (meist *Verbindung mit einem DFÜ-Modem herstellen*) und bestätigen dies mit der Schaltfläche *Weiter*.

221

In der Regel ist nur ein Modem vorhanden, daher fragt der Assistent kein Gerät für die Verbindungsaufnahme ab. Bei ISDN-Karten kann aber ein Dialogfeld *Gerät auswählen* erscheinen, in dem Sie den Geräteanschluss für den Internetzugang aus einer Liste wählen müssen.

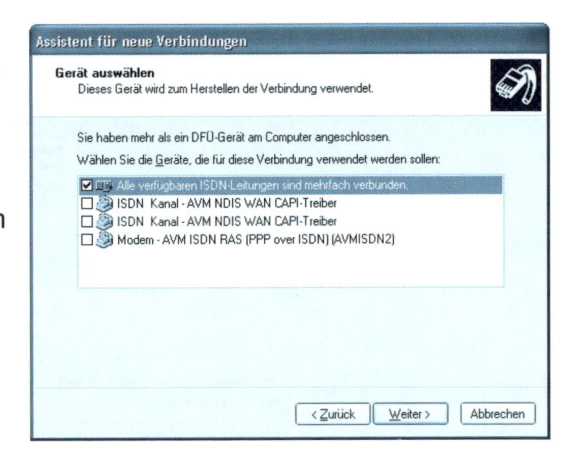

In den nächsten Schritten fragt der Assistent die Verbindungsdaten des Anbieters ab (siehe diese Dialogfolge von oben links nach unten rechts).

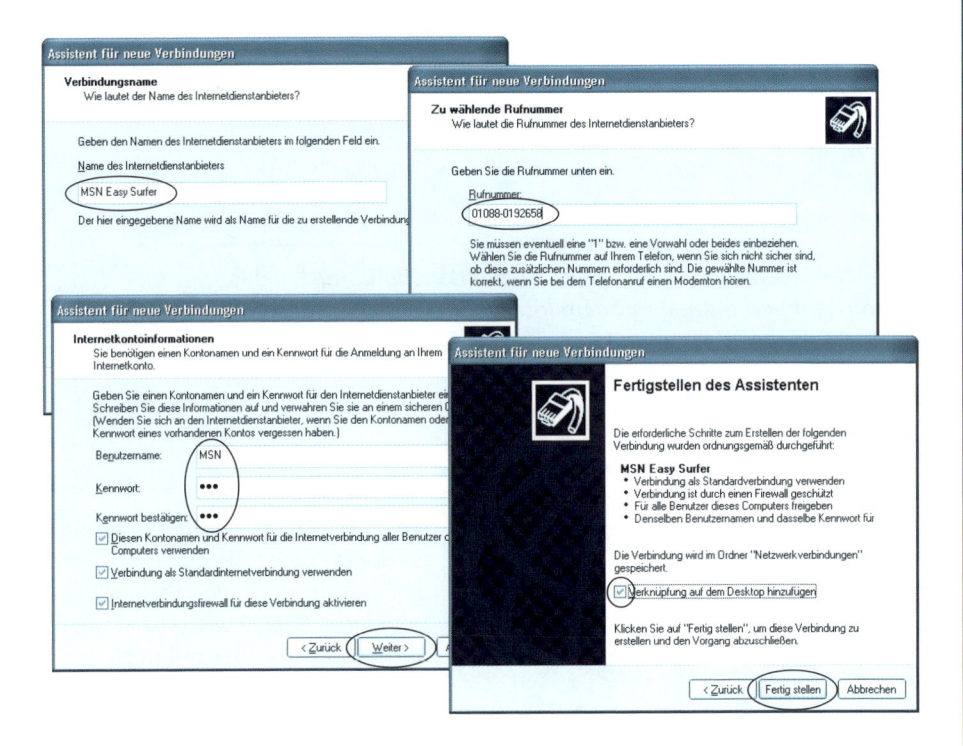

7 Tippen Sie im Dialogfeld *Verbindungsname* einen Text (z.B. »MSN Easy Surfer«) ein und bestätigen dies mit der Schaltfläche *Weiter*.

8 Tragen Sie im nächsten Dialogfeld die Telefonnummer des Internetzugangs ein. Bei Telefonanlagen ist eventuell eine zusätzliche 0 oder 1 zur Amtholung voran zustellen.

9 Über die Schaltfläche *Weiter* geht es zum Dialogfeld *Internetkontoinformationen*, in dem Sie den Benutzernamen sowie das Kennwort eingeben. Belassen Sie die restlichen Optionen wie hier gezeigt und klicken Sie auf die Schaltfläche *Weiter*.

10 Im letzten Dialogschritt markieren Sie das Kontrollkästchen *Verknüpfung auf dem Desktop hinzufügen* und bestätigen dies über die Schaltfläche *Fertig stellen*.

MSN Easy Surfer
Verbindung getrennt, mit Fire...
AVM NDIS WAN CAPI-Treiber

Wenn alles geklappt hat, sehen Sie im Ordnerfenster *Netzwerkverbindungen* und auf dem Desktop das Verbindungssymbol.

Durch einen Doppelklick auf dieses Verbindungssymbol können Sie später eine Verbindung zum Internet aufbauen. Beim Einrichten öffnet der Assistent bereits automatisch den Einwahldialog.

TIPP

Ein auf dem Desktop fehlendes Verknüpfungssymbol lässt sich leicht einrichten: Ziehen Sie das Symbol bei gedrückter linker Maustaste aus dem Ordnerfenster *Netzwerkverbindungen* zum Desktop. Beim Loslassen der Maustaste wird das Symbol auf dem Desktop eingerichtet. Ein Häkchen im Symbol signalisiert übrigens, dass es sich um eine Standardverbindung handelt. Über den Befehl Als Standardverbindung setzen im Kontextmenü eines Symbols können Sie die Verbindung als Standardverbindung festlegen oder die Definition wieder aufheben.

HINWEIS

Die Zugangsdaten der Internet-by-Call-Anbieter finden Sie in diversen (Computer-) Zeitschriften. Allerdings verschwinden Anbieter häufiger vom Markt. Das Microsoft-Angebot MSN Easy Surfer (Telefonnummer 01088-0192658, Benutzername MSN, Kennwort MSN) hat sich in der Vergangenheit als beständig und selten überlastet erwiesen. Sobald Sie mit dem funktionsfähigen Internetzugang die ersten Schritte unternommen haben, empfiehlt es sich, die Webseite *www.web.de* zu besuchen und das Programm Smartsurfer von WEB.DE kostenlos herunterladen. Installieren Sie den Smartsurfer anschließend durch einen Doppelklick auf die heruntergeladene EXE-Datei. Anschließend verfügen Sie über einen Internet-Tarifmanager – aufrufbar über ein Desktop-Symbol – der Ihnen vor jeder Einwahl die Selektion des gewünschten Anbieters erlaubt. Weiterhin aktualisiert der Smartsurfer die Tarifdaten der Anbieter bei jeder Sitzung und gibt Ihnen auch einen Überblick über die bereits im laufenden Monat angefallenen Kosten.

Internetverbindung auf- und abbauen

Im nächsten Schritt können Sie die DFÜ-Verbindung aktivieren. Wie dies genau abläuft, hängt von den Windows-Einstellungen ab. Nachfolgend wird davon ausgegangen, dass die Verbindung manuell hergestellt und auch manuell beendet wird.

1 Doppelklicken Sie auf das neu eingerichtete Symbol der Verbindung.

Windows öffnet das Dialogfeld *Verbindung mit „...." herstellen*, in dem Sie die erforderlichen Einwahldaten sehen. Bei Bedarf können Sie die Daten anpassen oder die Einstellungen über die Schaltfläche *Eigenschaften* permanent ändern.

Einführung ins Internet

TIPP

Klicken Sie beim ersten Aufruf im Dialogfeld *Verbindung mit „...." herstellen* auf die Schaltfläche *Eigenschaften*, um die Verbindungsdaten zu kontrollieren. Das angezeigte Eigenschaftenfenster enthält einige Registerkarten mit den Verbindungseinstellungen. Auf der Registerkarte *Allgemein* sollte auf jeden Fall das Kontrollkästchen *Symbol bei Verbindung im Infobereich der Taskleiste anzeigen* mit einem Häkchen markiert sein. Die Option *Wählregeln verwenden* gibt die Schaltfläche *Wählregeln* frei. Über diese Schaltfläche können Sie die gleichnamige Registerkarte mit Zusatzoptionen abrufen. Über die Schaltfläche *Bearbeiten* dieser Registerkarte lassen sich die Einwahloptionen (z.B. Ton- oder Pulswahl, Ziffern zur Amtholung etc.) für den gewählten Standort anpassen. Auf der Registerkarte *Optionen* sollten Sie ggf. den Wert des Listenfelds *Leerlaufzeit, nach der aufgelegt wird* an Ihre Wünsche anpassen. Ein Wert von 5 Minuten stellt z.B. sicher, dass eine unbemerkt geöffnete oder vergessene Onlineverbindung nicht zu horrenden Kosten führt. Kommt bei einer Telefonanlage keine Verbindung zustande, wählen Sie in der Systemsteuerung das Symbol *Telefon- und Modemoptionen*, markieren auf der Registerkarte *Modems* das Gerät und klicken auf die Schaltfläche *Eigenschaften*. Auf der Registerkarte *Modem* darf das Kontrollkästchen *Vor dem Wählen auf Freizeichen warten* nicht markiert sein. Treten unlösbare Probleme auf, bitten Sie einen Experten beim Einrichten der Internetverbindung zu helfen.

2 Tippen Sie bei Bedarf den Benutzernamen und das Kennwort in die Felder ein.

3 Markieren Sie ggf. das Kontrollkästchen *Benutzernamen und Kennwort speichern für* sowie das gewünschte Optionsfeld.

225

TIPP Möchten Sie nicht, dass andere das Kennwort ausspähen können, lassen Sie das Kontrollkästchen unmarkiert. Dann müssen Sie allerdings das Kennwort vor jeder Verbindungsaufnahme erneut einzutippen.

4 Klicken Sie auf die Schaltfläche *Wählen*.

Windows versucht jetzt eine Verbindung per Modem/ISDN-Karte mit dem Rechner unter der angegebenen Rufnummer aufzunehmen. Ein Dialogfeld informiert Sie über den Ablauf und den Status.

Geht alles glatt, wird die Verbindung mit dem Webserver der Gegenseite aufgebaut.

Dann verschwindet das Dialogfeld und im Infobereich der Taskleiste erscheint ein stilisiertes Rechnersymbol sowie eine QuickInfo.

HINWEIS Zeigen Sie später auf das Symbol im Infobereich, zeigt Windows in einer QuickInfo die Zahl der gesendeten und empfangenen Zeichen an.

Die QuickInfo zeigt den Verbindungsnamen sowie die Übertragungsrate an. Sie können diese QuickInfo durch Anklicken mit der Maus schließen.

Hat alles geklappt? Dann ist Ihr Rechner jetzt online, d.h., Sie können im Internet surfen und auch elektronische Post austauschen. Denken Sie aber daran: Solange Sie online sind, fallen Gebühren an. Sie sollten die Internetverbindung daher nach Gebrauch sofort beenden. Hierzu gehen Sie folgendermaßen vor:

1 Wählen Sie im Infobereich der Taskleiste dieses Symbol oder auf dem Desktop das Verknüpfungssymbol der Verbindung an.

Windows öffnet die Statusanzeige der Verbindung. Auf der Registerkarte *Allgemein* sehen Sie die Verbindungsdaten sowie Informationen zur Aktivität.

2 Klicken Sie auf die Schaltfläche *Trennen*.

Sobald das Dialogfeld verschwindet, ist die Internetverbindung beendet.

> **HINWEIS**
> Es sprengt aber den Umfang dieses Buches, auf alle Fragestellungen im Hinblick auf die Verbindungseinstellungen einzugehen. Mit der obigen Anleitung sollten Sie in den meisten Fällen einen Internetzugang einrichten können. Bitten Sie notfalls einen Experten um Hilfestellung bei der Einrichtung.

Surfen im Internet

Sobald die Internetverbindung steht, können Sie den Internet Explorer zum Abrufen der ersten Webseiten benutzen. Sofern sich HTML-Dokumentdateien (dies ist das Speicherformat für Webseiten) auf Ihrer Festplatte befinden, können Sie diese übrigens per Doppelklick anwählen und in dem auch als **Browser** bezeichneten Programm laden. Jetzt ist es an der Zeit, die erste Internetseite abzurufen.

1 Wählen Sie im Startmenü den Befehl INTERNET EXPLORER.

Das Programm öffnet das nebenstehende Fenster, in dem eine Startseite angezeigt wird. Wird die Internetseite nicht gefunden, erscheint die nebenstehende Fehlermeldung (hier war der Rechner offline).

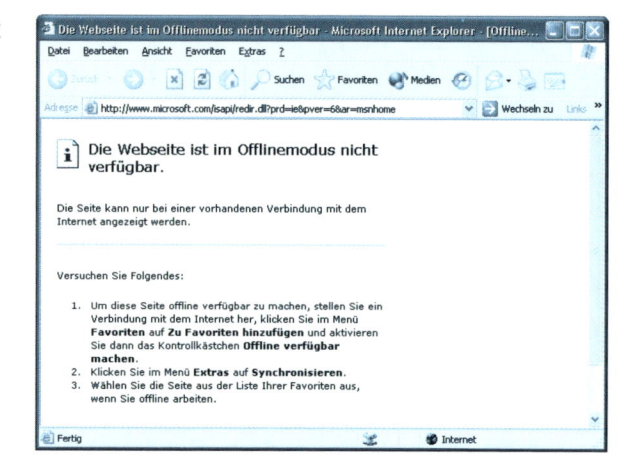

> **HINWEIS**
> Der Internet Explorer ist in der Standardinstallation so eingestellt, dass er nach dem Starten sofort eine Verbindung mit dem Internet herstellen und eine Microsoft-Seite abrufen will. Weiter unten wird gezeigt, wie Sie eine leere oder eine andere Startseite einstellen können.

Nun müssen Sie dem Browser mitteilen, wo das gewünschte Dokument zu finden ist. Dies geschieht durch direktes Eintippen in die *Adresse*-Symbolleiste. Die Adressen werden meist in der folgenden Form angegeben:

www.xxx.com

Das Ganze wird als **Domainadresse** bezeichnet und gibt dem Kenner einige Hinweise. Mit *www* wird meist die Hauptseite eines Webangebots versehen. Die Zeichen *xxx* stehen hier für den Namen der Domain (z.B. Firmennamen wie *microsoft, mut* etc.). Die Endungen geben einen Hinweis auf das Land (*.de, .at, .ch* etc.) oder die Organisation (*.com, .org, .net* etc.). Der Browser ergänzt die Adresse anschließend noch um den Vorspann *http://*, d.h., Sie brauchen diese Kennung nicht anzugeben. An diese Adresse schließt sich gelegentlich noch eine Buchstabenfolge mit dem Pfad zu Unterordnern auf dem betreffenden Webserver an (z.B. *www.microsoft.com/ie*).

HINWEIS Manchmal taucht in diesem Zusammenhang auch der Begriff **URL** auf. Dabei handelt es sich aber lediglich um die englische Abkürzung für »Uniform Resource Locator« und bezeichnet eine Adressangabe im Internet.

Einzige Schwierigkeit bei der ganzen Sache: Sie müssen die genaue Adresse kennen. Adressen von Webseiten erfahren Sie beispielsweise in Anzeigen von Firmen. Es gibt auch Zeitschriften und andere Quellen, die solche Adressen veröffentlichen. Die nachfolgende Tabelle enthält einige Webadressen (die sich aber mit der Zeit ändern können).

Webadresse	Bemerkung
www.yahoo.de	Startseite von Yahoo
www.web.de	Suchseite von Web DE
www.msn.de	Startseite des Microsoft MSN-Angebots
www.ComputerBild.de	Seite der Zeitung ComputerBild
www.spiegel.de	Seite des Magazins »Der Spiegel«
www.stern.de	Seite des Magazins »Stern«
www.focus.de	Seite des Magazins »Focus«

Kennen Sie die Adresse des Dokuments, geben Sie diese im Adressfeld des Browsers an. Anschließend wird das betreffende Dokument geladen, und Sie können ggf. über die bereits erwähnten Hyperlinks zu den Folgeseiten gelangen. In den nachfolgenden Schritten sollen einmal einige Seiten des Microsoft MSN-Angebots abgerufen werden.

2 Klicken Sie im Fenster des Internet Explorers in das Feld *Adresse*.

3 Geben Sie die URL-Adresse ein.

4 Drücken Sie die ⏎-Taste (oder klicken Sie auf die Schaltfläche *Wechseln zu*), um den Zugriff zur Webseite zu starten.

Es kann jetzt einige Sekunden dauern, bis der Browser eine Verbindung zum Internet hergestellt und die betreffende Seite gefunden hat. Bedenken Sie immer, dass das Dokument eventuell vom anderen Ende der Welt geholt werden muss. Kommt keine Verbindung zustande, zeigt der Browser die Eingangs bereits erwähnte Seite mit dem Text »Die Seite kann nicht angezeigt werden«. Ursache kann eine falsch eingetippte Adresse, ein ausgefallener Webserver, eine unterbrochene Onlineverbindung und vieles mehr sein.

> **TIPP**
>
> Und hier noch einige Tipps zur Eingabe der Webadressen: Hatten Sie die Adresse bereits einmal besucht? Der Browser merkt sich die Webadresse und blendet bereits nach der Eingabe der ersten Zeichen ähnlich lautende Webadressen in einem Listenfeld ein.
>
> Klicken Sie auf den Pfeil rechts neben dem *Adresse*-Feld, blendet der Internet Explorer die gespeicherte Adressliste ebenfalls ein. Sie können dann eine dieser Adressen durch Anklicken übernehmen.
>
> Dauert es Ihnen zu lange, bis die Verbindung zum Rechner mit der gewünschten Seite zustande kommt, können Sie die Anfrage des Browsers nach dem gewünschten Dokument über diese Schaltfläche der Symbolleiste abbrechen.
>
> Wird eine Seite nicht komplett geladen, oder möchten Sie eine Anfrage nochmals wiederholen, wählen Sie die nebenstehende Schaltfläche in der Symbolleiste des Browsers zur Aktualisierung der Seite an.

SURFEN IM INTERNET

TIPP

Falls Sie keine Verbindung zum Internet erhalten, wählen Sie im Menü EXTRAS den Befehl INTERNETOPTIONEN. Kontrollieren Sie auf der Registerkarte *Verbindungen* die Einstellungen. Diese sollten in etwa den nebenstehend gezeigten Optionen entsprechen. Hier wurde die Option *Keine Verbindung wählen* gesetzt, um zu verhindern, dass sich der Internet Explorer unbemerkt ins Internet einwählt – ich stelle die Verbindung immer manuell her (siehe oben). Über die Schaltfläche *Setup* können Sie ggf. einen Assistenten starten, um die Internetverbindung erstmalig einzurichten. Bitten Sie notfalls einen Experten um Unterstützung beim Einrichten.

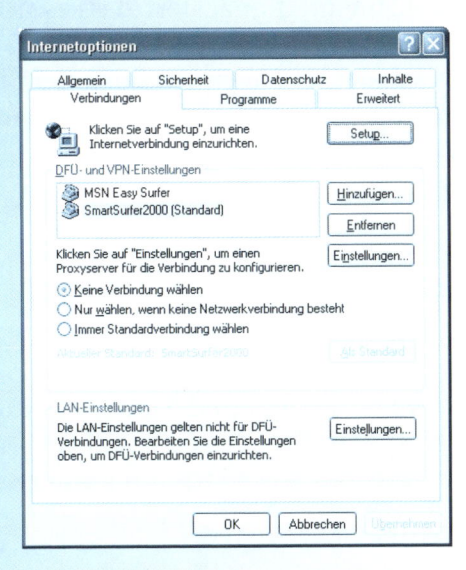

In der Regel sollte es aber so sein, dass der Browser die Seite aus dem Internet abruft. Diese wird dann schrittweise im Browserfenster aufgebaut.

Hier sehen Sie eine Seite des MSN-Angebots.

Einige Stellen der Seite sind dabei als **Hyperlinks**, d.h. als Verweise zu anderen Dokumenten aufgebaut.

Hyperlinks kennen Sie bereits aus der Windows-Hilfe. Zeigen Sie auf einen Hyperlink, nimmt der Mauszeiger die Form einer stilisierten Hand an und in der Statusleiste des Browsers finden Sie die Adresse der Folgeseite angegeben. Der Wechsel des Mauszeigers beim Zeigen auf

Seitenelemente signalisiert, dass es sich um **Hyperlinks** handelt. Hyperlinks können entweder als Grafik, als unterstrichener Text oder als normaler Text in einem Dokument realisiert sein. Klicken Sie einen Hyperlink an, gelangen Sie zur Folgeseite.

> **HINWEIS**
>
> Der Anbieter der Seiten kann eine Sammlung von Dokumenten über solche Hyperlinks für seine »Leser« zusammenfassen. Anhand dieser Hyperlinks können Sie zwischen den Seiten wechseln – dies wird auch als »surfen« bezeichnet.

Beim MSN-Angebot findet sich eine Rubrik mit Hyperlinks in der linken Spalte. Über diese Hyperlinks lassen sich Themen geordnet nach Kategorien wie Auto, Computer etc. abrufen.

1 Klicken Sie auf einen Hyperlink (hier z.B. Computer).

Da es sich um einen Hyperlink handelt, erscheint die zugehörige Folgeseite. Hier sehen Sie eine solche Folgeseite mit den verfügbaren Themen und ggf. weiteren Hyperlinks, die zu anderen Dokumenten führen.

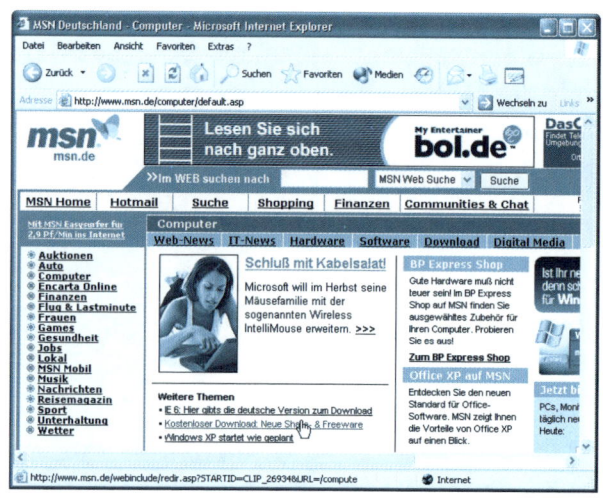

2 Klicken Sie erneut auf einen Hyperlink, um zur Folgeseite zu gelangen.

Auf diese Weise können Sie zwischen den Webseiten wechseln und Dokumente abrufen. Abhängig von der Dokumentgröße und Anzahl der im Dokument enthaltenen Grafiken kann dies durchaus längere Zeit dauern.

Haben Sie die obigen Schritte durchgeführt? Vermutlich haben Sie keinen Unterschied zum Arbeiten mit der Windows-Hilfe oder anderen Windows-Funktionen festgestellt. Das Surfen in Webseiten ist genauso einfach wie der Umgang mit Ordnerfenstern.

Blättern zwischen den Seiten

Es gibt aber noch Fragen, auf die Sie früher oder später stoßen werden. Nehmen wir an, Sie möchten wieder zur **vorher besuchten Seite** zurückkehren. Müssen Sie jetzt die ursprüngliche Webadresse dieser Seiten im Feld *Adresse* erneut eintippen? Nein, denn der Browser zeichnet die Adressen der von Ihnen besuchten Webseiten automatisch auf.

1 Klicken Sie in der Symbolleiste auf die Schaltfläche *Zurück*.

Der Browser zeigt jetzt die vorher »besuchte« Webseite erneut an. Durch erneutes Anklicken der Schaltfläche können Sie ggf. noch eine Seite zurückblättern. Dies kann bei mehreren besuchten Seiten recht umständlich sein. Schneller geht es, wenn Sie auf den Pfeil neben der Schaltfläche klicken und dann im eingeblendeten Menü direkt einen Befehl mit dem Seitentitel wählen. Der Internet Explorer ruft die zugehörige Seite auf. Möchten Sie nach dem Zurückblättern nochmals eine Seite vorwärts blättern?

2 Klicken Sie auf die Schaltfläche *Vorwärts*.

Dann sehen Sie wieder die betreffende Seite, die bereits vorher angewählt war. Über das kleine Dreieck rechts neben der Schaltfläche lässt sich ebenfalls ein Menü mit den Seitentiteln abrufen.

> **HINWEIS**
>
> Die beiden Schaltflächen *Vorwärts* und *Zurück* sollten Sie bereits von Ordnerfenster her kennen. Beim Zeigen auf die Schaltfläche wird ein Hinweis auf das Verweisziel als QuickInfo eingeblendet. Sie können entweder seitenweise blättern oder ein Dokument über das Menü der jeweiligen Schaltflächen anzuwählen. Die beiden Schaltflächen funktionieren nur, wenn Sie bereits mehr als eine Seite in der aktuellen Sitzung besucht haben. Beim nächsten Start sind die Schaltflächen gesperrt.

Sie sehen, das »Surfen« in »Webseiten« ist sehr einfach, Sie müssen nur die richtige Adresse für die Startseite zu kennen. Solche Webadressen finden sich aber mittlerweile in vielen Zeitschriften, und Sie können gezielt nach bestimmten Themen suchen lassen (dazu später mehr).

> **ACHTUNG**
>
> Wenn Sie nicht mehr im Internet »surfen« möchten, sollten Sie die Verbindung zu Ihrem Verbindungsrechner trennen (siehe vorhergehende Seiten). Andernfalls werden weiter **Gebühren** für den Online-Zugriff berechnet.

Webseiten merken

Gibt es vielleicht eine Webseite, die Sie häufiger besuchen oder die Ihnen besonders gut gefällt? Dann ist es recht umständlich, jedes Mal die zugehörige Adresse einzutippen, und merken ist auch recht aufwändig. Der Microsoft Internet Explorer besitzt die Funktion »Favoriten«, mit der Sie sich die Adressen interessanter Webseiten »merken« können. Es gibt verschiedene Möglichkeiten, um Webseiten in die Liste der Favoriten aufzunehmen. So geht es am einfachsten:

WEBSEITEN MERKEN

1 Rufen Sie die gewünschte Webseite im Internet Explorer auf.

2 Klicken Sie auf die Schaltfläche *Favoriten*.

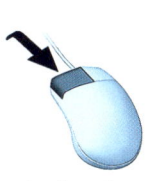

Der Internet Explorer blendet jetzt die Explorer-Leiste mit den bereits definierten Favoriten im linken Teil des Fensters ein.

3 Ziehen Sie das Dokumentsymbol aus dem Feld *Adresse* der *Adresse*-Symbolleiste zur gewünschten Stelle in der Favoritenliste.

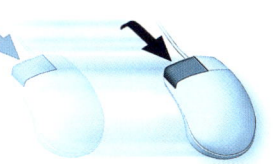

Sobald Sie die Maustaste loslassen, wird der neue Name daraufhin in die Liste der Favoriten eingefügt. Sie können die Webseite später durch Anwahl des betreffenden Eintrags abrufen. Ein erneuter Mausklick auf die Schaltfläche *Favoriten* blendet die Favoritenliste wieder aus.

> **HINWEIS**
>
> Alternativ können Sie die Einträge im Menü FAVORITEN abrufen. Der Befehl ZU FAVORITEN HINZUFÜGEN in diesem Menü öffnet ein Dialogfeld, in dem Sie den Eintrag komfortabel umbenennen oder in einem Untermenü hinterlegen können. Wählen Sie den Befehl FAVORITEN VERWALTEN im Menü FAVORITEN. Das dann erscheinende Dialogfeld *Favoriten verwalten* erlaubt Ihnen, Favoriten zu löschen, umzubenennen, Ordner zur Aufnahme der Favoriten anzulegen und Einträge zu verschieben.

Besuchte Seiten offline lesen

Haben Sie vergessen, die entsprechenden Favoriten anzulegen? Möchten Sie vielleicht eine gerade besuchte Seite später in Ruhe lesen? Der Browser merkt sich den Inhalt der von Ihnen besuchten Seiten in einem internen Zwischenspeicher (auch als Cache bezeichnet). Dieser Zwischenspeicher bleibt für einige Tage erhalten.

1 Klicken Sie in der Symbolleiste des Internet Browsers auf die Schaltfläche *Verlauf*.

Der Internet Explorer zeigt in der Explorer-Leiste die Namen der besuchten Webseiten, geordnet nach Tagen und Wochen.

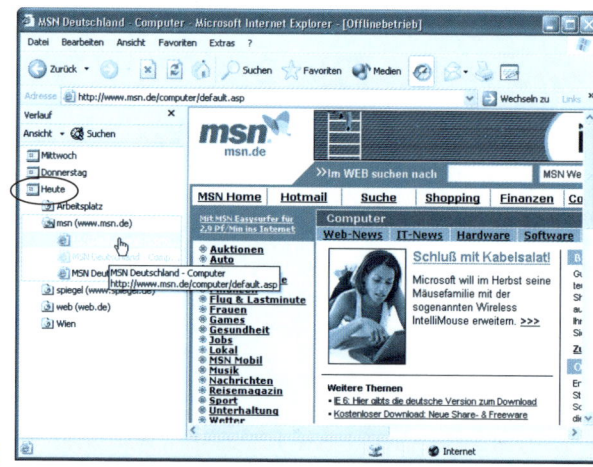

2 Klicken Sie auf einen Wochentag, um die Einträge anzuzeigen.

3 Klicken Sie auf einen der Einträge.

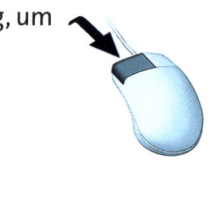

Der Internet Explorer lädt jetzt die Seite aus dem internen Speicher. Sie können anschließend die Seite in Ruhe lesen.

WEBSEITEN SPEICHERN UND DRUCKEN

HINWEIS

Falls die Anzeige nicht klappen will, wählen Sie im Menü DATEI versuchsweise den Befehl OFFLINEBETRIEB. In diesem Modus erscheint das Symbol in der Statusleiste und der Browser holt alle Inhalte aus dem internen Zwischenspeicher. Sind nicht mehr alle Informationen des Dokuments im Zwischenspeicher vorhanden, müssen Sie den Befehl OFFLINEBETRIEB erneut anwählen und online gehen, um die zugehörige Seite anzuzeigen.

Webseiten speichern und drucken

Möchten Sie gezielt den Text einer Seite speichern, um diese später erneut anzusehen? Dies lässt sich im Microsoft Internet Explorer mit wenigen Schritten durchführen:

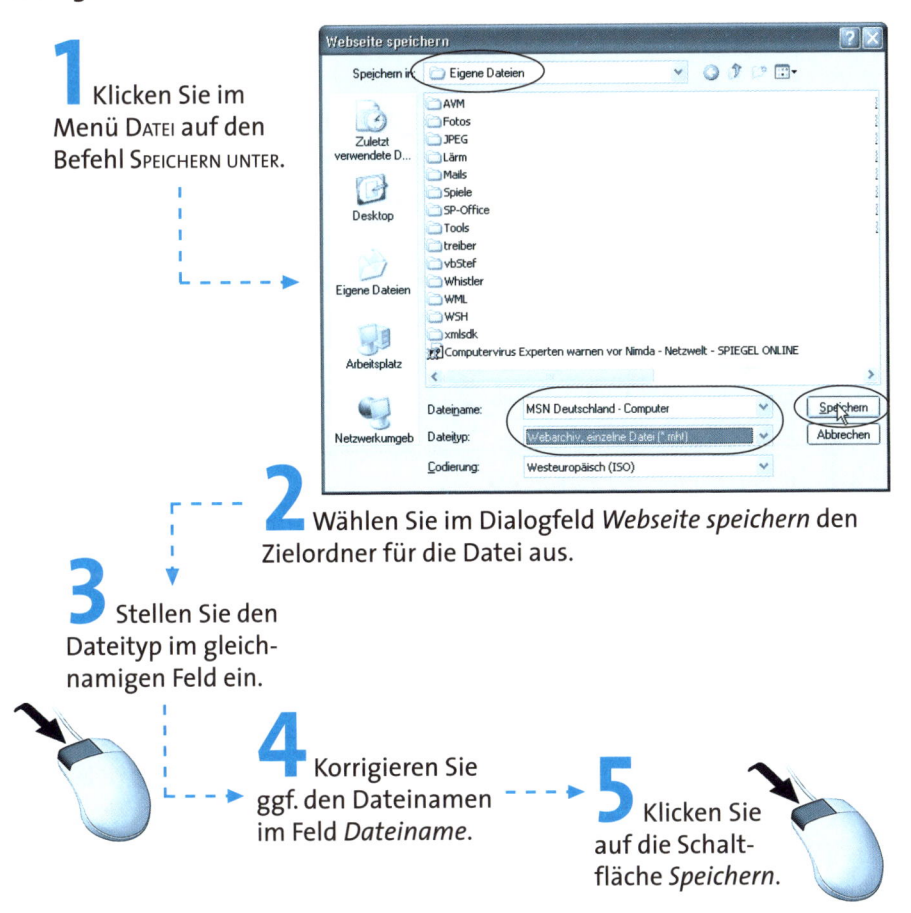

1 Klicken Sie im Menü DATEI auf den Befehl SPEICHERN UNTER.

2 Wählen Sie im Dialogfeld *Webseite speichern* den Zielordner für die Datei aus.

3 Stellen Sie den Dateityp im gleichnamigen Feld ein.

4 Korrigieren Sie ggf. den Dateinamen im Feld *Dateiname*.

5 Klicken Sie auf die Schaltfläche *Speichern*.

237

Der Text der Seite wird vom Internet Explorer als Datei mit dem vorgegebenen Namen gespeichert. Je nach ausgewähltem Dateityp legt das Programm dann eine Archivdatei oder Einzeldateien mit Erweiterungen wie *.htm* oder *.html* an. Der Internet Explorer sichert dabei zusätzlich auch die Grafikdateien der Webseite in eigenen Unterordnern.

Möchten Sie vielleicht nur einzelne Bilder einer Webseite speichern? Auch wenn diese Bilder dem Copyright unterliegen, gibt es Fälle, wo es Sinn macht, diese aufzubewahren. Zum Speichern eines Bildes sind folgende Schritte erforderlich:

> **TIPP** Um alles möglichst kompakt zu speichern, sollten Sie als Dateityp »Webarchiv« wählen. Dann werden alle Texte und Bilder in einer *.mht*-Datei hinterlegt. Dies erleichtert den Überblick über gespeicherte Seiten.

1 Klicken Sie mit der rechten Maustaste auf das Bild.

2 Wählen Sie im Kontextmenü den Befehl BILD SPEICHERN UNTER und geben Sie im Dialogfeld *Bild speichern* den Namen und den Ordner für das Bild an.

Solche Bilder lassen sich im Ordner *Eigene Bilder* ablegen und mit den in Kapitel 7 beschriebenen Programmen anzeigen und bearbeiten. **Gespeicherte Webseiten** lassen sich auch wieder **laden**. Auch das funktioniert problemlos, Sie müssen nur die gesicherte HTML-Dokumentdatei (Dateinamenerweiterung *.htm*, *.html*) per Doppelklick aufrufen. Solche HTML-Dokumente finden Sie übrigens immer

WEBSEITEN SPEICHERN UND DRUCKEN

häufiger auf CD-ROMs oder auf Programmdisketten. Eine Webarchivdatei (.*mht*) lässt sich auf die gleiche Weise laden.

HINWEIS Beim Zeigen auf ein Bild blendet der Internet Explorer häufig eine kleine Symbolleiste mit Schaltflächen zum Speichern, Drucken oder Versenden ein. Ich selbst verwende aber lieber das Kontextmenü, da dieses im Gegensatz zur Symbolleiste immer abrufbar ist.

Seiten ausdrucken

Auch das **Ausdrucken** geladener **HTML-Dokumente** geht recht einfach.

1 Um eine Seite im Internet Explorer zu drucken, klicken Sie auf die Schaltfläche *Drucken*.

Der Internet Explorer druckt den Inhalt der Seite sofort aus.

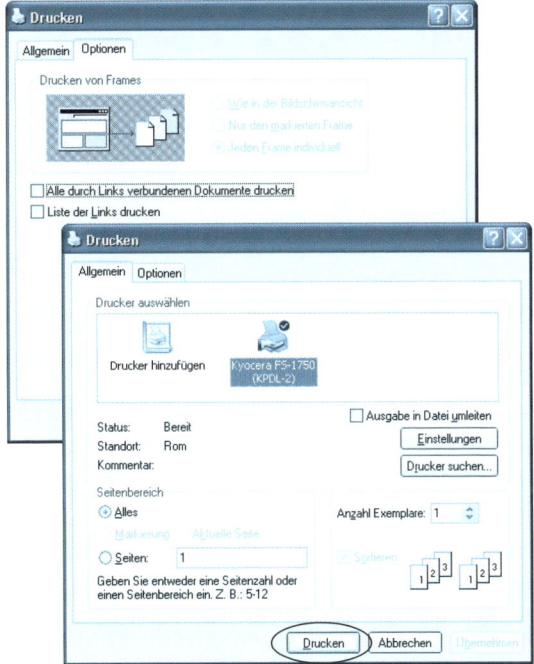

2 Benötigen Sie mehr Kontrolle über den Ausdruck, wählen Sie im Menü DATEI den Befehl DRUCKEN, oder drücken Sie die Tastenkombination [Strg]+[P].

239

3 Legen Sie im Dialogfeld *Drucken* die gewünschten Optionen fest.

4 Klicken Sie auf die Schaltfläche *Drucken*.

Der Browser druckt jetzt den Inhalt der aktuell angezeigten Dokumentseite(n) samt Grafiken aus. Dieser Ausdruck umfasst auch die nicht sichtbaren Dokumentteile, falls das Anzeigefenster kleiner als das Dokument ist.

> **HINWEIS**
> Manche Webseiten sind in mehrere Teile, auch als **Frames** bezeichnet, unterteilt. Dann werden die Optionsfelder der Gruppe *Drucken von Frames* auf der Registerkarte *Optionen* freigegeben und Sie können festlegen, wie die Inhalte der Frames auszugeben sind.

> **TIPP**
> Markieren Sie das Kontrollkästchen *Liste der Links drucken* auf der Registerkarte *Optionen*, dann druckt der Browser am Ende der Dokumentseite eine Liste mit den Adressen aller im Dokument enthaltenen Hyperlinks.

Startseite und andere Optionen einstellen

Beim Starten des Internet Explorers (siehe oben) lädt dieser automatisch eine eigene Startseite (oft auch als **Homepage** bezeichnet). Meist wird die Startseite von Microsoft (oder eines anderen Anbieters) als Homepage eingetragen.

Sie erreichen diese Startseite ebenfalls, sobald Sie in der Symbolleiste auf diese Schaltfläche klicken.

Dies gibt Ihnen die Möglichkeit, eine regelmäßig besuchte Seite zu definieren. Allerdings müssen Sie dem Internet Explorer die betreffende Startseite vorgeben. Bei der Installation wird die Adresse einer

STARTSEITE UND ANDERE OPTIONEN EINSTELLEN

Microsoft-Webseite vorgegeben. Zum Ändern der Startadresse (und zum Anpassen weiterer Optionen) gehen Sie in folgenden Schritten vor:

1 Laden Sie die gewünschte Webseite im Explorer.

2 Klicken Sie im Menü EXTRAS auf den Befehl INTERNETOPTIONEN.

Der Explorer zeigt jetzt das Eigenschaftenfenster *Internetoptionen* an.

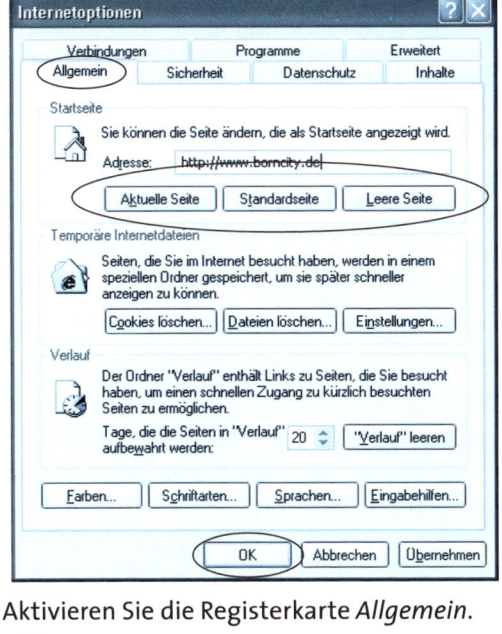

3 Aktivieren Sie die Registerkarte *Allgemein*.

4 Wählen Sie eine der Schaltfläche in der Gruppe *Startseite*.

5 Schließen Sie das Fenster über die *OK*-Schaltfläche.

241

Mit der Schaltfläche *Leere Seite* wird eine Leerseite *about:blank* als Startseite eingestellt – dies verhindert die Fehleranzeige beim Aufruf des Browsers, falls keine Internetverbindung besteht. Mit *Aktuelle Seite* machen Sie das aktuell geladene Webdokument zur Startseite (die URL dieser Seite steht im Feld *Adresse*). Wählen Sie die Schaltfläche *Standardseite*, wird die Adresse der Microsoft-Homepage vorgegeben. Weiterhin können Sie natürlich auch selbst eine URL im Feld *Adresse* eintippen.

> **HINWEIS**
>
> Sie können als Startadresse sowohl eine gültige Adresse im Internet als auch eine Datei auf Ihrem Rechner eingeben. Adressen im WWW beginnen meist mit den Buchstaben *http://*, während eine Datei auf der Festplatte Ihres Rechners über die Adresse *file://<Laufwerk:\Ordner\Datei>* festgelegt wird.
>
> In der Gruppe *Verlauf* legen Sie übrigens fest, wie viele Tage der Internet Explorer die Seiten im Ordner *Verlauf* zwischenspeichert. Weiterhin können Sie den Inhalt dieses Ordners über die Schaltfläche *Ordner „Verlauf" leeren* löschen. Die berüchtigten Cookies – kleine Dateien, die Webseiten beim Surfen auf der Festplatte hinterlegen – löschen Sie über die Schaltfläche *Cookies löschen*. Mit diesen beiden Schaltflächen tilgen Sie also Ihre »Surfspuren« auf dem Rechner.

Suchen im World Wide Web

Das Problem beim Zugriff auf die einzelnen Webseiten besteht darin, dass Sie deren Adressen kennen müssen. Bei den vielen Millionen Dokumenten im World Wide Web ist dies aber (zumindest ein mengenmäßiges) Problem. Glücklicherweise gibt es sogenannte **Suchmaschinen**, über die Sie nach bestimmten Dokumentinhalten suchen können.

> **WAS IST DAS**
>
> Bei den **Suchmaschinen** handelt es sich um Rechner, die Webseiten nach HTML-Dokumenten durchsuchen und bestimmte Stichwörter speichern. Bei einer Abfrage werden dann alle Dokumente zusammengestellt, die die von Ihnen vorgegebenen Suchbegriffe als Stichwörter enthalten. Einige dieser Seiten werden auch als **Portale** bezeichnet, da sie über eine Art Katalog Zugang zu verschiedenen Themen bieten. Adressen von Suchmaschinen sind zum Beispiel www.web.de, www.yahoo.com, ww.google.de oder www.lycos.com.

Suchen im World Wide Web

Sie können die URL-Adresse einer solchen Suchmaschine direkt in der *Adresse*-Symbolleiste eintragen. Falls Sie sich diese URLs nicht merken können oder diese vergessen haben, unterstützt Sie der Microsoft Internet Explorer bei der Suche mittels einer vordefinierten Suchseite.

1 Klicken Sie in der Symbolleiste des Explorers auf die Schaltfläche *Suchen*.

Der Internet Explorer stellt eine Verbindung zum Internet her und zeigt das Formular einer Suchseite in der linken Spalte des Fensters an.

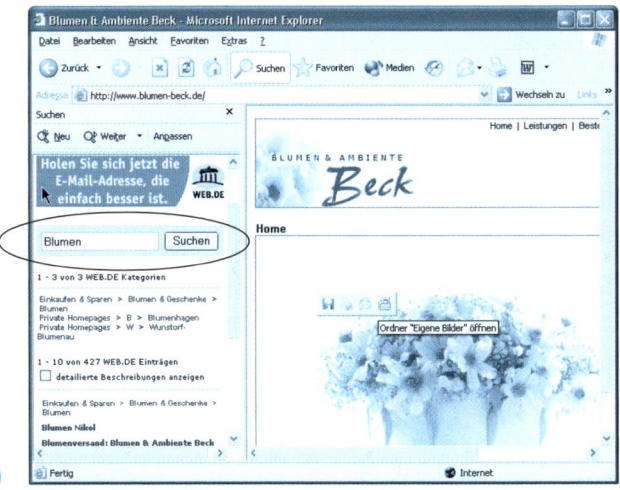

2 Tippen Sie den Suchbegriff im Eingabefeld ein.

3 Klicken Sie auf die Schaltfläche *Suchen*.

Die Suchmaschine zeigt die gefundenen Dokumente im linken Fensterteil in Kurzform samt Hyperlinks an.

4 Klicken Sie auf einen der Hyperlinks, um das zugehörige Dokument im rechten Fensterteil anzuzeigen.

HINWEIS Der Aufbau der Suchseite in der Explorer-Leiste hängt von der gewählten Suchmaschine ab, d.h. Sie müssen zur Suche online sein. Über die Schaltfläche *Weiter* der Explorer-Leiste können Sie ein Menü zur Auswahl verschiedener Suchmaschinen öffnen. Die Schaltfläche *Anpassen* öffnet eine Webseite zur Anpassung der Suchmaschinenoptionen.

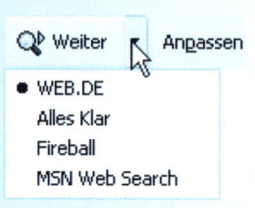

Weiter   Anpassen
● WEB.DE
   Alles Klar
   Fireball
   MSN Web Search

TIPP Über Suchmaschinen können Sie sehr komfortabel nach Stichwörtern im Internet recherchieren. Wie diese Stichwörter eingegeben werden, hängt von der jeweiligen Suchmaschine ab. Manche Suchmaschinen erwarten bei mehreren Stichwörtern ein Pluszeichen zwischen den Begriffen. Bei anderen Maschinen müssen die Suchbegriffe in Anführungszeichen gesetzt werden.

Download von Dateien

Manchmal werden auf einer Webseite Dateien zum Herunterladen – auch als Download bezeichnet – angeboten. Sie können dann diese Dateien aus dem Internet laden und auf Ihrem Rechner speichern.

1 Klicken Sie auf den Hyperlink, der die Datei zum Download anbietet.

Wie der Hyperlink aussieht, hängt vom Autor der Webseite ab. Es kann eine Textstelle, eine Schaltfläche oder auch eine anklickbare Grafik als Hyperlink zum Download fungieren. Der Internet Explorer öffnet ein Dialogfeld *Dateidownload*, in dem Sie die gewünschte Aktion auswählen.

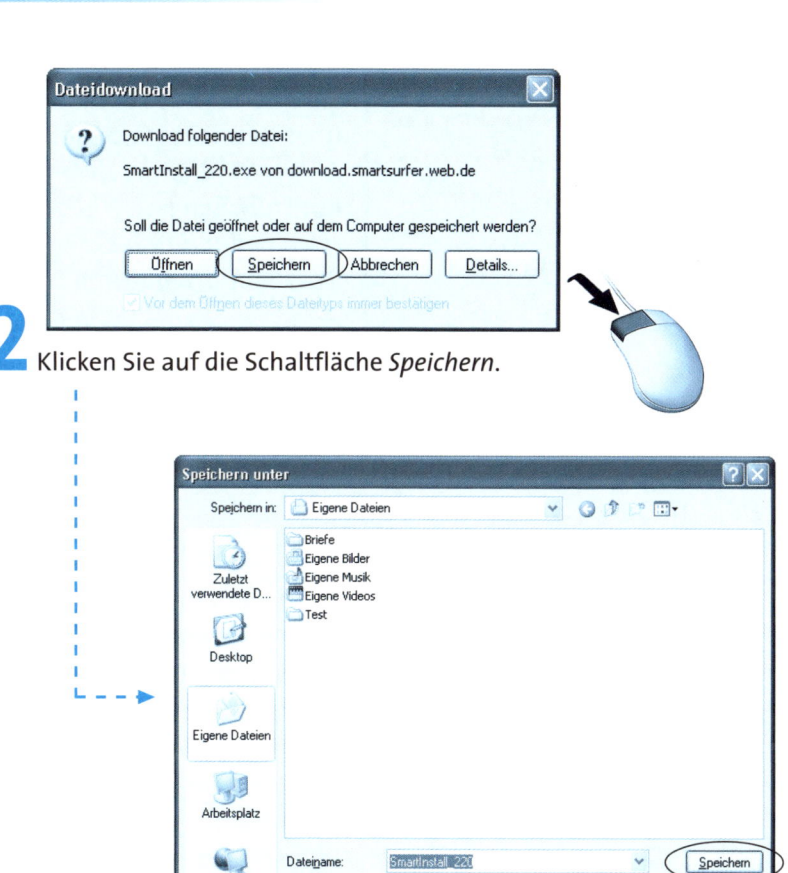

ACHTUNG
Beim Download sollten Sie niemals die Schaltfläche *Öffnen* wählen, da Sie dann Viren alle Möglichkeiten zur Verbreitung und Schädigung Ihres Systems eröffnen.

2 Klicken Sie auf die Schaltfläche *Speichern*.

3 Wählen Sie im Dialogfeld *Speichern unter* den Zielordner und korrigieren Sie ggf. den Dateinamen.

4 Klicken Sie auf die *Speichern*-Schaltfläche.

Der Internet Explorer beginnt jetzt mit dem Herunterladen der betreffenden Datei. Dies kann – je nach Dateigröße und Übertragungsgeschwindigkeit – längere Zeit dauern.

Während des Ladens werden Sie in einem Statusfenster über den Fortgang informiert. Markieren Sie ggf. das Kontrollkästchen *Dialogfeld nach Beendigung des Downloads schließen*.

Sie können während dieser Zeit aber durchaus weitere Webseiten abrufen oder etwas anderes tun. Sobald der Download beendet ist (Sie erkennen dies u.U. daran, dass das Dialogfeld zum Download geschlossen wird), sollten Sie die heruntergeladene Datei von einem Virenprüfprogramm testen. Ist die Datei nicht infiziert, können Sie sie anschließend öffnen.

> **HINWEIS**
>
> Für den täglichen Einsatz kommen Sie mit den oben vorgestellten Funktionen aus. Der Internet Explorer bietet weitere Funktionen, die aus Platzgründen in diesem Buch nicht angesprochen werden können. Auch die Funktionen des Programms Windows Messenger müssen ausgespart bleiben. Konsultieren Sie gegebenenfalls die Programmhilfe oder weiterführende Bücher zum Thema Windows XP.

Lernkontrolle

Nachdem Sie dieses Kapitel durchgearbeitet haben, kennen Sie die wichtigsten Grundlagen des Internet. Vielleicht überprüfen Sie Ihr Wissen und die neu gewonnenen Fähigkeiten anhand der folgenden Übungen. Hinter jeder Übung wird in Klammern die Antwort angegeben.

- **Was versteht man unter einem Hyperlink?**
  (Eine Textstelle, die auf ein Folgedokument verweist. Ein Mausklick auf den Hyperlink ruft dieses Dokument auf.)

- **Laden Sie eine Webseite im Internet Explorer.**
  (Internet Explorer starten und die URL-Adresse der Seite im Feld *Adresse* eintippen. Ggf. die Verbindung zum Internet herstellen lassen.)

- **Wie lässt sich vorherige Seite im Internet Explorer abrufen?**
  (Verwenden Sie die Schaltfläche *Zurück*.)

- **Wie laden Sie eine Datei aus dem Internet?**
  (Webseite öffnen und den Hyperlink zum Download der Datei anklicken. Dann die Schaltfläche *Speichern* anklicken und den Speicherort vorgeben. Auf *Speichern* klicken.)

- **Wie drucken Sie eine Webseite mit Frames?**
  (Seite abrufen, die Tasten [Strg]+[P] drücken und auf der Registerkarte *Optionen* das Optionsfeld *Wie in der Bildschirmansicht* wählen. Dann auf *Drucken* klicken.)

Im nächsten Kapitel lernen Sie elektronische Nachrichten (E-Mails) zu bearbeiten.

9 E-Mail mit Outlook Express

Was bringt Ihnen dieses Kapitel?

Microsoft Outlook Express ist das Programm, welches Ihnen unter Windows die entsprechenden Funktionen zum Austausch von elektronischer Post bietet. Das vorlegende Kapitel zeigt, wie Sie elektronische Nachrichten bearbeiten und Ihre Kontakte mit dem Programm pflegen.

Das können Sie schon:

Mit Fenstern arbeiten	27
Programme starten	36
Mit Dateien und Ordnern umgehen	82
Arbeiten im Netzwerk	113
Spezialfunktionen nutzen	128
Sicherheitseinstellungen anpassen	144
Schreiben unter Windows	158
Arbeiten mit Bildern	192
Surfen im Web	216

Das lernen Sie neu:

Einführung in Outlook Express	250
Nachrichten bearbeiten	257
Adressen verwalten	273

249

Einführung in Outlook Express

Bei der Installation von Windows wird standardmäßig das Programm Outlook Express im Startmenü eingerichtet.

1 Zum Starten wählen Sie den Eintrag OUTLOOK EXPRESS im Startmenü.

Outlook Express öffnet das Anwendungsfenster. Der Aufbau dieses Fensters ist (über das Menü ANSICHT/LAYOUT) konfigurierbar. Nachfolgend finden Sie eine Übersicht über die wichtigsten Elemente des Outlook Express-Fensters, wie sie sich beim Aufruf darstellen.

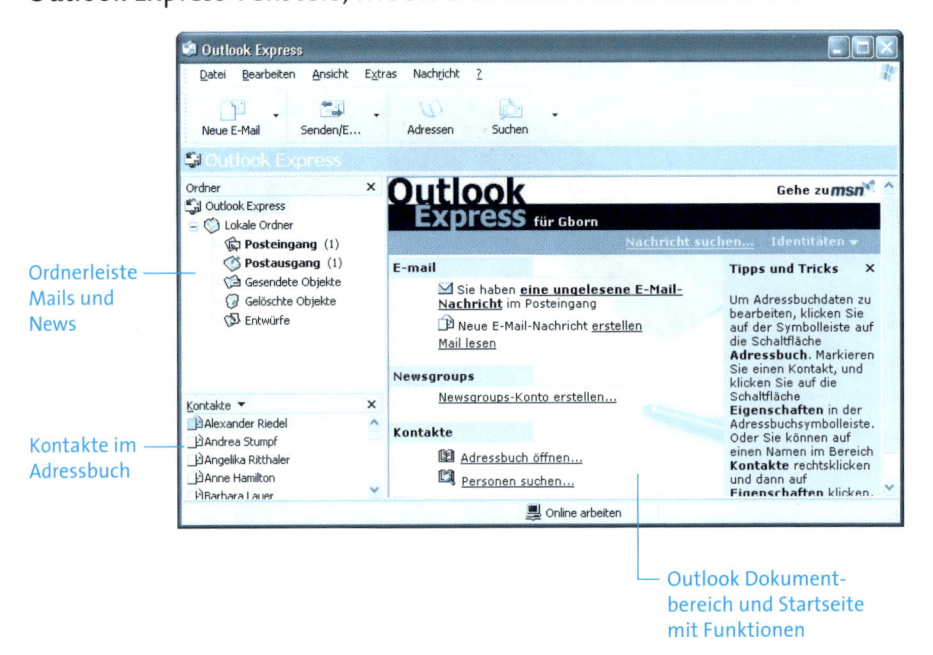

- Ordnerleiste Mails und News
- Kontakte im Adressbuch
- Outlook Dokumentbereich und Startseite mit Funktionen

➡ Das Programm besitzt im Anwendungsfenster die von anderen Windows-Anwendungen bekannten Symbol- und Menüleisten.

➡ Im Dokumentbereich (rechts unten) wird beim Aufruf die Startseite als HTML-Dokument angezeigt. Über die Hyperlinks können Sie die betreffenden Funktionen (z.B. E-Mail lesen) abrufen.

☛ In der linken Spalte blendet Outlook Express die Ordnerleiste für den Posteingang und optional die Newsgroup-Konten ein. Im Zweig *Lokale Ordner* finden Sie die Ordner *Posteingang, Postausgang, Gesendete Objekte, Gelöschte Objekte* sowie *Entwürfe*, in denen Outlook Express die Nachrichten und Entwürfe hinterlegt.

Unterhalb der Ordnerliste zeigt Outlook Express ggf. noch die Liste der definierten Kontakte (mit Adressen) an. Die Statusleiste zeigt Ihnen allgemeine Informationen zum angewählten Ordner etc.

> **HINWEIS** Beachten Sie aber, dass sich das Aussehen des Outlook Express-Fensters über den Befehl LAYOUT im Menü ANSICHT anpassen lässt. Auf der Registerkarte *Layout* finden Sie Kontrollkästchen, über die sich Leisten und Fensterelemente ein- oder ausblenden lassen. Nachfolgend wird die Standarddarstellung von Outlook Express benutzt.

Ein E-Mail-Konto einrichten

Zum Austausch von E-Mails benötigen Sie ein sogenanntes E-Mail-Konto mit einer E-Mail-Adresse. Die E-Mail-Adresse erlaubt anderen Internet-Nutzern, Nachrichten an Sie zu adressieren, und Ihre ausgehenden Nachrichten tragen die E-Mail-Adresse als Absenderkennung. Das bei einem Provider (auf einem sogenannten E-Mail-Server) geführte E-Mail-Konto bietet neben Ihrer weltweit eindeutigen E-Mail-Adresse noch die Funktionen eines Posteingangs- und Postausgangsfachs. Sobald Post aus dem Internet für Sie eintrifft, wird diese in das Postausgangsfach des Servers einsortiert. Von Ihnen erstellte Post geht in den Postausgang des E-Mail-Servers und wird von dort automatisch im Internet dem Empfänger zugestellt.

> **HINWEIS** In Firmen werden die Mitarbeiter in der Regel eigene E-Mail-Adressen haben – bitten Sie dann den Administrator des Systems, Outlook Express entsprechend einzurichten. Privatpersonen werden die E-Mail-Adresse ihres Internet-Providers oder eine der zahlreichen kostenlosen Freemail-Anbieter wie Web.de (www.web.de), Hotmail (www.hotmail.com) etc. nutzen. Nachfolgend wird skizziert, wie Sie ein POP3-fähiges E-Mail-Postfach in Outlook Express konfigurieren. Bitten Sie bei Problemen einen Experten zu Hilfe.

Outlook Express benötigt zum Postaustausch Informationen über Ihr E-Mail-Konto. Beim ersten Aufruf von Outlook Express meldet sich daher ein Assistent, der die relevanten Daten abfragt. Wurde der Assistent abgebrochen, lassen sich die Daten des E-Mail-Kontos auch nachträglich eintragen.

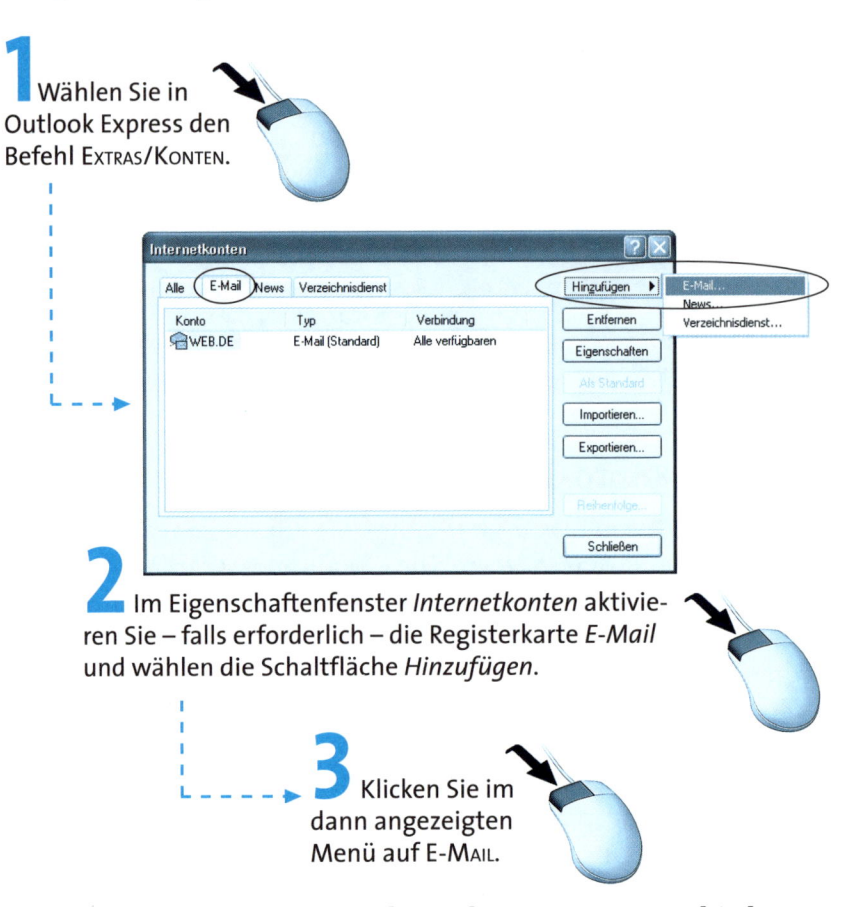

1 Wählen Sie in Outlook Express den Befehl EXTRAS/KONTEN.

2 Im Eigenschaftenfenster *Internetkonten* aktivieren Sie – falls erforderlich – die Registerkarte *E-Mail* und wählen die Schaltfläche *Hinzufügen*.

3 Klicken Sie im dann angezeigten Menü auf E-MAIL.

Ein Assistent fragt dann die Kenndaten des Kontos in verschiedenen Dialogfeldern ab. Diese Dialoge wurden hier in einer Montage zusammengeführt.

4 Tippen Sie im ersten Dialogschritt des Assistenten Ihren Namen ein und klicken Sie auf die Schaltfläche *Weiter*.

5 Tippen Sie im nächsten Dialogfeld Ihre E-Mail-Adresse ein und klicken Sie auf die Schaltfläche *Weiter*.

EINFÜHRUNG IN OUTLOOK EXPRESS

6 Tippen Sie in den Feldern die Adressen des POP3-Posteingangsservers sowie des SMTP-Postausgangsservers ein und klicken Sie auf die Schaltfläche *Weiter*.

7 Geben Sie im nächsten Dialogschritt den Kontonamen sowie das Kennwort für das E-Mail-Konto ein.

> **HINWEIS**
> Löschen Sie ggf. zur Sicherheit die Markierung des Kontrollkästchens *Kennwort speichern*. Dann fragt Outlook Express das Kennwort bei jedem Zugriff auf den E-Mail-Server ab.

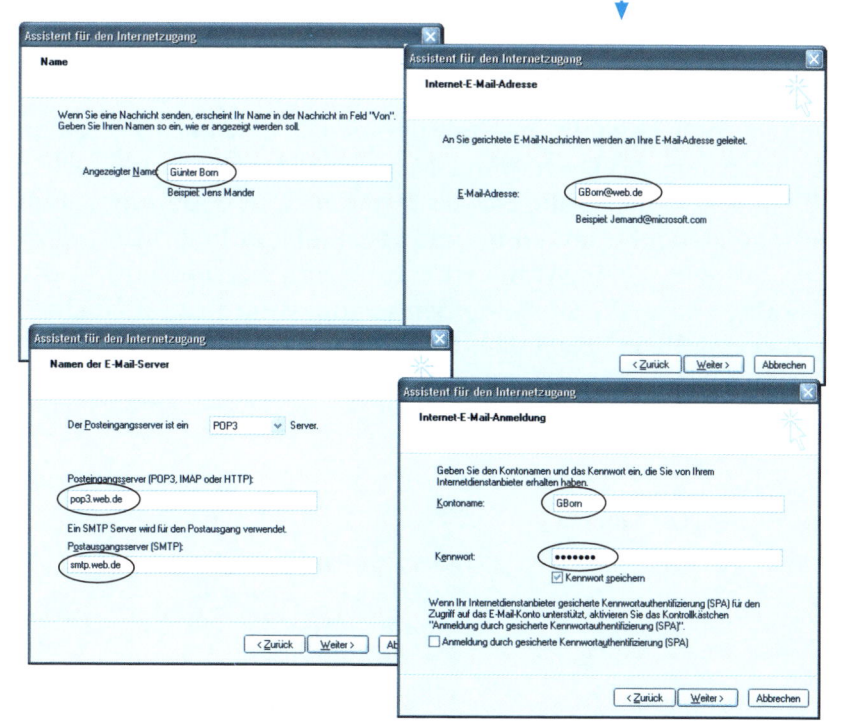

8 Klicken Sie auf die Schaltfläche *Weiter* und schließen Sie den Assistenten im letzten Dialogschritt über die Schaltfläche *Fertig stellen* ab.

253

Outlook Express schließt den Assistenten und blendet das neue Konto auf der Registerkarte *E-Mail* ein. Auf diese Weise können Sie durchaus mehrere E-Mail-Konten definieren, die durch Outlook Express verwaltet werden. Sobald die obigen Schritte erfolgreich ausgeführt und die Verbindungseinstellungen für den Internetzugang konfiguriert wurden (siehe Kapitel 8), können Sie Nachrichten empfangen und versenden (siehe folgende Seiten).

> **HINWEIS** Informieren Sie sich bei Ihrem Provider bezüglich der genauen Parameter zur Einrichtung eines E-Mail-Kontos. Die Schaltfläche *Eigenschaften* der Registerkarte *E-Mail* erlaubt Ihnen, die Einstellungen eines eingerichteten und markierten Kontos nachträglich anzusehen und anzupassen. Bitten Sie bei unlösbaren Problemen ggf. einen Experten, Ihnen beim **Einrichten** des Internetzugangs sowie **der E-Mail-Konten** behilflich zu sein. Eine ausführlichere Behandlung sprengt leider den Rahmen dieses Buches.

Einstellungen für Outlook Express

Outlook Express ist werksseitig für einen Einsatz in Firmen eingestellt, bei dem das Programm E-Mails bei jedem Start und zyklisch abholt bzw. neu erstellte E-Mails sofort verschickt. Bei einer ständig bestehenden Internetverbindung kein Problem. Im privaten Umfeld wird in der Regel eine Wählverbindung zum Internetzugriff benutzt. Sie sollten dann die Einstellungen so anpassen, dass Nachrichten gezielt verschickt bzw. abgeholt werden.

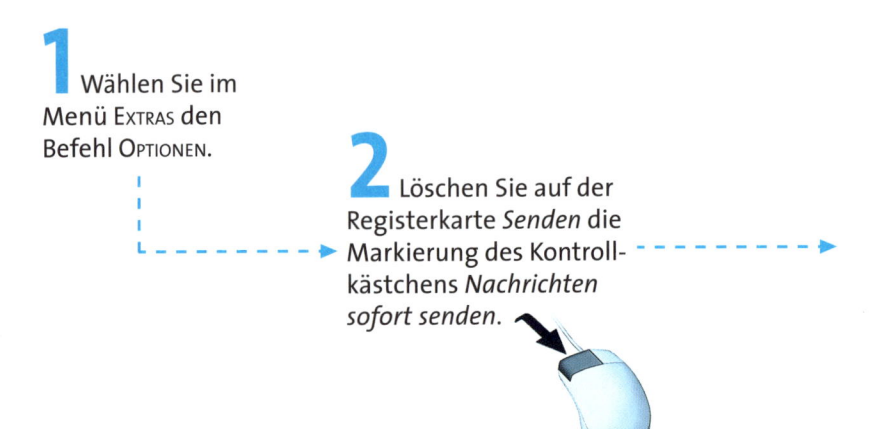

1 Wählen Sie im Menü EXTRAS den Befehl OPTIONEN.

2 Löschen Sie auf der Registerkarte *Senden* die Markierung des Kontrollkästchens *Nachrichten sofort senden*.

3 Löschen Sie auf der Registerkarte *Allgemein* die Markierung der Kontrollkästchen *Beim Start von Outlook Express Nachrichten senden und empfangen* sowie *Nachrichteneingang alle xxx Minute(n) prüfen*.

4 Schließen Sie die Registerkarten über die *OK*-Schaltfläche.

Diese Optionen verhindern, dass Outlook Express selbsttätig eine Verbindung zum Internet herstellt und Mails verschickt bzw. abholt.

> **TIPP**
> Löschen Sie die Markierung des Kontrollkästchens *Adresse beim Antworten in das Adressbuch übernehmen* auf der Registerkarte *Senden*. Dies verhindert, dass Ihr Adressbuch nach wenigen Wochen vor lauter Einträgen »überquillt«. Möchten Sie einen Absender in die Adresskartei übernehmen, ziehen Sie die Nachricht einfach bei gedrückter linker Maustaste zum Fenster *Kontakte*. Oder wählen Sie im Kontextmenü der Nachricht den Befehl ABSENDER ZUM ADRESSBUCH HINZUFÜGEN.

Nachrichten senden/empfangen

Die obigen Einstellungen erlauben Ihnen, geschriebene Nachrichten und neu eingetroffene Nachrichten auf einem Schlag mit dem E-Mail-Konto im Internet auszutauschen. Dies ist vergleichbar mit einem Gang zu einem Postschließfach, bei dem die Post abgeholt wird, und gleichzeitig die zu verschickenden Briefe in den Briefkasten der Postfiliale eingeworfen werden.

1 Stellen Sie ggf. eine Verbindung zum Internet her (siehe Kapitel 8) und rufen Sie Outlook Express auf.

2 Klicken Sie in der Symbolleiste des Outlook Express-Anwendungsfensters auf die Schaltfläche *Senden/Empfangen*.

> **HINWEIS**
> Wenn Sie auf den Pfeil neben der Schaltfläche klicken, zeigt Outlook Express ein Menü, in dem Sie auch gezielt Befehle zum Versenden oder zum Empfangen von Nachrichten (auch einzelner Konten) wählen können. Der Mehrkontenbetrieb wird hier aber nicht behandelt.

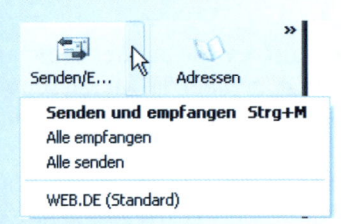

Outlook Express öffnet ein Dialogfeld, in dem Sie über die ablaufenden Schritte informiert werden.

Der untere Teil des Dialogfelds mit den Registerkarten *Aufgaben* und *Fehler* lässt sich über die Schaltfläche *Details* einblenden.

3 Erscheint das Dialogfeld *Anmeldung*, geben Sie den Benutzernamen und das Kennwort ein und klicken auf *OK*.

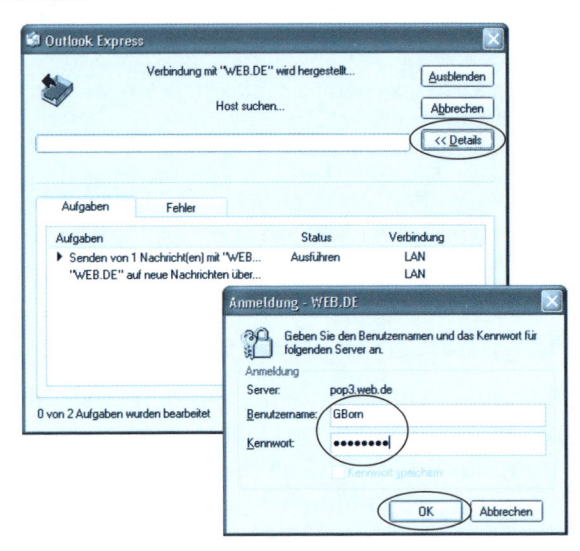

Outlook Express reicht die von Ihnen verfassten Nachrichten an den SMTP-Postausgang des E-Mail-Servers Ihres Internetanbieters weiter und holt eingetroffene Nachrichten aus Ihrem Internet-Postfach ab. Dies wird bei eingeblendeter Registerkarte *Aufgaben* angezeigt.

> **HINWEIS**
> Der genaue Ablauf hängt von den Outlook Express-Einstellungen sowie vom benutzten Internet-/Intranet-Zugang ab. Über die Schaltfläche *Abbrechen* lässt sich der Posttransfer unterbrechen. Der Status wird auf der Registerkarte *Aufgaben* angezeigt, die Registerkarte *Fehler* liefert dann die Details.

4 Trennen Sie ggf. die Internetverbindung nach dem Postaustausch (siehe Kapitel 8).

HINWEIS

Wenn Sie ständig online sind, entfällt der manuelle Verbindungsauf- und -abbau. Weiterhin lässt sich die Verbindung ins Internet auch so konfigurieren, dass diese automatisch auf- und später wieder abgebaut wird. Zum automatischen Abbau markieren Sie in Outlook Express das Kontrollkästchen *Nach dem Senden bzw. Empfangen auflegen* auf der Registerkarte *Verbindung* (Aufruf über EXTRAS/OPTIONEN). Persönlich lasse ich das Kontrollkästchen unmarkiert, da ich dann die Kontrolle über den Vorgang habe. Bei Sende- und Empfangsfehlern lässt sich der Versuch wiederholen – außerdem kann ich bei Bedarf noch etwas im Web surfen. Danach trenne ich die Verbindung gezielt. Bitten Sie notfalls einen Experten, Ihnen den genauen Ablauf zum Versenden und Empfangen von Post auf Ihrem System zu demonstrieren.

Nachrichten bearbeiten

Sobald Sie Post verfassen, wird diese (bei den oben erwähnten Einstellungen) im Postausgangsordner gesammelt. Beim Postaustausch mit dem E-Mail-Server Ihres Providers dürfte neue Post im Posteingangsordner eintreffen. Es ist daher an der Zeit, die Funktionen zum Bearbeiten der Nachrichten (neue E-Mails verfassen, eingetroffene Post lesen etc.) kennen zu lernen.

Die Verwaltung der Post erfolgt in Outlook Express über Ordner, die in der linken Spalte des Fensters in der Ordnerliste eingeblendet werden. Sie finden einen Postausgang, einen Posteingang, einen Ordner für Entwürfe, einen Ordner, in dem die Kopien gesendeter Mails gesammelt werden und einen Papierkorb mit gelöschten Objekten.

TIPP

Die im Namen des Symbols in Klammern aufgeführte Zahl gibt Ihnen die im Posteingang enthaltenen ungelesenen Nachrichten bzw. die im Postausgang unverschickten Mails an.

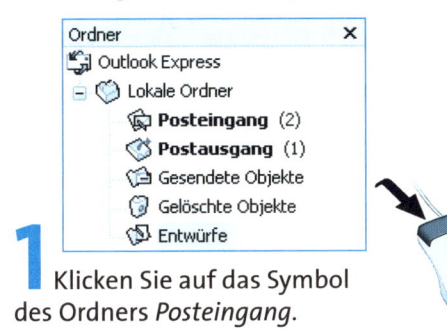

1 Klicken Sie auf das Symbol des Ordners *Posteingang*.

Outlook Express zeigt im Ordnerfenster *Posteingang* alle im lokalen Postfach eingegangenen Nachrichten in der Nachrichtenleiste an (auf die gleiche Weise können Sie den Inhalt der anderen Ordner wählen).

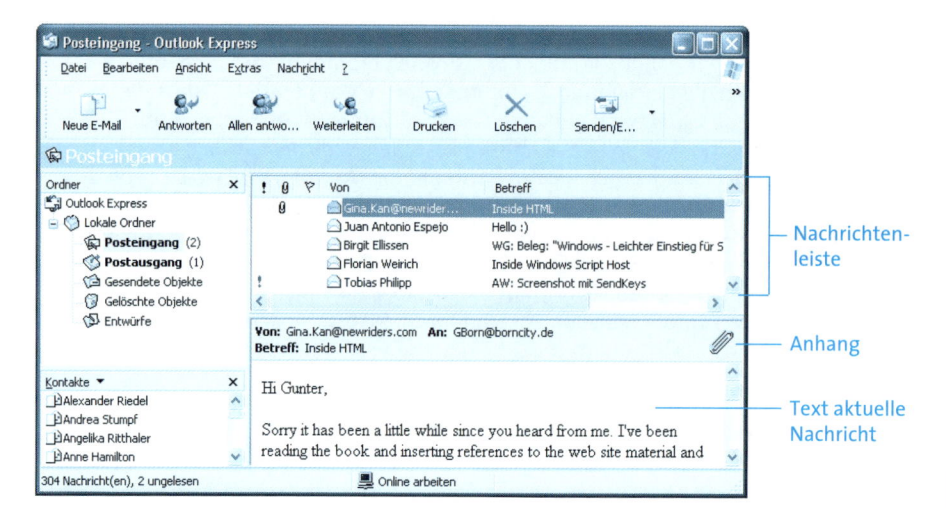

Empfangene Nachrichten lesen

Haben Sie Post vom Server abgeholt und dann den Ordner *Posteingang* per Maus angewählt? Sie sehen die Nachrichten in der Nachrichtenleiste, wobei der Status der Nachricht, der Absender, der Betreff und das Empfangsdatum aufgeführt sind.

1 Klicken Sie jetzt auf eine dieser Zeilen mit den eingegangenen Nachrichten.

Outlook zeigt den Inhalt der aktuell markierten Nachricht in einem eigenen Nachrichtenfenster (unterhalb der Nachrichtenleiste).

2 Doppelklicken Sie in der Nachrichtenleiste auf die Nachricht.

NACHRICHTEN BEARBEITEN

Outlook Express öffnet jetzt ein eigenes Fenster zum Bearbeiten der Nachricht. Der Kopfbereich enthält die Angaben über den Absender, den Betreff etc. Eine an die Nachricht angehängte Datei wird in der Zeile *Einfügen* aufgeführt.

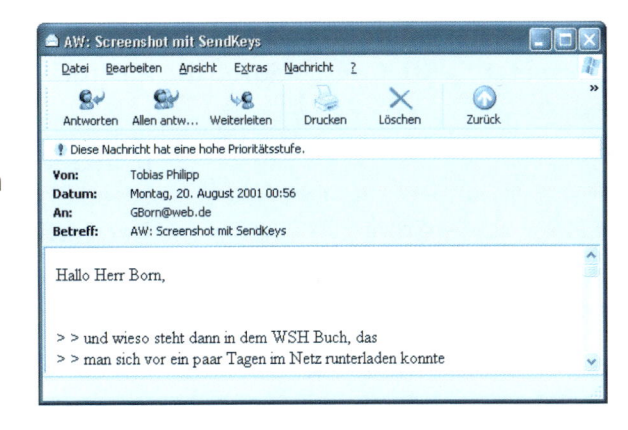

Über die Schaltfläche *Schließen* ⊠ in der rechten oberen Ecke des Fensters können Sie das Nachrichtenfenster schließen.

Symbole der Nachrichtenleiste

Die Nachrichtenleiste des Posteingangs enthält neben der Absenderangabe und dem Betreff weitere hilfreiche Informationen.

Am Zeilenanfang der Nachrichtenleiste finden Sie drei Spalten mit Symbolen.

- Die erste Spalte mit dem stilisierten Ausrufezeichen ❗ zeigt die Priorität der Nachricht an. Der Absender kann beim Erstellen mit Outlook eine normale, erhöhte oder niedrige Priorität vergeben. Meist bleibt diese Spalte aber leer, da die Nachrichten mit normaler Priorität versehen sind.

- Die zweite Spalte 📎 zeigt am Symbol einer stilisierten Briefklammer, ob ein Anhang zur Nachricht existiert. Jede Nachricht kann Dateien als Anhang enthalten.

- In der dritten Spalte signalisiert eine stilisierte Fahne ⚑, dass die betreffende Nachricht zu verfolgen ist (z.B. weil noch Klärungen erforderlich sind).

259

➽ In der vierten Spalte *Von* signalisiert ein geschlossener ✉ oder ein geöffneter 📩 Briefumschlag, ob die Nachricht ungelesen oder gelesen ist.

TIPP
Eine detaillierte Auflistung aller Symbole samt den zugehörigen Beschreibungen finden Sie in der Outlook Express-Hilfe unter dem Stichpunkt »Symbole in der Nachrichtenliste«.

In diesen Spalten können Sie auf einen Blick den Status der Nachricht erkennen.

TIPP
Sobald Sie eine Nachricht in der Nachrichtenleiste des Posteingangs anklicken, wird deren Symbol in der Statusspalte auf gelesen umgesetzt (d.h., das Symbol ändert sich). Haben Sie eine Nachricht irrtümlich angeklickt, Ihnen fehlt aber die Zeit zum Lesen? Klicken Sie die Zeile mit der Nachricht in der Nachrichtenleiste mit der rechten Maustaste an und wählen Sie im Kontextmenü den Befehl ALS UNGELESEN MARKIEREN. Der Status wird wieder zurückgesetzt. Möchten Sie eine Nachricht bis zur endgültigen Erledigung verfolgen? Klicken Sie in der Zeile der Nachricht auf die dritte Spalte. Die Nachricht wird anschließend in der Nachrichtenleiste mit dem Symbol ⚑ versehen. Ein zweiter Mausklick auf das »Fähnchen« löscht dieses wieder.

Eine Anlage zur Nachricht auspacken

Einer Nachricht lassen sich eine oder mehrere Dateien als Anlage anheften. Nachrichten mit Anlage werden im Nachrichtenfenster bzw. in der Nachrichtenleiste mit einer stilisierten Büroklammer 📎 markiert. Möchten Sie diese Anlage auspacken und als Datei speichern?

1 Klicken Sie die Nachricht in der Nachrichtenleiste an.

Der Inhalt der Nachricht wird im unteren rechten Teilfenster des Outlook Express-Fensters angezeigt.

NACHRICHTEN BEARBEITEN

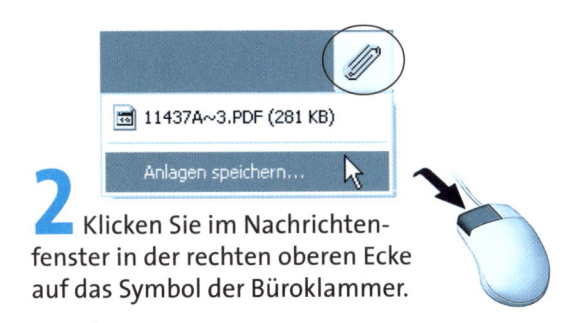

2 Klicken Sie im Nachrichtenfenster in der rechten oberen Ecke auf das Symbol der Büroklammer.

Outlook Express blendet in einem Untermenü die Namen der angehängten Dateien ein. Sie könnten dann einen der Dateinamen im Menü wählen.

3 Wegen des Risikos, durch das Öffnen der Anlage Viren einzuschleusen, markieren Sie daher den Befehl ANLAGEN SPEICHERN.

4 Stellen Sie im Feld *Speichern unter* des Dialogfelds *Anlagen speichern* den Zielordner ein. Über die Schaltfläche *Durchsuchen* lässt sich der Ordner interaktiv wählen.

5 Markieren Sie die Anlagen und klicken Sie auf die Schaltfläche *Speichern*.

HINWEIS Sie erkennen übrigens am Symbol des Anhangs den Dateityp. Fehlt ein Programm zum Bearbeiten, wird das Symbol einer unbekannten Datei angezeigt.

HINWEIS: Alternativ können Sie im Bearbeitungsfenster der Nachricht den Eintrag *Einfügen* mit der rechten Maustaste anklicken und dann im Kontextmenü der Nachricht den Befehl ÖFFNEN (riskant wegen der Virengefahr) oder SPEICHERN UNTER (empfohlen) wählen.

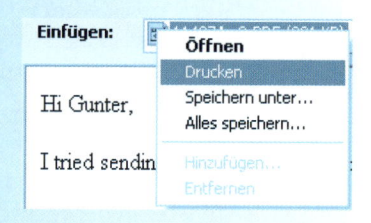

Eine Nachricht beantworten oder weiterleiten

Haben Sie eine Nachricht empfangen, die Sie an Dritte weiterreichen möchten? Soll die Nachricht beantwortet werden? Dies ist mit Outlook Express kein Problem.

1 Doppelklicken Sie in der Nachrichtenleiste auf die Nachricht.

Outlook öffnet jetzt ein Fenster zur Bearbeitung der Nachricht.

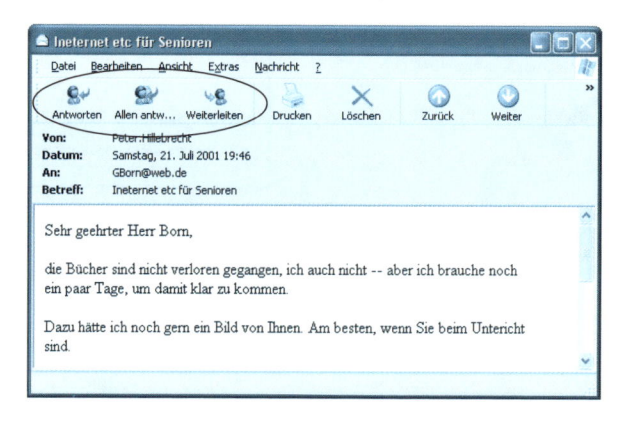

Der Kopfbereich enthält die Angaben über den Absender, den Betreff etc. Über die drei Schaltflächen der Symbolleiste können Sie jetzt die Nachricht zur Beantwortung oder Weiterleitung vorbereiten. Die Nachricht soll jetzt einmal beantwortet werden.

2 Klicken Sie auf die Schaltfläche *Antworten*.

NACHRICHTEN BEARBEITEN

Outlook Express öffnet ein neues Fenster, in dem der Text der empfangenen Nachricht bereits wiedergegeben wird. Dies erleichtert dem Empfänger das Bearbeiten Ihrer Antwort, da der Bezug auf seine Nachricht gleich mitgeliefert wurde. Bei vielen E-Mails pro Tag ist dies eine äußerst nützliche Option.

Weiterhin ist das Feld *An* der Empfängeradresse bereits gefüllt.

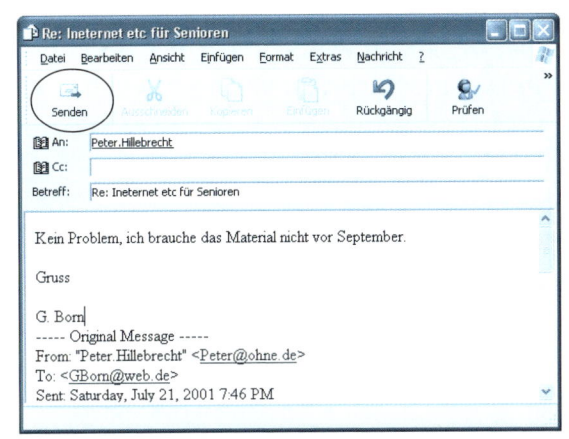

3 Fügen Sie jetzt den Antworttext zur Nachricht hinzu.

4 Klicken Sie in der Symbolleiste auf die Schaltfläche *Senden*.

Outlook Express schließt das Fenster mit der Nachricht. Anschließend wird die Nachricht direkt verschickt (Standardeinstellung) oder mit der obigen Einstellung im Postausgang abgelegt.

Neben der Schaltfläche *Antworten* weist die Symbolleiste noch zwei weitere Schaltflächen zur Bearbeitung der Nachricht auf. Eine elektronische Nachricht kann an mehrere Empfänger verschickt werden (siehe folgende Seiten). Erhalten Sie eine solche Nachricht, können Sie ggf. allen auf dem Verteiler stehenden Empfängern eine Antwort zukommen lassen.

Hierzu dient die Schaltfläche *Allen antworten*.

Wählen Sie diese Schaltfläche, zeigt Outlook Express ebenfalls das Fenster zum Bearbeiten der Nachricht an. Das Feld *An* enthält dann aber mehrere Empfänger, die alle eine Kopie erhalten.

Die Schaltfläche *Weiterleiten* erlaubt Ihnen dagegen, die Nachricht an einen weiteren Empfänger zu schicken.

Klicken Sie auf diese Schaltfläche, wird die empfangene Nachricht in einem neuen Fenster gespiegelt. Sie müssen dann aber die Empfängeradresse im Feld *An* explizit wählen. Wie dies funktioniert, wird im nächsten Abschnitt »Eine Nachricht verfassen« behandelt.

Techniken zur Verwaltung von Nachrichten

Eingegangene Nachrichten werden in der Nachrichtenliste aufgeführt. Vermutlich möchten Sie nicht mehr benötigte Nachrichten löschen, vielleicht deren Inhalte ausdrucken oder wichtige Nachrichten in getrennten Ordnern ablegen. Nachfolgend möchte ich Ihnen kurz einige Techniken zur Handhabung dieser Nachrichten zeigen.

1 Doppelklicken Sie in der Nachrichtenleiste auf die Nachricht.

Outlook öffnet das Fenster zur Anzeige der Nachricht. Neben den auf den vorherigen Seiten vorgestellten Schaltflächen zur Beantwortung der E-Mail enthält die Symbolleiste weitere nützliche Schaltflächen.

2 Zum Drucken einer Nachricht klicken Sie auf diese Schaltfläche.

Möchten Sie beim Ausdrucken besondere Optionen nutzen, wählen Sie im Menü DATEI den Befehl DRUCKEN. Outlook Express öffnet das Dialogfeld *Drucken* mit den verfügbaren Optionen. Dieses Dialogfeld kennen Sie bereits aus früheren Kapiteln.

Nachrichten bearbeiten

1 Zum Ablegen der Nachricht in einem Ordner wählen Sie den Befehl IN ORDNER VERSCHIEBEN oder IN ORDNER KOPIEREN (im Outlook Express-Fenster im Menüs BEARBEITEN bzw. im Nachrichtenfenster im Menü DATEI oder im Kontextmenü der Nachricht).

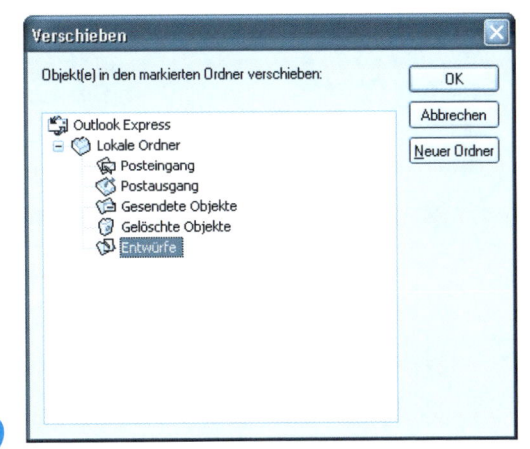

2 Anschließend wählen Sie im Dialogfeld *Verschieben* den Zielordner und bestätigen Sie dies über die *OK*-Schaltfläche.

Über die Schaltfläche *Neuer Ordner* können Sie Ihre eigenen Ordner in Outlook anlegen.

Das Programm verschiebt/kopiert anschließend die Nachricht in den gewählten Ordner.

In Outlook werden die Daten (E-Mails, Kontakte etc.) als Objekte bezeichnet. Das Löschen von Objekten läuft bei allen Funktionen gleich ab.

Sobald Sie das Symbol eines Objekts im Outlook Express-Fenster anklicken, lässt sich dieses über die Schaltfläche *Löschen* in den Ordner *Gelöschte Objekte* verschieben.

Klicken Sie später auf das Symbol *Gelöschte Objekte*, zeigt Outlook Express den Inhalt des Ordners. Sie können dann ein irrtümlich gelöschtes Objekt per Maus aus diesem Ordner zum ursprünglichen Ordner zurückschieben. Dies bedeutet andererseits auch, dass Sie den Ordner *Gelöschte Objekte* zyklisch leeren müssen, um freien Speicherplatz auf dem Datenträger zu schaffen.

1 Klicken Sie mit der rechten Maustaste auf das Ordnersymbol *Gelöschte Objekte*.

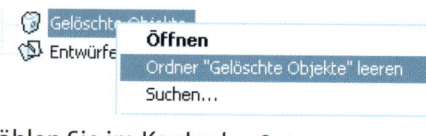

2 Wählen Sie im Kontextmenü den Befehl ORDNER "GELÖSCHTE OBJEKTE" LEEREN.

Jetzt wird der betreffende Ordner geleert, die Nachrichten werden von der Festplatte permanent entfernt.

Eine Nachricht verfassen

Möchten Sie eine neue Nachricht verfassen? Dies ist in Outlook Express mit wenigen Schritten erledigt.

> **HINWEIS**
> Alternativ können Sie über den Pfeil neben der Schaltfläche ein Menü öffnen, um ein Briefpapier für den Hintergrund der neuen Nachricht zu wählen. Beachten Sie aber, dass dieses Briefpapier die Nachricht unnötig vergrößert und nicht bei jedem Empfänger erwünscht ist.

1 Klicken Sie im Outlook Express-Fenster auf die Schaltfläche *Neue E-Mail*.

Outlook Express öffnet das leere Fenster zum Erstellen der Nachricht. In diesem Fenster müssen Sie jetzt die Empfängeradresse(n) sowie den Betreff eingeben und den Nachrichtentext verfassen.

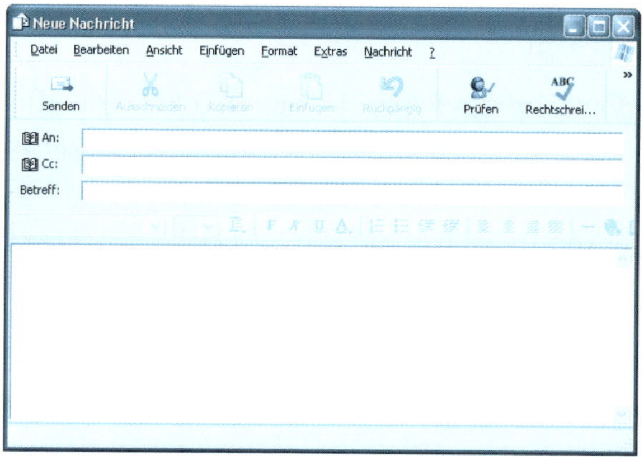

NACHRICHTEN BEARBEITEN

TIPP

Sind mehrere E-Mail-Konten definiert, können Sie über die dann eingeblendete Zeile *Von* Ihre E-Mail-Adresse und damit das zum Versenden benutzte E-Mail-Konto wählen.

2 Klicken Sie auf das Feld *An*, und tragen Sie in diesem Feld die Empfängeradresse ein.

Es muss sich dabei um eine gültige E-Mail-Adresse handeln, andernfalls bekommen Sie die Nachricht beim Versenden als unzustellbar zurück. Bei Bedarf können Sie mehrere Adressen, getrennt durch Semikola, in der Zeile *An* eintragen, um die Nachricht an mehrere Empfänger zu verteilen.

Ist Ihnen die manuelle Eingabe der E-Mail-Adressen zu aufwendig? Auf den folgenden Seiten zeige ich Ihnen, wie Sie das Adressbuch nutzen. Häufig sind die Empfänger im Adressbuch mit ihrer E-Mail-Adresse eingetragen. Dann lässt sich die E-Mail-Adresse sehr einfach in das Feld *An* übernehmen.

1 Klicken Sie auf die Schaltfläche des Feldes *An*.

Outlook Express öffnet das Dialogfeld *Empfänger auswählen* des Adressbuchs mit Einträgen der Kontaktliste.

2 Wählen Sie einen Namen mit gültiger E-Mail-Adresse in der Liste *Name* aus.

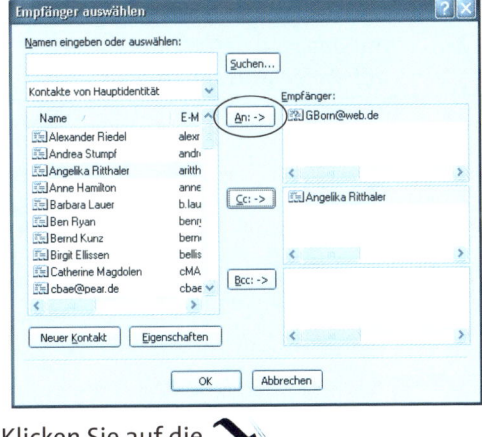

3 Klicken Sie auf die Schaltfläche *An ->*.

Die ausgewählte Adresse wird in die Liste *Empfänger* übernommen. Sie können die obigen Schritte durchaus mehrfach ausführen und mehrere Empfänger eintragen. Sobald Sie das Dialogfeld über die *OK*-Schaltfläche schließen, übernimmt Outlook Express die Adressangaben im Nachrichtenfenster.

HINWEIS

Das Feld *Cc* steht für »Carbon Copy« und erlaubt eine Kopie der E-Mail als Durchschlag an weitere Empfänger zu schicken. Möchten Sie verhindern, dass die Empfänger die Namen der anderen Empfänger sehen? Dann verwenden Sie das Feld *Bcc* (steht für Blind Carbon Copy). Outlook Express verschickt die Nachricht so, dass der Empfänger lediglich die Absenderadresse in der Nachricht vorfindet.

TIPP

Sofern Sie kein Briefpapier benötigen und die E-Mail lediglich an einen Empfänger versenden möchten, geht es auch einfacher. Doppelklicken Sie im Outlook Express-Fenster einfach auf einen im linken unteren Fenster eingeblendeten Kontakt. Das Programm öffnet das Fenster der neuen Nachricht, überträgt aber gleichzeitig die E-Mail-Adresse des Kontakts in das Feld *An*.

Haben Sie die Empfängeradresse(n) eingetragen?

1 Klicken Sie im Dialogfeld der neuen Nachricht auf das Feld *Betreff*, und geben Sie dort einen kurzen Bezug zur Nachricht ein.

2 Klicken Sie in den unteren Textbereich, und tippen Sie den Text der Nachricht ein.

NACHRICHTEN BEARBEITEN

Das Ergebnis könnte dann wie nebenstehend gezeigt aussehen. Hier wurden die Felder **An** und **Betreff** benutzt. Der Textbereich enthält eine einfache Nachricht.

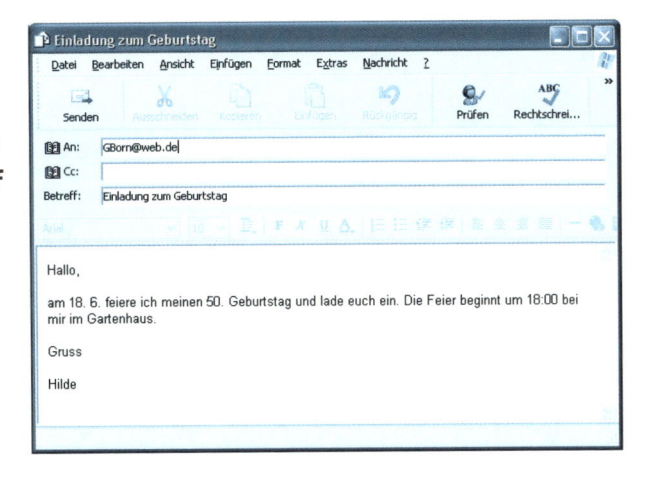

> **HINWEIS**
>
> Zweck der E-Mail ist die schnelle Information zu einem Sachverhalt und erfolgt nach bestimmten Regeln (als Netikette bezeichnet). E-Mails sollten deshalb kurz gefasst werden (der Empfänger mit vielen Nachrichten pro Tag dankt es Ihnen). Mit aus der englischen Sprache abgeleiteten Abkürzungen wie BTW (by the way), FYI (for your information), CU (see you) etc. spart der Absender Tipparbeit. Bei Zeichen der Art :-) handelt sich um stilisierte »Gesichter«, die um 90 Grad nach links gekippt sind. Mit diesen **Smileys** lassen sich Emotionen innerhalb der Nachricht ausdrücken (eine E-Mail ist selten so förmlich gehalten wie ein geschriebener Brief). Smileys erlauben Ihnen, dem Empfänger einen Hinweis zu geben, wie der Text gemeint war. Hier eine Kostprobe solcher Smileys:
>
> :-)   Freude/Humor   :-(traurig
> ;-)   Augenzwinkern   :-o   Überraschung/Schock
>
> Achten Sie beim Schreiben darauf, dass Wörter oder Textstellen nicht durchgehend mit Großbuchstaben versehen sind. Dies gilt allgemein als Ausdruck für Schreien; der Empfänger könnte dies also übel nehmen. Das Zeichen <g> (grin) steht für ein Grinsen.

Die obige Nachricht besteht aus einfachem Text ohne weitere Formatierung. Da sich E-Mail immer mehr zum bevorzugten Kommunikationsmedium entwickelt, bietet Outlook Express Ihnen neben Hintergrundmotiven auch die Option zur Formatierung der Nachricht.

1 Öffnen Sie das Menü FORMAT.

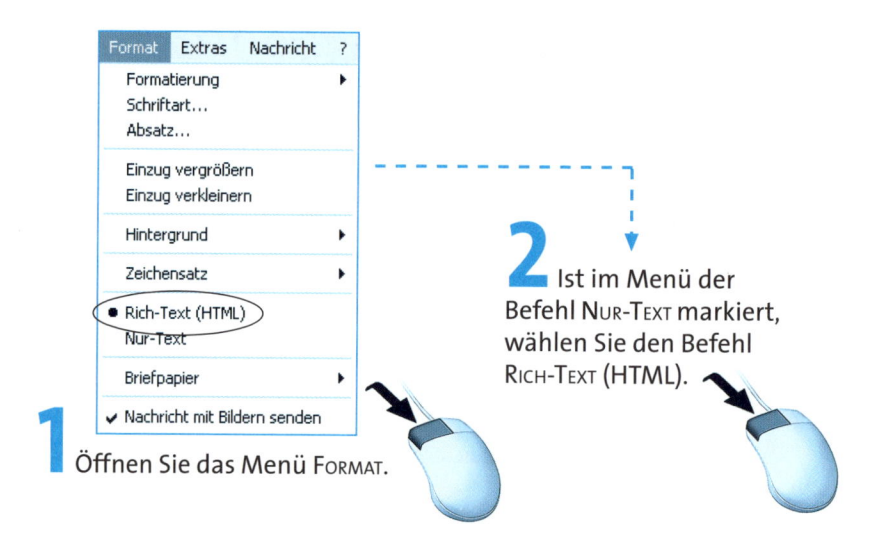

2 Ist im Menü der Befehl NUR-TEXT markiert, wählen Sie den Befehl RICH-TEXT (HTML).

Sobald der Befehl RICH-TEXT (HTML) mit einem Punkt markiert ist, gibt Outlook Express die Format-Funktionen frei (erkennbar an der *Format*-Symbolleiste oberhalb des Texts). Die E-Mail ist dann im Stil einer Webseite darstellbar.

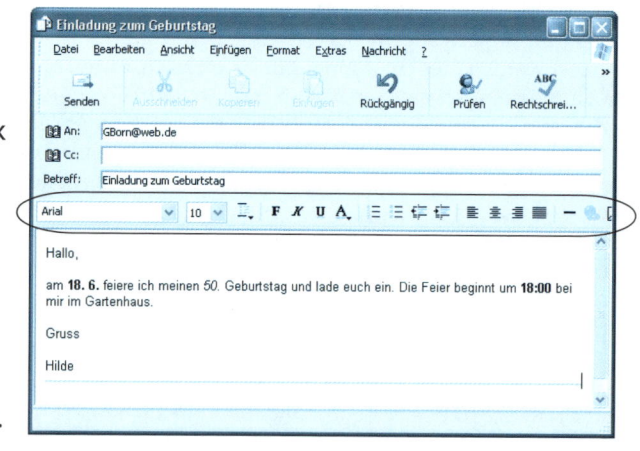

Sie können anschließend Textstellen markieren und über die Schaltflächen der *Format*-Symbolleiste formatieren. Die betreffenden Techniken haben Sie bereits bei WordPad kennen gelernt. Über die Befehle im Menü FORMAT lassen sich auch der Hintergrund der Nachricht oder der Zeichensatz einstellen.

> **HINWEIS**
> Die Priorität der Nachricht stellen Sie über die Befehle des Menüs NACHRICHT/PRIORITÄT FESTLEGEN ein. Eine hochgestufte oder heruntergesetzte Priorität wird dem Empfänger in der Nachrichtenliste als Symbol angezeigt (siehe vorhergehende Seiten). Mit dem Befehl LESEBESTÄTIGUNG ANFORDERN im Menü EXTRAS können Sie vom Empfänger eine Lesebestätigung anfordern. Allerdings sollten Sie mit beiden Funktionen vorsichtig umgehen, da erhöhte Dringlichkeit und Lesebestätigung in vielen Fällen etwas »nötigend« wirken.

Anlagen versenden

Möchten Sie eine oder mehrere Dateien (z.B. Schriftstücke oder Bilder) an die Nachricht anhängen und versenden?

1 Klicken Sie in der Symbolleiste des Nachrichtenfensters auf die Schaltfläche *Einfügen*.

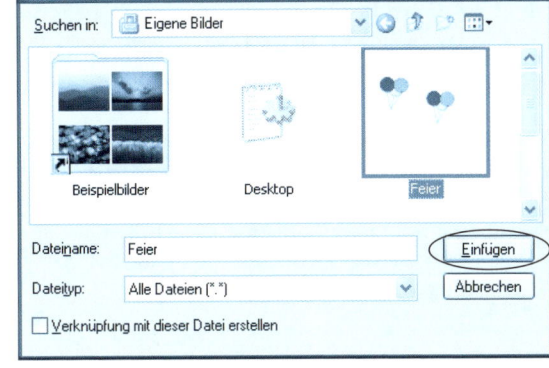

2 Wählen Sie im Dialogfeld *Anlage einfügen* die gewünschte(n) Datei(en) aus.

Mehrere Dateien markieren Sie, indem Sie diese bei gedrückter [Strg]-Taste anklicken.

3 Klicken Sie auf die Schaltfläche *Einfügen*.

Das Fenster mit der Nachricht sieht anschließend so aus. In der Zeile *Einfügen* sehen Sie die angehängte(n) Datei(en).

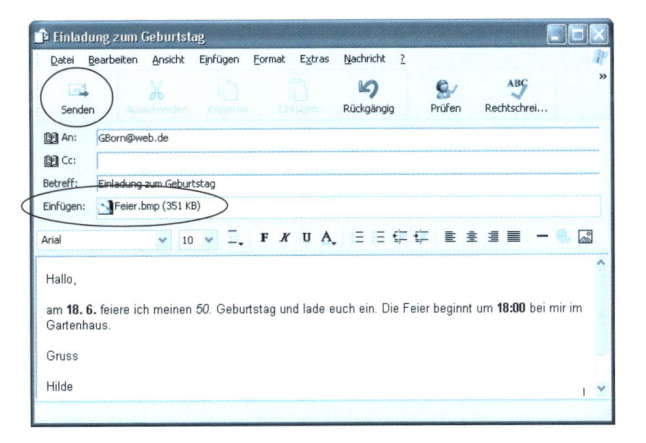

4 Ist die Nachricht fertig, klicken Sie in der Symbolleiste auf die Schaltfläche *Senden*.

Die Nachricht wird jetzt (je nach Einstellung) entweder direkt verschickt oder im Postausgang zwischengespeichert. Im Postausgang gesammelte Nachrichten lassen sich später an den Knotenrechner des Internet übertragen (siehe vorherige Seiten).

> **TIPP**
> Alternativ können Sie eine als Anlage zu versendende Datei auch direkt aus einem geöffneten Ordnerfenster per Maus zum Dokumentbereich des Nachrichtenfensters ziehen. Sobald Sie die Maustaste loslassen, wird der Dateiname als Anhang eingetragen.

> **TIPP**
> Nicht jeder Empfänger ist, insbesondere bei stundenlangem Download, über angehängte Videos oder Bilder begeistert. Packen Sie die zu versendenden Dateien ggf. in einen komprimierten ZIP-Ordner (siehe Kapitel 2) und verschicken Sie diesen. Der Empfänger kann dann die eintreffende ZIP-Datei mit ZIP-Programmen wie Winzip oder über die Funktion »Komprimierter Ordner« entpacken. Dies spart bei Textdateien und BMP-Dateien Übertragungszeit. Außerdem schützt es den Empfänger: Doppelklickt dieser auf einen solchen Anhang, wird keine Dokumentdatei sondern lediglich das ZIP-Archiv geöffnet. Er kann dann den Inhalt des Archivs als Dateien speichern und die Dokumente vor dem Öffnen mit einem Virenschutzprogramm untersuchen.

Postausgang ansehen

Möchten Sie den Inhalt des Ordners *Postausgang* ansehen?

1 Klicken Sie im Ordnerfenster oder in der Outlook-Leiste auf das Symbol *Postausgang*.

Outlook zeigt jetzt die Nachrichtenliste der versandfertigen E-Mails. Durch einen Doppelklick auf einen Eintrag in der Leiste lässt sich die Nachricht erneut im Fenster zum Bearbeiten laden.

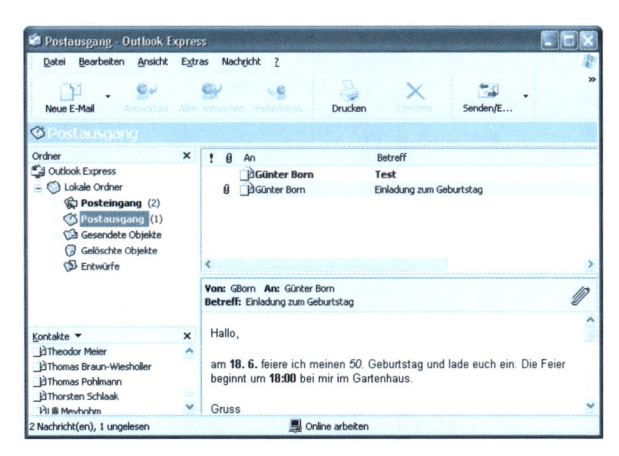

> **HINWEIS**
>
> Es führt an dieser Stelle zu weit, auf alle E-Mail-Funktionen in Outlook Express einzugehen. Outlook Express unterstützt beispielsweise auch den Nachrichtenaustausch mit Nachrichtengruppen (als Newsgroups bezeichnet). Es handelt sich dabei um einen Internetdienst, der Diskussionsforen zu bestimmten Themen für interessierte Personen bereitstellt. Die Teilnahme an Newsgroups funktioniert fast wie bei der E-Mail-Bearbeitung. Sie müssen allerdings ein News-Konto einrichten (funktioniert ähnlich wie beim E-Mail-Konto) und die Nachrichtengruppen abonnieren. Der frei zugängliche Microsoft Newsserver *news.microsoft.com* bietet z.B. Themen rund um Produkte dieses Herstellers. Aus diesen und aus Platzgründen bleibt die betreffende Outlook Express-Funktion in diesem Buch ausgespart. Schlagen Sie notfalls in der Programmhilfe nach.

Adressen verwalten

Outlook Express besitzt eine eigene Funktion zur **Verwaltung von Adressen** – manchmal auch **als Kontakte bezeichnet**. Sie können nicht nur einfache Adressen mit Anschrift und Telefonnummer hinterlegen. Die Funktion verwaltet zusätzlich die **E-Mail-Adressen** der eingetragenen Personen und erlaubt auch sonst vielfältige Informationen zu sammeln.

Adressen nachschlagen

Benötigen Sie schnell die Adresse eines Geschäftspartners? Möchten Sie eine Telefonnummer nachschlagen? Dies geht alles, falls die betreffenden Personen im Adressbuch eingetragen sind.

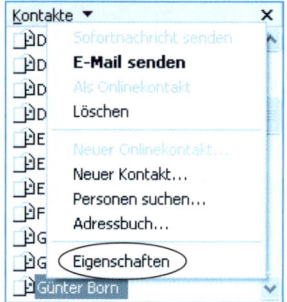

1 Klicken Sie im Outlook Express-Fenster mit der rechten Maustaste auf einen Eintrag der Liste *Kontakte* und wählen Sie im Kontextmenü den Befehl EIGENSCHAFTEN.

Dann werden die Registerkarten mit den Informationen zum betreffenden Kontakt direkt angezeigt. Über die restlichen Befehle des Kontextmenüs können Sie die Einträge der Liste löschen, einen neuen Kontakt anlegen oder nach Personen suchen lassen. Im Fenster des Adressbuchs lässt sich die Kontaktpflege ebenfalls vornehmen:

1 Klicken Sie im Outlook Express-Fenster auf das Symbol *Adressen* (oder wählen Sie im Kontextmenü der Kontaktliste den Befehl ADRESSBUCH, siehe oben).

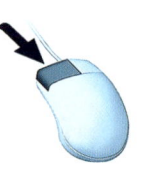

Outlook Express öffnet jetzt ein Fenster mit den bereits eingetragenen Adressen. Tippen Sie einen Namen im Feld *Namen eingeben oder auswählen* ein, wird automatisch der Eintrag im Adressbuch markiert.

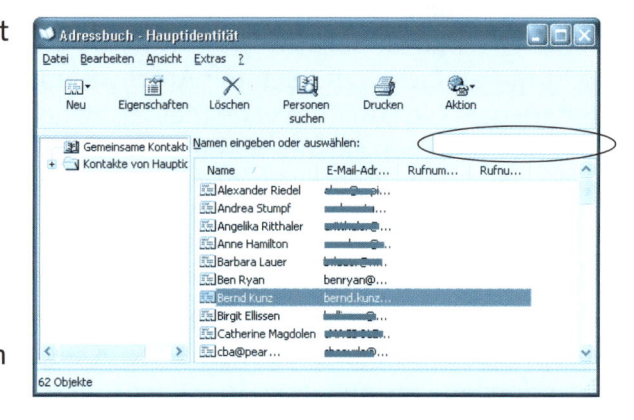

ADRESSEN VERWALTEN

HINWEIS

Das Adressbuch erlaubt Ihnen, die Kontakte in Ordnern zu gruppieren (Befehl DATEI/NEUER ORDNER). Außerdem können Sie **Kontakte nach Identitäten verwalten**, d.h. mehrere Personen können gemeinsam ein Adressbuch nutzen. Gibt eine Person Ihren Namen und ein Kennwort ein, werden die Adressdaten der zugehörigen Identität angezeigt. Verwalten und Abrufen können Sie die Identitäten über die betreffenden Befehle des Menüs DATEI im Outlook Express-Fenster. Der Umgang mit Identitäten bleibt in diesem Buch jedoch ausgespart.

2 Wählen Sie ggf. in der linken Spalte einen Ordner, um die Kontaktliste einzublenden.

3 Doppelklicken Sie auf einen dieser Einträge, öffnet das Adressbuch ein Dialogfeld mit mehreren Registerkarten.

Auf diesen Registerkarten finden Sie dann die Daten zur betreffenden Adresse. Die Registerkarte *Zusammenfassung* liefert die wichtigsten Angaben im Überblick.

TIPP

Bei Bedarf können Sie die Details durch Anklicken der betreffenden Registerkarte anzeigen. Auf diesen Registerkarten lassen sich die Angaben dann auch ergänzen.

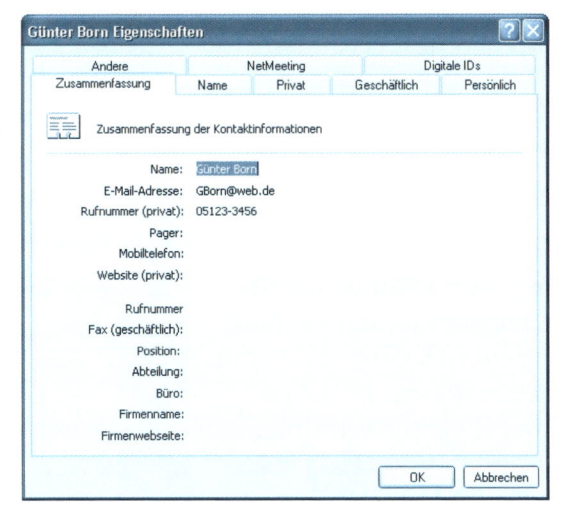

Auf der Registerkarte *Name* finden Sie den Namen sowie die E-Mail-Adresse. Die Registerkarten *Privat* und *Geschäftlich* erlaubt Ihnen, die Adressen der betreffenden Person einzutragen. Geburtstage oder andere persönliche Informationen lassen sich auf der Registerkarte *Persönlich* hinterlegen.

Einen Kontakt anlegen

Möchten Sie einen neuen Kontakt (d.h. einen neuen Eintrag im Adressbuch) anlegen, muss das Adressbuch geöffnet sein.

1 Sind Gruppen oder Ordner zur Strukturierung der Kontakte eingerichtet, wählen Sie im Fenster des Adressbuches in der linken Spalte das Symbol, in dessen Kategorie der Kontakt einzutragen ist.

2 Klicken Sie im Fenster des Adressbuches auf die Schaltfläche *Neu*.

> **HINWEIS**
> Kontakte werden als Einzeleinträge oder in Gruppen hinterlegt. Die Befehle des Menüs erlauben Ihnen optional das Anlegen der Symbole für neuen Gruppen oder neue Ordner.

3 Wählen Sie im Menü den Befehl NEUER KONTAKT.

Outlook Express öffnet das Dialogfeld mit den Registerkarten zum Definieren des neuen Kontakts. Ergänzen Sie die Felder mit den verfügbaren Daten. Sind für einen Wert mehrere Angaben zulässig (z.B. E-Mail-Adresse), nehmen Sie die Einträge über die Schaltfläche *Hinzufügen* in die Liste auf.

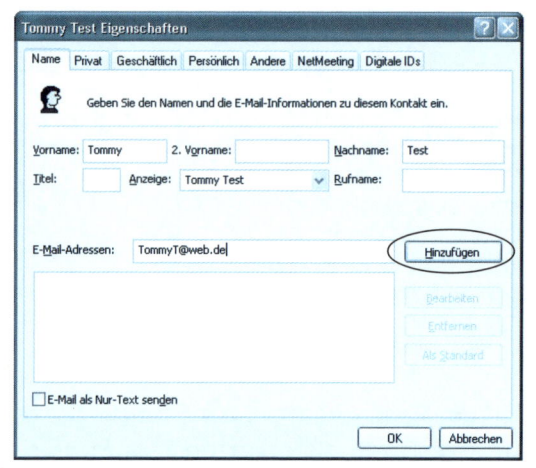

4 Zum Speichern des Kontakts klicken Sie auf die *OK*-Schaltfläche.

An dieser Stelle möchte ich die Einführung in Outlook Express beenden. Viele Funktionen mussten ausgespart bleiben – Sie sollten aber die im Alltag benötigten Funktionen kennen. Für weitergehende Informationen sei auf die Programmhilfe oder weiterführende Literatur verwiesen.

Lernkontrolle

Zur Überprüfung Ihres Wissens sollten Sie die folgenden Aufgaben lösen. Die Antworten finden Sie (in Klammern angegeben).

- **Erstellen Sie eine E-Mail.**
  (Auf die Schaltfläche *Neue E-Mail* klicken, die Empfängeradresse hinzufügen und den Text verfassen.)

- **Löschen Sie eine E-Mail.**
  (E-Mail in der Nachrichtenliste markieren und dann die Schaltfläche *Löschen* anklicken.)

- **Kontrollieren Sie die eingegangene E-Mail.**
  (Klicken Sie im Fenster *Ordner* auf das Symbol *Posteingang*. Zum Lesen der Nachricht doppelklicken Sie auf den betreffenden Eintrag in der Nachrichtenliste.)

- **Erstellen Sie einen Kontakt.**
  (Öffnen Sie das Adressbuch. Klicken Sie auf die Schaltfläche *Neu* und im Menü auf den Befehl *Neuer Kontakt*.)

10

Drucken unter Windows

Was bringt Ihnen dieses Kapitel?

Das Drucken aus Anwendungen wie WordPad haben Sie bereits in den vorhergehenden Kapiteln kennen gelernt. Jetzt lernen Sie einen Drucker unter Windows einzurichten. Außerdem erfahren Sie, wie Sie eine Übersicht über die zu druckenden Dokumente abrufen, den Ausdruck anhalten oder ganz abbrechen.

Ihr Erfolgsbarometer

Das können Sie schon:

Mit Fenstern arbeiten	27
Programme starten	36
Mit Dateien und Ordnern umgehen	82
Arbeiten im Netzwerk	113
Spezialfunktionen nutzen	128
Sicherheitseinstellungen anpassen	144
Schreiben unter Windows	158
Arbeiten mit Bildern	192
Surfen im Web	216
E-Mail mit Outlook Express	248

Das lernen Sie neu:

Drucker neu einrichten	280
Druckaufträge verwalten	287
Druckeinstellungen ändern	290

Drucker neu einrichten

Windows unterstützt Drucker der verschiedensten Hersteller, die Sie an Ihren Computer anschließen können. Vor einer Benutzung des Druckers müssen Sie diesen jedoch einrichten. Dazu wird in Windows ein sogenannter **Druckertreiber** installiert. Dies ist ein Programm, welches die auszugebenden Dokumente »abfängt« und für den Drucker aufbereitet. Bei der Windows-Installation werden diese Schritte automatisch ausgeführt. Bei einem Druckerwechsel müssen Sie ggf. den Treiber selbst installieren. Dies ist nicht sonderlich schwierig: Zur Installation eines Druckers verfügt Windows über einen so genannten Assistenten, der Sie durch die einzelnen Schritte führt.

1 Schalten Sie den Drucker ein.

Im Idealfall erkennt Windows (bei Plug&Play-Geräten) den Drucker und startet einen Assistenten, der den Treiber weitgehend selbsttätig installiert. Alternativ führen Sie die folgenden Anweisungen aus.

1 Öffnen Sie den Ordner *Drucker und Faxgeräte*.

HINWEIS
Je nach Windows-Einstellungen finden Sie einen entsprechenden Eintrag im Startmenü. Andernfalls gehen Sie über die Systemsteuerung. Ist die Kategorieansicht aktiv, wählen Sie erst den Eintrag *Drucker und andere Hardware* und dann das Symbol *Drucker und Faxgeräte*.

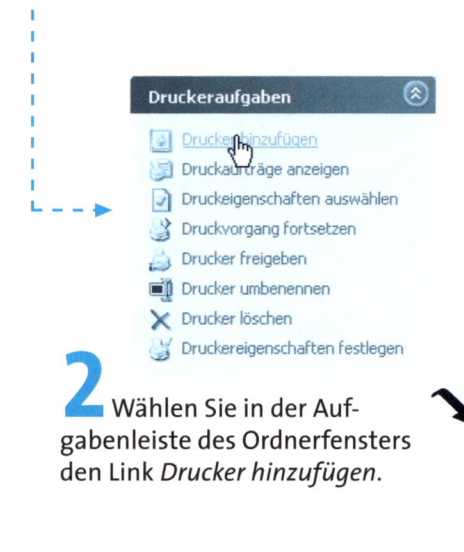

2 Wählen Sie in der Aufgabenleiste des Ordnerfensters den Link *Drucker hinzufügen*.

DRUCKER NEU EINRICHTEN

Windows startet jetzt einen Assistenten, der Sie durch die Schritte zur Einrichtung des neuen Druckers führt. Über die Schaltfläche *Weiter* können Sie zu den Folgeseiten und mit *Zurück* zu den Vorgängerseiten des Assistenten weiterblättern. Im Assistenten sind folgende Schritte auszuführen:

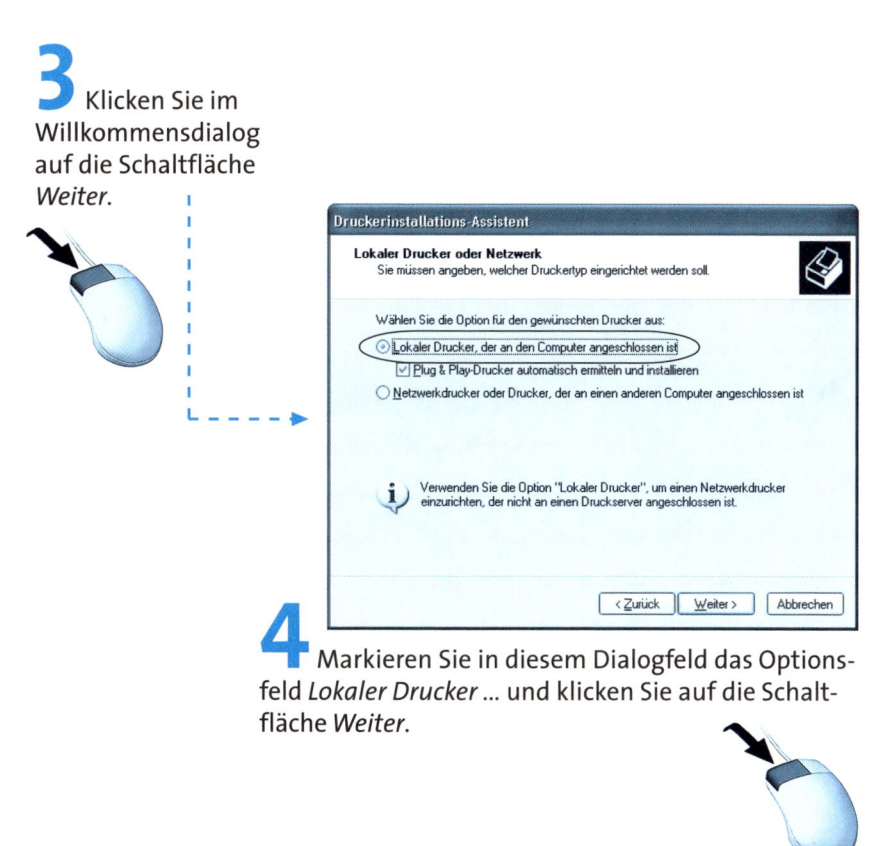

3 Klicken Sie im Willkommensdialog auf die Schaltfläche *Weiter*.

4 Markieren Sie in diesem Dialogfeld das Optionsfeld *Lokaler Drucker* ... und klicken Sie auf die Schaltfläche *Weiter*.

War das Kontrollkästchen *Plug & Play-Drucker automatisch ermitteln und installieren* markiert, sucht Windows nach dem Drucker und richtet den Treiber ein. Wird kein Drucker erkannt, weist Sie der Assistent in einem Dialogfeld darauf hin. Sie können den Drucker dann manuell mit folgenden Schritten installieren.

281

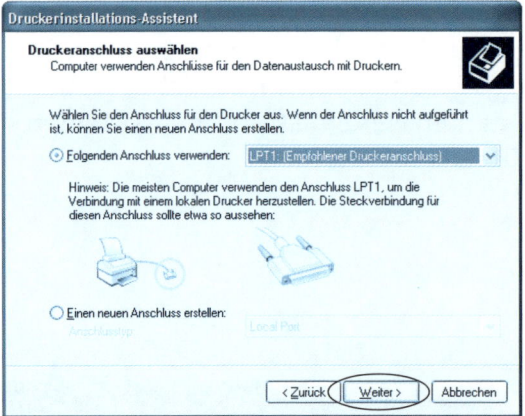

5 In diesem Dialogfeld ist der vorgeschlagene Druckeranschluss zu bestätigen und die Schaltfläche *Weiter* anzuklicken.

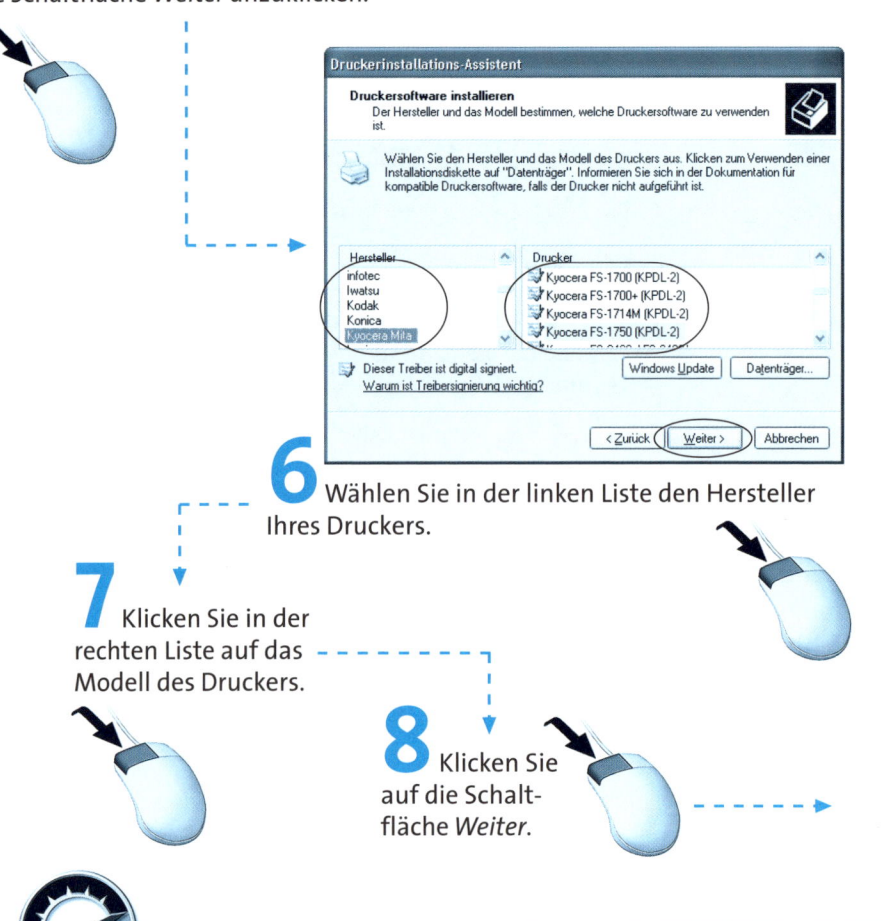

6 Wählen Sie in der linken Liste den Hersteller Ihres Druckers.

7 Klicken Sie in der rechten Liste auf das Modell des Druckers.

8 Klicken Sie auf die Schaltfläche *Weiter*.

DRUCKER NEU EINRICHTEN

HINWEIS
Ist der Drucker in der Liste nicht aufgeführt und verfügen Sie über eine Diskette des Druckerherstellers, können Sie den Treiber über die Schaltfläche *Datenträger* installieren. Windows öffnet ein Dialogfeld zur Auswahl des Datenträgerlaufwerks. Dieser Fall wird in diesem Buch nicht behandelt.

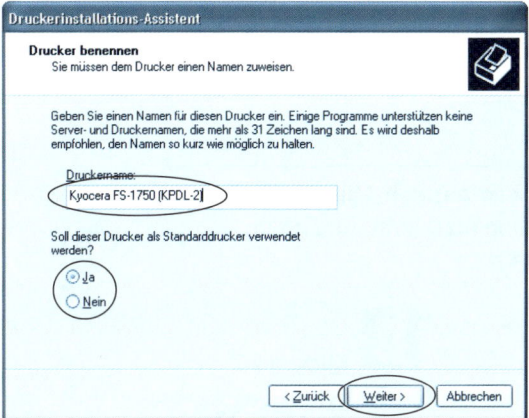

9 Bei Bedarf ändern Sie auf dieser Seite den (vorgegebenen) Namen des Druckers.

10 Belassen Sie die Markierung des Optionsfelds *Ja*, falls der Drucker von allen Windows-Anwendungen als Standarddrucker benutzt werden soll.

11 Klicken Sie auf die Schaltfläche *Weiter*.

HINWEIS
Windows-Programme geben die Daten normalerweise auf dem **Standarddrucker** aus, der in obigem Dialogfeld festgelegt werden kann. Dies ist der Drucker, der nach dem Start des Programms voreingestellt ist. Bei Systemen mit mehreren Druckern lässt sich das Ausgabegerät im Dialogfeld *Drucken* wählen. Der Standarddrucker wird übrigens im Ordner *Drucker und Faxgeräte* durch ein stilisiertes Häkchen im Druckersymbol hervorgehoben.

283

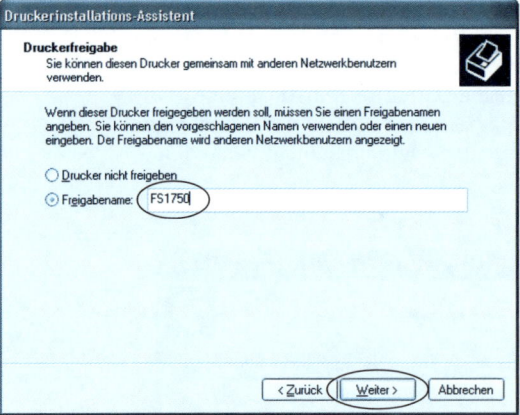

12 Ist ein Netzwerk vorhanden, können Sie das Optionsfeld *Freigabename* markieren und einen Freigabenamen eintragen.

13 Klicken Sie auf die Schaltfläche *Weiter*.

14 Im Folgedialog lässt sich ein Text für den Standort des Druckers sowie ein Kommentar eintragen. Schalten Sie über die Schaltfläche *Weiter* zum nächsten Dialog weiter.

Nach diesem Schritt besitzt der Assistent alle Informationen zur Installation des Druckers. Allerdings steht nicht unbedingt fest, ob alle Einstellungen korrekt sind. Windows kann nach dem Einrichten eines Druckertreibers eine **Testseite ausgeben**.

DRUCKER NEU EINRICHTEN

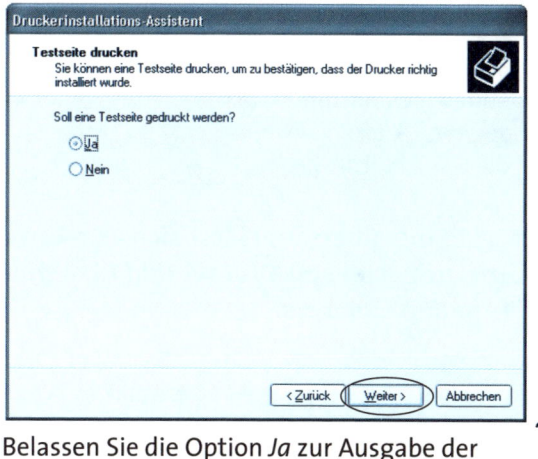

15 Belassen Sie die Option *Ja* zur Ausgabe der Testseite und klicken Sie auf die Schaltfläche *Weiter*.

16 Klicken Sie im nächsten Dialogfeld mit den angezeigten Installationsdaten auf die Schaltfläche *Fertig stellen*.

Windows führt jetzt die eigentlichen Installationsschritte durch. Dabei wird der Treiber eingerichtet. Den Ablauf erkennen Sie an Fortschrittsanzeigen, die kurzzeitig eingeblendet werden.

Erscheint diese Meldung auf dem Bildschirm?

17 Überprüfen Sie, ob die Testseite einwandfrei gedruckt wurde (Drucker einschalten nicht vergessen und eventuell etwas warten).

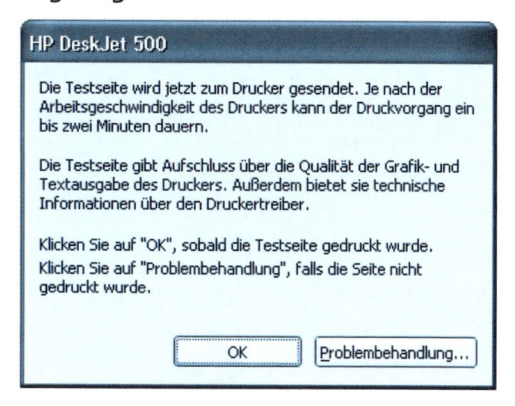

285

18 Wurde die Testseite einwandfrei ausgegeben, klicken Sie auf die *OK*-Schaltfläche.

Anschließend ist der Drucker installiert und lässt sich aus Anwendungen heraus nutzen. Im Ordnerfenster *Drucker und Faxgeräte* erscheint das Symbol des neuen Druckers.

> **HINWEIS**
>
> Treten Probleme auf bzw. wird die Testseite nicht ausgedruckt, wählen Sie die Schaltfläche *Problembehandlung*. Windows öffnet das Hilfe- und Supportcenter mit einer Diagnoseseite für Druckerprobleme. Über die Optionsfelder und die Schaltfläche in diesem Fenster erhalten Sie weitere Informationen zur Fehlerdiagnose und -behebung.

Druckerstörungen beheben

Erscheint nach der Installation oder beim späteren Betrieb eine QuickInfo ähnlich nebenstehender Darstellung, liegt lediglich eine Druckerstörung vor.

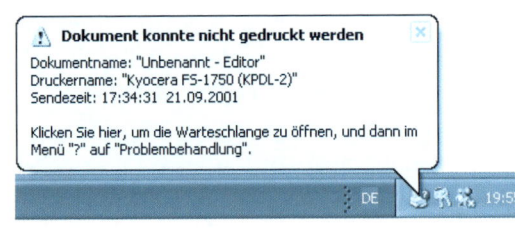

1 Prüfen Sie, ob der Drucker angeschlossen und eingeschaltet ist.

2 Stellen Sie ggf. den Drucker auf *Online*.

3 Prüfen Sie, ob der Drucker über Papier verfügt.

Sobald die Störung behoben ist, nimmt Windows die Druckausgabe wieder auf. Dieses Meldungsfeld erscheint auch beim Drucken eines Dokuments, falls der Drucker eine Störung aufweist. Sie sollten dann den Drucker überprüfen.

TIPP Zum Zugriff auf den Drucker sollten Sie das Druckersymbol aus dem Ordner *Drucker und Faxgeräte* zum Desktop ziehen. Anschließend reicht ein Doppelklick auf das Desktop-Symbol, um das Fenster mit den Druckaufträgen zu öffnen.

HINWEIS Wenn ein Drucker im Netzwerk freigegeben wird, richten andere Windows XP-Rechner diesen Drucker automatisch im Ordner *Drucker und Faxgeräte* ein. Falls dies einmal nicht klappt, können Sie wie oben beschrieben den Assistenten zur Druckerinstallation aufrufen. Dann wählen Sie die Option zur Installation von Netzwerkdruckern und folgen den Schritten des Assistenten.

Druckaufträge verwalten

Windows übernimmt beim Ausdruck die Daten von einer Anwendung und leitet diese als Druckaufträge an einen Druckmanager weiter. Der Druckauftrag wird dann im Hintergrund abgewickelt, während Sie im Vordergrund mit der Anwendung weiter arbeiten können. Sie können die **Druckaufträge** in der **Druckerwarteschlange** kontrollieren, anhalten oder abbrechen.

Solange noch Daten auszudrucken sind, erscheint im Infobereich der Taskleiste ein kleines Druckersymbol. Gibt es ein **Problem** beim **Ausdruck**, wird dies meist durch ein kleines Fragezeichen im Druckersymbol angezeigt.

Sie sehen daher immer, was mit dem Ausdruck los ist und können mit dem Programm weiterarbeiten. Zur Verwaltung der Druckaufträge lässt sich das Fenster des Druck-Managers über das Druckersymbol öffnen. Sie können hierzu das Symbol im Infobereich der Taskleiste oder das Symbol im Ordnerfenster *Drucker und Faxgeräte* benutzen.

Windows öffnet anschließend das nebenstehend gezeigte Fenster, in dem die anstehenden Druckaufträge erscheinen.

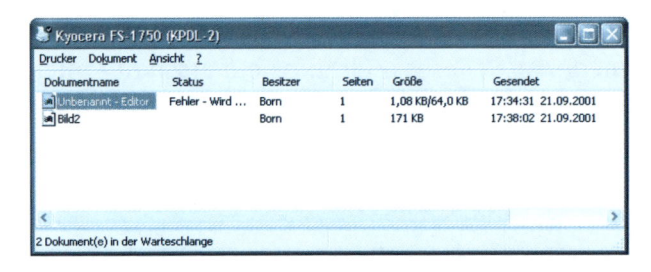

Jeder **Druckauftrag** wird in einer eigenen Zeile dargestellt, wobei der gerade im Ausdruck befindliche Auftrag in der obersten Zeile erscheint. Das Fenster besitzt verschiedene Spalten mit Informationen:

- In der ersten Spalte sehen Sie den **Dokumentennamen**. Dieser Name wird durch das druckende Programm vergeben und entspricht meist dem Dateinamen des Dokuments.

- Die zweiten Spalte **Status** zeigt Informationen über den Status des jeweiligen Druckauftrags. Die oberste Zeile mit dem aktuell ausgedruckten Dokument enthält zum Beispiel den Hinweis auf einen momentanen Fehler. Bei den noch wartenden Druckaufträgen sehen Sie, ob diese angehalten wurden.

- Die Spalte **Besitzer** meldet Ihnen in einem Netzwerk, wer dieses Dokument ausdrucken möchte. Dies ist zum Beispiel hilfreich, wenn eine Druckerstörung vorliegt. Sie können dann den Besitzer des Dokuments verständigen.

- Bei längeren Dokumenten sehen Sie in der Spalte **Seiten** und **Größe** den Fortschritt des Ausdrucks.

- Die letzte Spalte gibt noch die **Startzeit** an, zu der das Dokument vom Programm zum »Ausdrucken« gegeben wurde.

Über die Menüleiste können Sie die Druckausgabe steuern und beispielsweise die Druckaufträge anhalten, fortsetzen oder abbrechen.

1 Klicken Sie in der Spalte *Dokumentname* auf den gewünschten Druckauftrag.

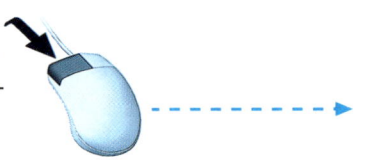

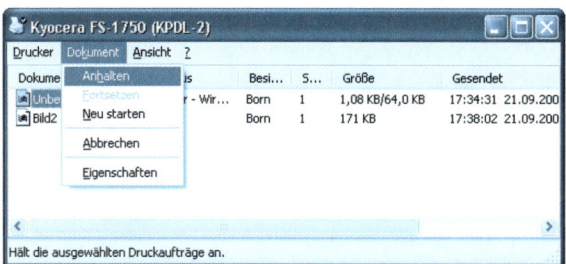

2 Klicken Sie auf das Menü DOKUMENT und anschließend auf einen der Befehle.

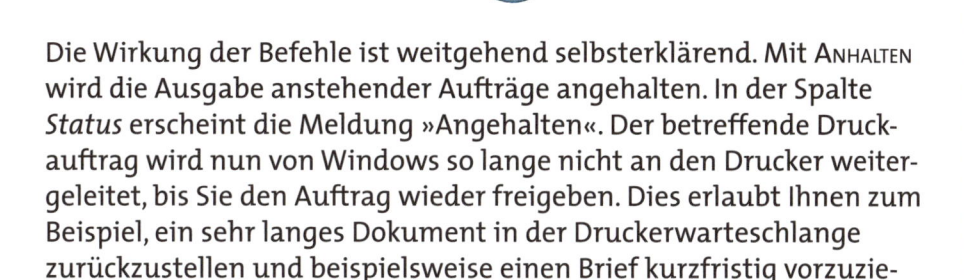

Die Wirkung der Befehle ist weitgehend selbsterklärend. Mit ANHALTEN wird die Ausgabe anstehender Aufträge angehalten. In der Spalte *Status* erscheint die Meldung »Angehalten«. Der betreffende Druckauftrag wird nun von Windows so lange nicht an den Drucker weitergeleitet, bis Sie den Auftrag wieder freigeben. Dies erlaubt Ihnen zum Beispiel, ein sehr langes Dokument in der Druckerwarteschlange zurückzustellen und beispielsweise einen Brief kurzfristig vorzuziehen.

> **ACHTUNG**
>
> Dies gilt aber nicht für das aktuell ausgedruckte Dokument. Sie können den aktuellen Druckauftrag nicht anhalten, um einen anderen Druckauftrag »vorzuziehen«.

Um einen angehaltenen Druckauftrag wieder freizugeben, wählen Sie den Befehl FORTSETZEN. Mit ABBRECHEN wird der Auftrag verworfen und kommt nicht zum Ausdruck. Gab es Probleme beim Ausdruck (z.B. Papierstau), können Sie den Befehl NEU STARTEN wählen. Windows gibt den Druckauftrag erneut ab der ersten Seite wieder aus. Es dauert aber immer einige Sekunden, bis der Status des Auftrags geändert und die aktualisierte Liste der Aufträge angezeigt wird.

TIPP

Um alle Druckaufträge abzubrechen, ist es günstiger, im Menü Drucker den Befehl Alle Druckaufträge abbrechen zu wählen.

In diesem Menü können Sie auch den Befehl Drucker anhalten wählen. Dann unterbricht Windows die Druckausgabe. Dies ist recht praktisch, falls gerade kein Drucker angeschlossen oder dieser zeitweise nicht benutzbar ist.

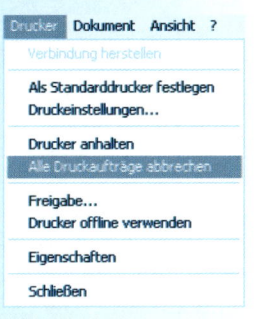

HINWEIS

Im Menü Drucker erkennen Sie auch, ob das Gerät als Standarddrucker eingestellt ist. In diesem Fall erscheint vor dem Befehl Als Standarddrucker festlegen ein kleines Häkchen. Fehlt dieses Häkchen, klicken Sie einfach auf den Befehl. Dann stellt Windows das betreffende Gerät als Standarddrucker ein.

Druckeinstellungen ändern

Möchten Sie eine Seite anstatt im Hochformat im Querformat bedrucken? Soll der Drucker das Papier aus dem Schacht für Briefumschläge holen? Haben Sie mehrere Drucker, und möchten Sie das Ausgabegerät wechseln? Windows bietet Ihnen verschiedene Möglichkeiten an, mit denen Sie die Druckeinstellungen ändern können. Sind mehrere Drucker installiert, können Sie vor dem Ausdruck den Drucker wählen.

1 Öffnen Sie das Dialogfeld *Drucken* (z.B. über den Befehl Drucken im Menü Datei des betreffenden Anwendungsfensters).

DRUCKEINSTELLUNGEN ÄNDERN

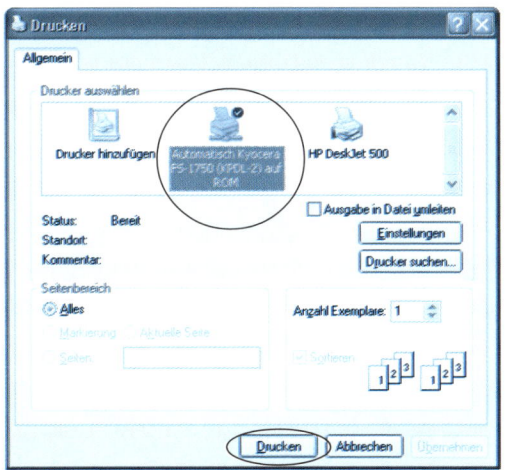

2 Zum Druckerwechsel klicken Sie das Druckersymbol im Bereich *Drucker auswählen* an.

3 Klicken Sie auf die Schaltfläche *Drucken*.

> **HINWEIS**
> Der **Standarddrucker** wird beim Start des Programms automatisch verwendet. Wählen Sie einen anderen Drucker, bleibt diese Einstellung für die **aktuelle Sitzung** des Programms erhalten. Beenden Sie das Programm und starten es später erneut, wird wieder der unter Windows festgelegte Standarddrucker benutzt. Sie können aber ein Druckersymbol im Feld *Drucker auswählen* mit der rechten Maustaste anklicken und im Kontextmenü den Befehl ALS STANDARD DEFINIEREN wählen. Dann wird dieser Drucker permanent zum Standarddrucker.

Hoch-/Querdruck ändern

Im Dialogfeld *Drucken* sehen Sie auf der Registerkarte *Allgemein* die Schaltfläche *Einstellungen*. Über diese Schaltfläche können Sie die Einstellungen des Druckers abfragen und auch anpassen.

1 Klicken Sie auf die Schaltfläche *Einstellungen* im Dialogfeld *Drucken*.

2 Aktivieren Sie eine Registerkarte und legen Sie die gewünschte Eigenschaften fest.

Nebenstehend sehen Sie das Eigenschaftenfenster eines Druckers. Auf der Registerkarte *Layout* lässt sich die Orientierung des Ausdrucks (Hoch- oder Querdruck) sowie die Seitenreihenfolge anpassen. Über die Schaltfläche *Erweitert* lässt sich ein weiteres Dialogfeld mit Einstellungen der Papiergröße etc. öffnen.

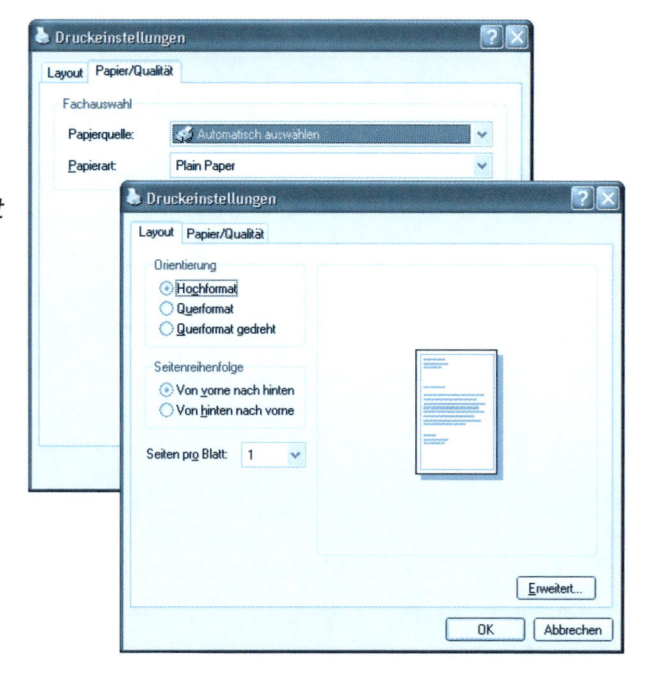

Die Registerkarte *Papier/Qualität* erlaubt die Vorgabe der Papierart und der Papierquelle. Der **Inhalt** der **Registerkarten** hängt aber vom jeweils installierten Drucker ab. Die wichtigsten Optionen sind bei den meisten Druckern ähnlich oder identisch.

An dieser Stelle soll die Einführung in den Umgang mit den Windows-Druckfunktionen beendet werden. Vieles musste aus Platzgründen gekürzt oder weggelassen werden. Andererseits nutzen viele Anwender diese Funktionen höchst selten. Falls Sie weitergehende Informationen benötigen, konsultieren Sie das Hilfe- und Supportcenter oder verwenden Sie die Direkthilfe der betreffenden Registerkarten. Auf Aufgaben zur Selbstkontrolle wird in diesem Kapitel verzichtet.

11

Windows anpassen

Was bringt Ihnen dieses Kapitel?

Windows lässt sich in vielen Bereichen anpassen. Geht die Uhr bei Windows falsch oder möchten Sie das Datum einstellen? In diesem Kapitel sehen Sie, wie sich dies mit ein paar Mausklicks korrigieren lässt. Weiterhin erfahren Sie, wie man die Eigenschaften der Anzeige anpasst. Dies erlaubt Ihnen, Hintergrundbilder oder Bildschirmschoner aufzurufen. Ein weiteres Thema ist das Installieren von Programmen und wie sich Windows-Komponenten nachträglich hinzufügen lassen. Zusätzlich wird gezeigt, wie Sie zum Beispiel die Einstellungen des Startmenüs ändern oder so genannte Verknüpfungen pflegen können.

Ihr Erfolgsbarometer

Das können Sie schon:

Mit Fenstern arbeiten	27
Programme starten	36
Mit Dateien und Ordnern umgehen	82
Arbeiten im Netzwerk	113
Spezialfunktionen nutzen	128
Sicherheitseinstellungen anpassen	144
Schreiben unter Windows	158
Arbeiten mit Bildern	192
Surfen im Web	216
E-Mail mit Outlook Express	248
Drucken	278

Das lernen Sie neu:

Die Systemsteuerung nutzen	206
Softwarepflege	301
Das Startmenü ändern	305
Verknüpfungen einrichten	306

Die Systemsteuerung nutzen

Die Windows-Systemsteuerung ist so etwas wie die Kontrollzentrale des Systems. Viele der nachfolgend besprochenen Anpassungen erfolgen über die Systemsteuerung. Zum Anpassen einer Einstellung gehen Sie folgendermaßen vor:

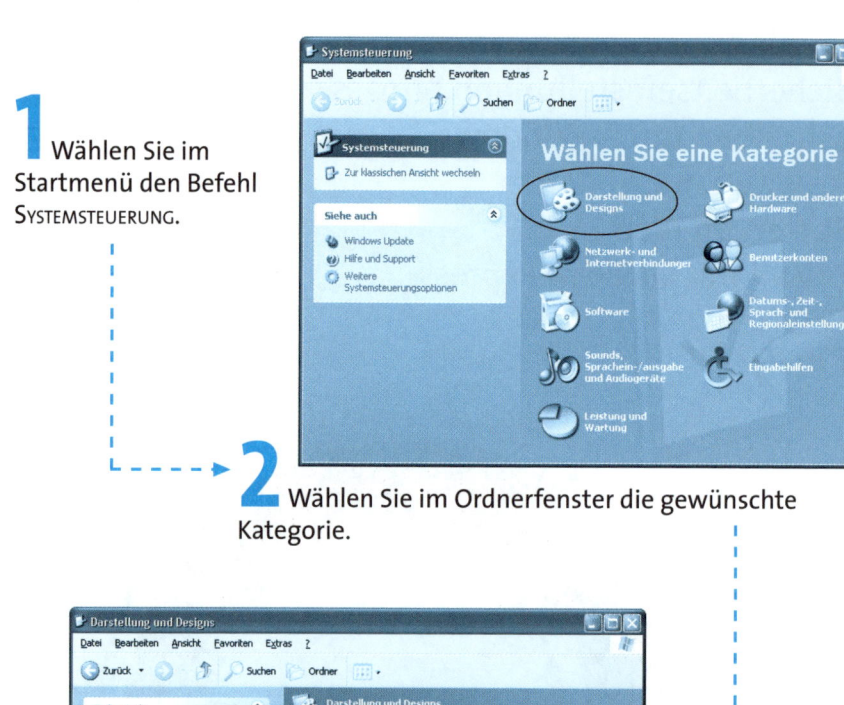

1 Wählen Sie im Startmenü den Befehl SYSTEMSTEUERUNG.

2 Wählen Sie im Ordnerfenster die gewünschte Kategorie.

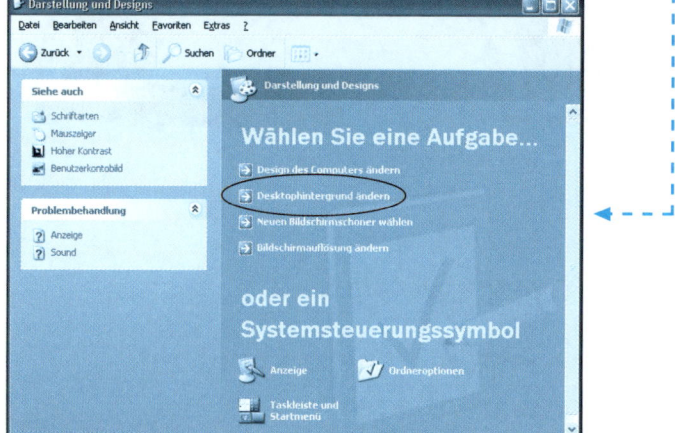

3 Wählen Sie im nächsten Formular des Ordnerfensters den gewünschten Befehl oder ein Systemsteuerungssymbol.

Die Systemsteuerung nutzen

Anschließend öffnet Windows ein Eigenschaftenfenster mit der Registerkarte zur Anpassung der betreffenden Optionen. Details hierzu entnehmen Sie den nachfolgenden Seiten sowie der Direkthilfe der jeweiligen Registerkarte.

> **TIPP**
> Das Eigenschaftenfenster mit den Anzeigeoptionen lässt sich auch abrufen, indem Sie mit der rechten Maustaste auf eine freie Stelle des Desktop klicken und im Kontextmenü den Befehl EIGENSCHAFTEN wählen. Weiterhin können Sie die Darstellung der Systemsteuerung über den Link *Zur klassischen Ansicht wechseln* so umstellen, dass nur einzelne Symbole sichtbar sind. Dann doppelklicken Sie auf ein Symbol, um das Eigenschaftenfenster mit den Registerkarten zu öffnen.

Den Desktop-Hintergrund ändern

Der Windows-**Desktop** kann mit einem weißen Hintergrund (wie in diesem Buch), mit verschiedenen Farben oder mit **Hintergrundbildern** versehen werden. Um den Desktop-Hintergrund mit einem Bild auszustatten, gehen Sie folgendermaßen vor:

1 Öffnen Sie die Systemsteuerung, wählen Sie die Kategorie *Darstellung und Designs* und im nächsten Formular den Befehl DESKTOPHINTERGRUND ÄNDERN (siehe oben).

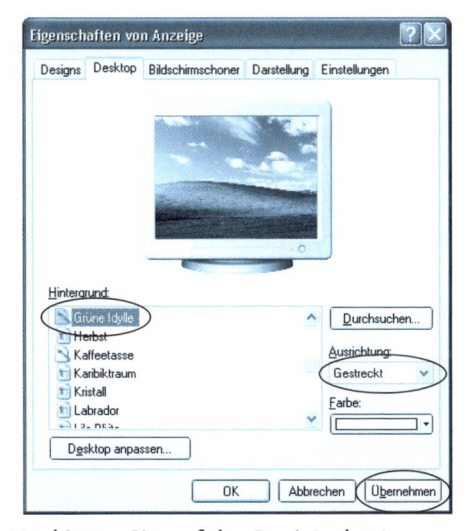

2 Markieren Sie auf der Registerkarte *Desktop* das gewünschte Motiv in der Liste *Hintergrund* und klicken Sie auf den betreffenden Namen.

297

Das Motiv wird bereits in der Vorschau auf der Registerkarte angezeigt.

3 Über das Listenfeld *Ausrichtung* können Sie vorgeben, ob das Motiv zentriert, gestreckt oder gekachelt nebeneinander auszugeben ist.

4 Klicken Sie zur Übernahme des Hintergrunds auf eine der Schaltflächen *OK* oder *Übernehmen*.

Windows wird jetzt den von Ihnen gewählten Hintergrund anzeigen.

> **TIPP**
> Über die Schaltfläche *Durchsuchen* können Sie übrigens nach Bild- und HTML-Dokumentdateien in anderen Ordnern suchen. Um das **Hintergrundbild** wieder zu **entfernen**, wiederholen Sie die gerade gezeigten Schritte, wählen aber als Motiv »(Kein)«. Nach dem Entfernen des Hintergrundbilds können Sie auf den Pfeil neben dem Feld *Farbe* klicken und eine Farbe in der Palette wählen. Dies ändert die für den Desktop-Hintergrund angezeigte Farbe.

Einen Bildschirmschoner einrichten

Windows bietet Ihnen die Funktion eines **Bildschirmschoners** an. Dieser wird aktiv, wenn der Computer einige Zeit unbenutzt ist (d.h. wenn keine Tastatureingaben oder Mausbewegungen erfolgen). Das Programm schaltet dann von der Anzeige des Desktops zu einem wählbaren bewegten Motiv auf dem Bildschirm um. Zum Konfigurieren eines Bildschirmschoners gehen Sie ähnlich wie beim Ändern des Hintergrundbildes vor:

1 Öffnen Sie die Systemsteuerung, wählen Sie die Kategorie *Darstellung und Designs* und im nächsten Formular den Befehl Neuen Bildschirmschoner wählen (siehe oben).

Die Systemsteuerung nutzen

3 Stellen Sie die Wartezeit in Minuten im gleichnamigen Feld ein.

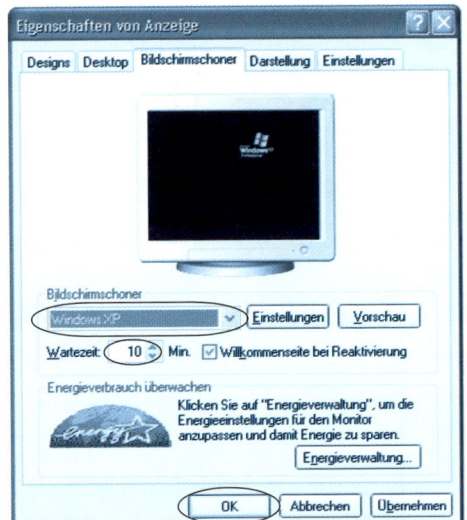

2 Wählen Sie auf der Registerkarte *Bildschirmschoner* im Listenfeld *Bildschirmschoner* das gewünschte Motiv.

4 Klicken Sie auf die *OK*-Schaltfläche.

Windows übernimmt jetzt Ihre Einstellungen für den Bildschirmschoner. Dieser wird aktiv, sobald das System länger als die vorgegebene Wartezeit unbenutzt war. Der Rechner lässt sich durch Drücken einer Taste oder durch Bewegen der Maus reaktivieren. Falls das Kontrollkästchen *Willkommenseite bei Reaktivierung* markiert war, erscheint nach der Reaktivierung die Windows-Anmeldung.

> **HINWEIS**
>
> Die Motive des Bildschirmschoners werden bereits bei dessen Auswahl in der Vorschau der Registerkarte *Bildschirmschoner* angezeigt. Klicken Sie auf dieser Registerkarte die Schaltfläche *Vorschau* an, wird dieses Motiv auf dem gesamten Desktop angezeigt. Sie brauchen nur die Maus zu bewegen, um zur Registerkarte zurückzukehren. Abhängig vom gewählten Bildschirmschoner können Sie über die Schaltfläche *Einstellungen* verschiedene Optionen festlegen. Die Schaltfläche *Energieverwaltung* öffnet ein zweites Dialogfeld mit Registerkarten, die Optionen zum Abschalten des Monitors, der Festplatte etc. enthalten.

Die Bildschirmauflösung ändern

Unter Windows lässt sich die Bildschirmauflösung wählen. Je höher die Bildschirmauflösung ist, umso mehr Motive haben auf dem Desktop Platz. Andererseits verkleinern sich die dargestellten Desktop-Elemente und Fenster mit steigender Auflösung. Sie können die Auflösungen folgendermaßen anpassen:

1 Öffnen Sie die Systemsteuerung, wählen Sie die Kategorie *Darstellung und Designs* und im nächsten Formular den Befehl BILDSCHIRMAUFLÖSUNG ÄNDERN (siehe oben).

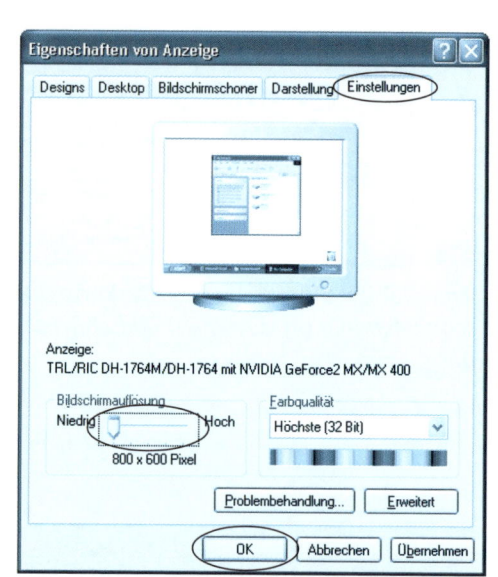

2 Ziehen Sie auf der Registerkarte *Einstellungen* den Schieberegler im Bereich »Bildschirmauflösung« in Richtung »Niedrig« oder »Hoch«.

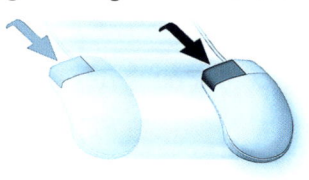

Über das Listenfeld *Farben* können Sie zusätzlich die Zahl der angezeigten Farben umstellen.

3 Klicken Sie auf die *OK*-Schaltfläche.

> **HINWEIS**
>
> Windows muss zur Änderung der Auflösung die Darstellung umschalten. Da es hierbei zu Problemen kommen kann, zeigt Windows vor dem Umschalten der Auflösung ein Dialogfeld an. Klicken Sie auf dessen *OK*-Schaltfläche, um die Umstellung zu bestätigen. Wird der Desktop in der neuen Auflösung nicht korrekt angezeigt, warten Sie einfach ab. Nach einer Verzögerungszeit wird das System automatisch zur vorherigen Auflösung zurück gesetzt.

Softwarepflege

Unter Windows werden Sie zusätzliche Programme verwenden oder optionale Windows-Funktionen einrichten wollen. Fehlen bei Ihrem System spezielle Windows-Funktionen? Optionale Windows-Komponenten wie Spiele lassen sich mit wenigen Mausklicks nachträglich installieren.

1 Öffnen Sie die Systemsteuerung, wählen Sie die Kategorie *Software* (siehe oben).

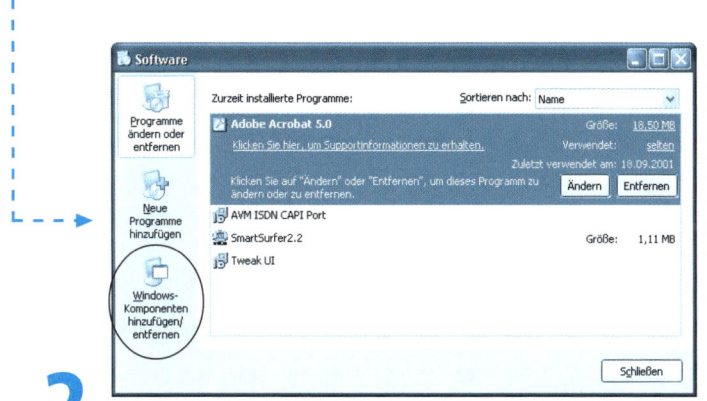

2 Windows öffnet das Dialogfeld *Software*, in dem Sie auf die am linken Rand gezeigte Schaltfläche *Windows-Komponenten hinzufügen/entfernen* anwählen.

Windows öffnet das Dialogfeld *Assistent für Windows-Komponenten*.

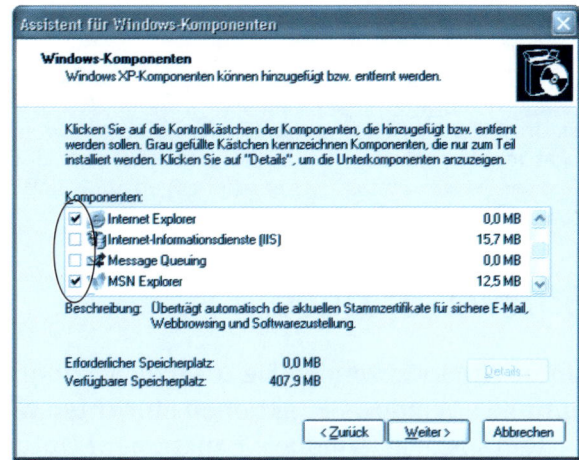

3 Markieren Sie die Kontrollkästchen der hinzuzufügenden Komponenten. Um eine Komponente zu entfernen, heben Sie die Markierung auf.

Wird die Schaltfläche *Details* bei einer Komponente freigegeben, können Sie über diese ein zweites Dialogfeld einblenden. In diesem Dialogfeld lassen sich die Markierung der jeweiligen Kontrollkästchen von Unterkomponenten der aktuellen Komponente setzen oder löschen. Zu markierten Komponenten blendet Windows übrigens eine Beschreibung im unteren Teil der Registerkarte ein.

Verwenden Sie die Schaltflächen *Weiter* bzw. *Fertig stellen*, um zu den nächsten Schritten zu gelangen. Der Assistent überprüft Ihre Vorgaben und installiert die erforderlichen Komponenten. Haben Sie dagegen die Markierung der Kontrollkästchen gelöscht, werden die Windows-Komponenten entfernt, der Speicherplatz auf der Festplatte wird freigegeben.

Andere Programme installieren bzw. entfernen

Um ein neues Programm unter Windows zu benutzen, müssen Sie dieses meist von einer CD-ROM oder von einer Diskette installieren. Hierzu sind nur wenige Schritte erforderlich.

SOFTWAREPFLEGE

1 Legen Sie die CD-ROM oder die Diskette in das entsprechende Laufwerk ein.

Bei neueren Programmen, die auf CD-ROMs vorliegen, erkennt der Computer dies und öffnet automatisch ein Dialogfeld mit Optionen zur Programminstallation. Falls die CD-ROM oder das Installationsprogramm nicht automatisch startet, gehen Sie folgendermaßen vor:

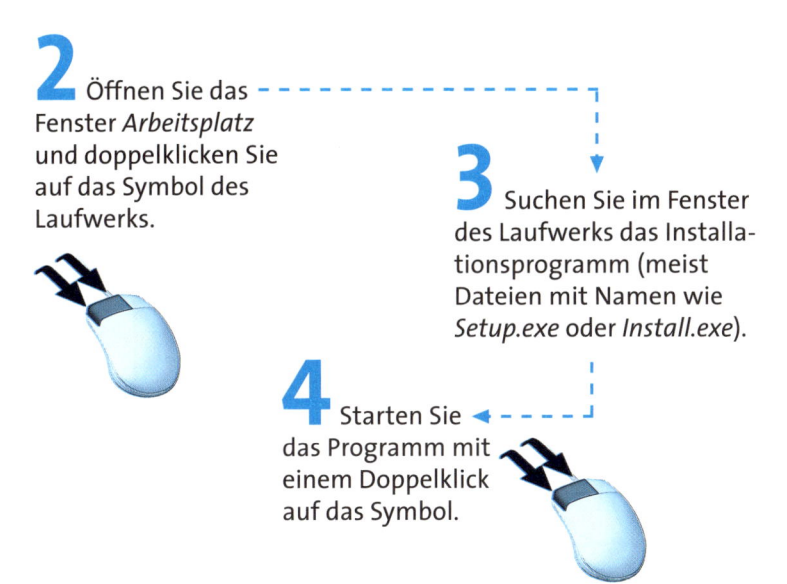

2 Öffnen Sie das Fenster *Arbeitsplatz* und doppelklicken Sie auf das Symbol des Laufwerks.

3 Suchen Sie im Fenster des Laufwerks das Installationsprogramm (meist Dateien mit Namen wie *Setup.exe* oder *Install.exe*).

4 Starten Sie das Programm mit einem Doppelklick auf das Symbol.

Anschließend befolgen Sie bitte die Anweisungen des Installationsprogramms. Die Schritte bei der Installation sind von Programm zu Programm unterschiedlich. Aus diesem Grund müssen an dieser Stelle weitere Erläuterungen entfallen. Schlagen Sie in diesem Fall in der Programmdokumentation nach.

HINWEIS
Im Dialogfeld *Software*, welches Sie über das gleichnamige Symbol der Systemsteuerung öffnen, findet sich die Schaltfläche *Neue Programme hinzufügen*. Diese öffnet ein Formular, über dessen Schaltfläche *CD oder Diskette* sich ein Assistent zur Auswahl des, auf dem Datenträger befindlichen, Setup-Programms. In der Regel ist es aber einfacher, den oben beschriebenen Ansatz zum direkten Aufruf des Setup-Programms aus einem Ordnerfenster zu verwenden.

Einige Programme bieten eine Funktion zur Deinstallation.

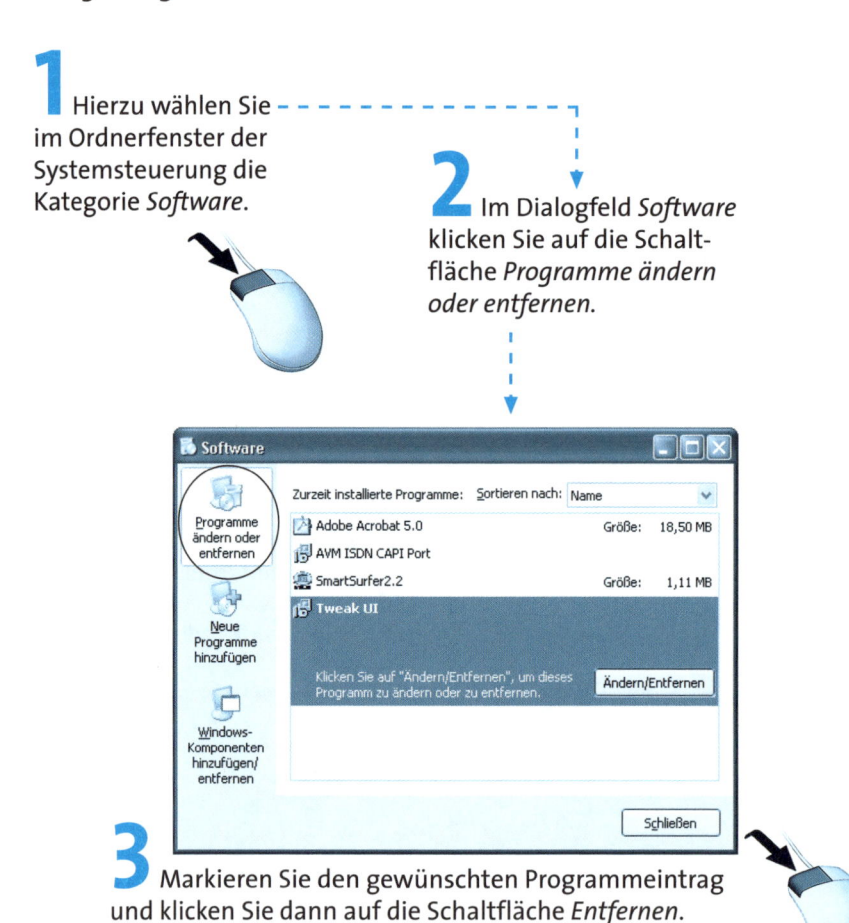

1 Hierzu wählen Sie im Ordnerfenster der Systemsteuerung die Kategorie *Software*.

2 Im Dialogfeld *Software* klicken Sie auf die Schaltfläche *Programme ändern oder entfernen*.

3 Markieren Sie den gewünschten Programmeintrag und klicken Sie dann auf die Schaltfläche *Entfernen*.

Windows wird dann das betreffende Programm entfernen oder einen Assistenten zur Deinstallation starten.

> **HINWEIS**
> Weitere Windows-Einstellungen lassen sich über die restlichen Symbole der Systemsteuerung ändern. Über die einzelnen Registerkarten der Eigenschaftenfenster können Sie die Optionen ansehen und verändern. Details zu den einzelnen Komponenten erhalten Sie über die Direkthilfe des jeweiligen Fensters.

Das Startmenü ändern

Beim Installieren von Programmen wird meist auch ein Symbol im Startmenü unter ALLE PROGRAMME eingetragen. Oft ergibt sich jedoch die Situation, dass die Einträge im Startmenü zu ändern sind. Entweder sind nicht mehr benötigte Einträge zu entfernen, oder es gibt Fälle, wo ein Programm nachträglich im Zweig ALLE PROGRAMME oder in der linken Spalte des Startmenüs (unter den Symbolen *Internet Explorer* und *Outlook Express*) aufzunehmen ist. Um ein Symbol aus der linken Spalte des **Startmenüs** oder aus dem Zweig ALLE PROGRAMME zu **entfernen**, sind folgende Schritte erforderlich:

1 Öffnen Sie den betreffenden Zweig im Startmenü und klicken Sie den gewünschten Eintrag mit der rechten Maustaste an.

2 Wählen Sie im Kontextmenü den Befehl LÖSCHEN bzw. AUS LISTE ENTFERNEN.

Das Symbol wird (ggf. nach einer Nachfrage) entfernt. Beachten Sie aber, dass die Symbole in der rechten Spalte des Startmenüs sich auf diese Weise nicht entfernen lassen. Hierzu müssen Sie im Kontextmenü der Schaltfläche *Start* den Befehl EIGENSCHAFTEN wählen und auf der Registerkarte *Startmenü* die Schaltfläche *Anpassen* anklicken. Auf der Registerkarte *Erweitert* lassen sich die Optionen zum Ein-/Ausblenden der Einträge setzen. Um einen **Programmeintrag** als Symbol **in** das **Startmenü** (in den Zweig ALLE PROGRAMME) **aufzunehmen**, führen Sie folgende Schritte aus:

1 Öffnen Sie das Ordnerfenster mit dem betreffenden Programmeintrag.

2 Ziehen Sie das Programmsymbol per Maus zur Schaltfläche *Start* und dann zum Symbol ALLE PROGRAMME.

3 Halten Sie die Maustaste gedrückt und warten Sie, bis sich das Menü ALLE PROGRAMME öffnet. Zeigen Sie anschließend bei weiterhin gedrückter Maustaste auf die Programmgruppe und den Zweig, an dem der neue Eintrag im Startmenü erscheinen soll.

Sobald Sie die Maustaste loslassen, fügt Windows eine Verknüpfung als Symbol im betreffenden Zweig des Menüs ein.

> **TIPP**
>
> Sie können anschließend den neuen Eintrag mit einem Klick der rechten Maustaste anwählen. Im Kontextmenü steht Ihnen dann der Befehl EIGENSCHAFTEN zur Verfügung, um die Einstellungen für den Eintrag anzupassen. Den im Startmenü gezeigten Befehlsnamen passen Sie beispielsweise auf der Registerkarte *Allgemein* an.

Möchten Sie ein Programm als Symbol in der linken Spalte des Startmenüs unterhalb der Symbole *Internet Explorer* und *Outlook Express* eintragen? Sie brauchen nur das Programmsymbol in einem Ordnerfenster mit der rechten Maustaste anzuklicken und im Kontextmenü den Befehl AN STARTMENÜ ANHEFTEN zu wählen.

Verknüpfungen einrichten

Häufig benötigte **Programme** können Sie als **Verknüpfung** auf dem **Desktop** einrichten. Dann lässt sich das Programm durch einen Doppelklick auf das Symbol starten.

> **WAS IST DAS**
>
> **Verknüpfungen** sind eine speziell von Windows benutzte Technik. Hierbei wird ein Symbol und ein Name mit einem Programm oder einer Dokumentdatei verknüpft. Sie können eine Verknüpfung zum Beispiel auf dem Desktop anlegen. Dann genügt ein Doppelklick auf das betreffende Symbol, um das zugehörige Dokument oder Programm zu laden.

VERKNÜPFUNGEN EINRICHTEN

1 Öffnen Sie das Ordnerfenster, in dem die betreffende Programmdatei abgelegt ist.

2 Ziehen Sie das Symbol des Programms bei gedrückter rechter Maustaste aus dem Ordnerfenster zum Desktop.

3 Sobald sich das Symbol außerhalb des Fensters im Bereich des Desktop befindet, geben Sie die rechte Maustaste wieder frei und wählen im Kontextmenü den Befehl VERKNÜPFUNGEN HIER ERSTELLEN.

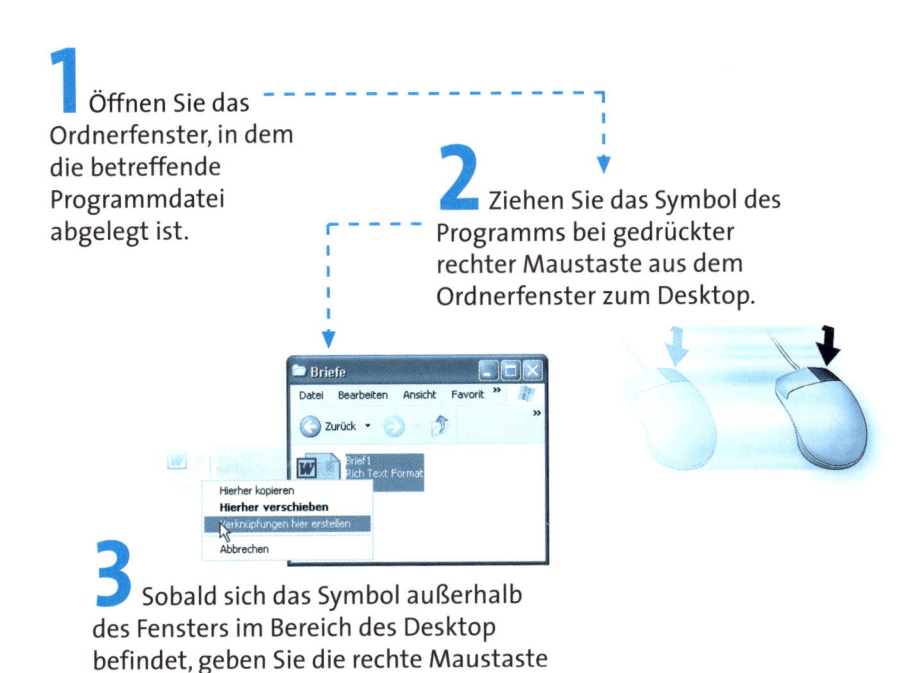

Windows richtet jetzt das Symbol als **Verknüpfung** auf dem Desktop ein, welches sich wie jede andere Datei umbenennen lässt. Zum Starten des Programms genügt anschließend ein Doppelklick auf das betreffende Symbol. Die Verknüpfung löschen Sie, indem Sie das Symbol zum Papierkorb ziehen.

> **HINWEIS** Windows besitzt einen Assistenten, der alle 60 Tage Verknüpfungen vom Desktop entfernt. Diesen Assistenten können Sie auf der Registerkarte *Allgemein* des Dialogfelds *Desktopelemente* abschalten (erreichbar ist die Registerkarte, indem Sie in *Eigenschaften von Anzeige* auf der Registerkarte *Desktop* die Schaltfläche *Desktop anpassen* wählen).

Damit soll die Einführung in Windows abgeschlossen werden. Sie haben einen Einblick über die wichtigsten bzw. täglich benötigten Funktionen des Betriebssystems erhalten. Zusätzliche Hinweise zu weiteren Funktionen und Details finden Sie im Windows Hilfe- und Supportcenter (siehe Kapitel 1).

Kleine Hilfe bei Problemen

Probleme beim Rechnerstart

Nach dem Einschalten tut sich nichts

Prüfen Sie bitte folgende Punkte:

- Sind alle Stecker an Steckdosen angeschlossen?
- Ist der Bildschirm eingeschaltet?
- Ist überhaupt Strom da?

Der Rechner meldet: Keyboard Error, Press <F1> Key

Prüfen Sie bitte folgende Punkte:

- Ist die Tastatur angeschlossen?
- Liegt etwas auf der Tastatur?
- Klemmt vielleicht eine Taste auf der Tastatur?

Drücken Sie anschließend die Funktionstaste [F1].

Der Rechner meldet: Kein System oder Laufwerksfehler ...

Vermutlich enthält das Diskettenlaufwerk A: noch eine Diskette. Entfernen Sie die Diskette, und starten Sie den Rechner neu.

Probleme mit Tastatur und Maus

Nach dem Start funktionieren die Tasten auf der numerischen Tastatur nicht richtig

Am rechten Rand enthält die Tastatur einen Tastenblock (den so genannten **Zehnerblock**), über den Sie **Zahlen eingeben** können. Lassen sich mit diesen Tasten keine Zahlen eingeben, drücken Sie die Taste [Num]. Diese wird auch **NumLock**-Taste genannt und befindet sich in der linken oberen Ecke des Zehnerblocks. Sobald die Anzeige *Num* auf der Tastatur leuchtet, können Sie Zahlen eintippen. Ein weiterer Tastendruck auf die [Num]-Taste schaltet die Tastatur wieder um, und Sie können die Cursortasten dieses Tastenblocks nutzen.

Beim Drücken einer Taste erscheinen plötzlich mehrere Zeichen

Die Tastatur besitzt eine Wiederholfunktion. Drücken Sie eine Taste etwas länger, wiederholt der Rechner das betreffende Zeichen. Vielleicht drücken Sie die Taste zu lange. Sie können die Zeit, bis die Wiederholfunktion von Windows aktiviert wird, ändern.

1 Wählen Sie im Startmenü den Befehl SYSTEMSTEUERUNG und im Fenster der Systemsteuerung die Kategorie *Drucker und andere Hardware*.

2 Wählen Sie im nächsten Formular das Symbol der Tastatur.

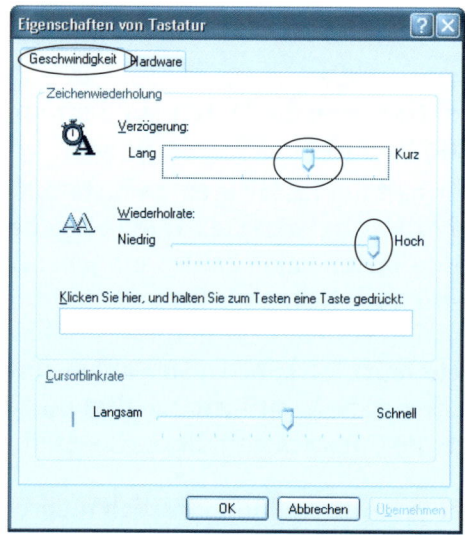

3 Passen Sie auf der Registerkarte *Geschwindigkeit* die Einstellungen für *Verzögerung* und *Wiederholrate* über die Schieberegler an.

Sie können die Einstellungen im Testfeld überprüfen und anschließend das Fenster über die *OK*-Schaltfläche schließen. Lässt sich das Problem auf diese Weise nicht beheben, prüfen Sie bitte, ob vielleicht eine Taste klemmt oder die Tastatur beschädigt ist (der Schalter für die Taste »prellt«, d.h. bei jedem Tippen gibt er mehrere Zeichen aus).

Der Mauszeiger bewegt sich nicht oder nicht richtig

Prüfen Sie bitte folgende Punkte:

- Ist die Maus korrekt am Rechner angeschlossen?
- Liegt die Maus auf einer Mausunterlage (Mauspad)?
- Ist die Kugel an der Maus vielleicht verschmutzt?

Bei längerem Gebrauch der Maus verschmutzt der Teil zum Erkennen der Mausbewegungen. Entfernen Sie die Kugel an der Unterseite der Maus. Sie sehen einige kleine Rädchen. Sind diese schmutzig, säubern Sie diese (z.B. mit einem Wattestäbchen). Sie sollten die Maus auch nicht auf eine glatte Unterlage stellen, da dann die Kugel nur schlecht rollt.

Probleme mit Tastatur und Maus

Die Maustasten sind vertauscht oder Doppelklicks funktionieren nicht

Es ergibt sich folgendes Fehlerbild: Klicken Sie mit der linken Maustaste, erscheint ein Kontextmenü, die rechte Taste markiert dagegen etwas. Oder will der Doppelklick nicht so richtig klappen?

1 Wählen Sie im Startmenü den Befehl SYSTEMSTEUERUNG und im Fenster der Systemsteuerung die Kategorie *Drucker und andere Hardware*.

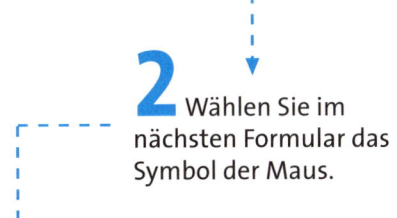

2 Wählen Sie im nächsten Formular das Symbol der Maus.

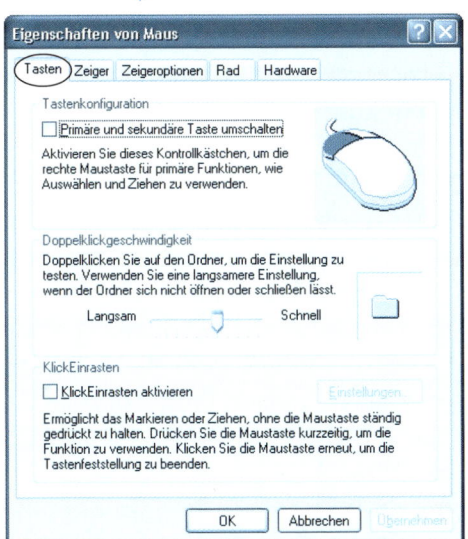

3 Passen Sie auf der Registerkarte *Tasten* die Einstellungen an.

Das Kontrollkästchen *Primäre und sekundäre Taste umschalten* ist normalerweise nicht markiert. Die Doppelklickgeschwindigkeit lässt sich über den Schieberegler anpassen. Am angezeigten Ordnersymbol lässt sich die Doppelklickanpassung übrigens testen. Sobald Sie das Fenster schließen, sollten die Anpassungen wirksam werden.

> **TIPP**
>
> Arbeiten Sie mit einem Laptop? Dann aktivieren Sie die Registerkarte *Zeigeroptionen*, und markieren Sie das Kontrollkästchen *Mausspur anzeigen*. Weiterhin können Sie auf dieser Registerkarte auch einstellen, wie schnell sich der Mauszeiger bewegt.

Probleme mit dem Windows-Desktop

Eine Verknüpfung wurde irrtümlich gelöscht

Haben Sie eine Verknüpfung irrtümlich gelöscht, können Sie diese aus dem Papierkorb restaurieren (siehe Kapitel 2).

Das Programm fehlt im Startmenü

Sie müssen das Programm im Startmenü selbst eintragen. Wie dies funktioniert, wird in Kapitel 11 gezeigt.

Ein Programm wird beim Start nicht gefunden

Beim Starten eines Programms über eine Verknüpfung oder über das Startmenü erscheint eine Fehlermeldung, dass Windows das Programm nicht finden kann. Sie haben die Programmdatei gelöscht oder in einen anderen Ordner verschoben. Ist das Programm noch auf der Festplatte vorhanden, passen Sie im Eigenschaftenfenster der Verknüpfung den Pfad zu diesem Programm an.

Taskleiste und Startmenü sind verändert

Die Taskleiste oder das Startmenü sind im Aussehen stark verändert oder es fehlen beim Startmenü Einträge wie beispielsweise *Arbeitsplatz*. Klicken Sie mit der rechten Maustaste auf die Schaltfläche *Start* und wählen Sie im Kontextmenü den Befehl *Eigenschaften*. Auf den Registerkarten des Eigenschaftenfensters lassen sich die Optionen des Startmenü bzw. der Taskleiste anpassen. Fehlt beispielsweise die Uhrzeitanzeige im Infobereich der Taskleiste, markieren Sie das Kontrollkästchen *Uhr anzeigen* auf der Registerkarte *Taskleiste*. Details zu den einzelnen Optionen liefert die Direkthilfe der jeweiligen Registerkarte.

PROBLEME MIT DEM WINDOWS-DESKTOP

Ein Programm lässt sich nicht mehr bedienen

Manchmal kommt es vor, dass sich ein Programm nicht mehr bedienen lässt. Es reagiert weder auf Tastatureingaben noch auf Mausklicks.

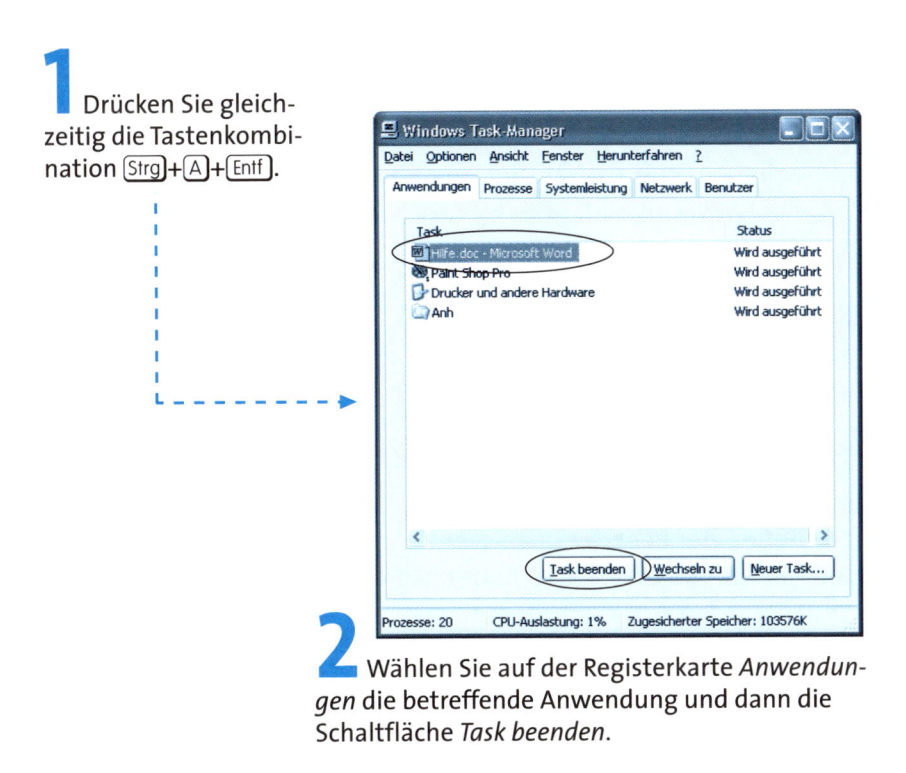

1 Drücken Sie gleichzeitig die Tastenkombination [Strg]+[A]+[Entf].

2 Wählen Sie auf der Registerkarte *Anwendungen* die betreffende Anwendung und dann die Schaltfläche *Task beenden*.

Windows versucht jetzt das Programm zwangsweise zu beenden. Geht dies nicht, erscheint ein weiteres Fenster mit dem Hinweis, dass das Programm nicht reagiert. Sie müssen dann die Schaltfläche zum Beenden des Programms wählen. Das Fenster des Task-Manager schließend Sie über die Schaltfläche *Schließen* in der rechten oberen Ecke des Dialogfelds.

Fenster, Ordner und Dateien

Im Fenster sind nicht alle Ordner und Dateien zu sehen

Manchmal ist das Fenster zu klein. Sie können dann über die Bildlaufleisten im Fenster blättern und die nicht sichtbaren Ordner/Dateien anzeigen.

Die Symbolleiste fehlt im (Ordner-)Fenster

Bei vielen Programmen können Sie Symbol- und Statusleisten über das Menü Ansicht ein- oder ausblenden.

Einige Dateien werden nicht angezeigt

Sind Sie sicher, dass eine bestimmte Datei in einem Ordner enthalten ist, erscheint diese aber nicht im Ordnerfenster oder im Explorer? Dann aktivieren Sie die Registerkarte *Ansicht* (Menü Extras/Ordneroptionen). In der Gruppe *Versteckte Dateien und Ordner* muss das Optionsfeld *Alle Dateien und Ordner anzeigen* markiert werden. Nach dem Schließen der Registerkarte sehen Sie auch die versteckten Dateien. Auf der Registerkarte finden Sie weitere Optionen, mit denen sich die Anzeige beeinflussen lässt.

Diskette oder CD-ROM lässt sich nicht lesen

Beim Doppelklicken auf das Symbol des Laufwerks erscheint ein Meldungsfeld mit dem Hinweis, dass das Laufwerk nicht bereit ist. Überprüfen Sie in diesem Fall die folgenden Punkte:

- Ist eine Diskette bzw. CD-ROM im Laufwerk eingelegt?
- Bei einer CD-ROM öffnen und schließen Sie das Laufwerk und warten einige Sekunden. Meist erkennt Windows dann den Wechsel der CD. Prüfen Sie, ob die CD mit der richtigen Seite in das Laufwerk eingelegt wurde.
- Haben Sie eine neue Diskette verwendet, kann diese eventuell noch nicht formatiert sein. In diesem Fall müssen Sie die Diskette vor der Benutzung zunächst formatieren (Laufwerkssymbol der Diskette im Ordnerfenster mit der rechten Maustaste anklicken und im Kontextmenü den Befehl Formatieren wählen, dann die Formatierung im angezeigten Dialogfeld starten).

Lässt sich der Fehler nicht beheben, klicken Sie auf die Schaltfläche *Abbrechen* im Dialogfeld *Datenträger einlegen*. Andernfalls versucht Windows zyklisch das Laufwerk mit dem Medium anzusprechen.

Auf eine Diskette lässt sich nichts speichern

Beim Versuch, eine Datei auf eine Diskette zu speichern, erscheint ein Fenster mit dieser Fehlermeldung, dass die Diskette schreibgeschützt ist.

Entfernen Sie die Diskette aus dem Laufwerk und heben Sie den Schreibschutz auf (siehe Kapitel 2).

Eine Datei lässt sich nicht ändern

Sie haben eine Dokumentdatei in einem Programm geladen, den Inhalt geändert und die Funktion *Speichern* gewählt. Das Programm öffnet jedoch das Dialogfeld *Speichern unter* und schlägt einen neuen Dateinamen vor. Geben Sie den Namen der alten Datei ein, meldet das Programm, dass die Datei schreibgeschützt ist. Bei den Dateien einer CD-ROM ist dies klar, da Sie den Inhalt einer CD-ROM nicht ändern können. Werden Dateien von CD-ROM kopiert, erhalten die Dateien einen Schreibschutz. Sie können diesen Schreibschutz bei solchen Dateien aufheben.

1 Klicken Sie mit der rechten Maustaste auf das Symbol der Datei und wählen Sie im Kontextmenü den Befehl EIGENSCHAFTEN

2 Entfernen Sie die Markierung des Kontrollkästchens *Schreibgeschützt* auf der Registerkarte *Allgemein* und schließen Sie das Dialogfeld.

Probleme beim Drucken

Der Drucker funktioniert nicht

Beim Ausdruck erscheint vielleicht die hier gezeigte Meldung. Die Druckausgabe ist gestört. Beheben Sie die Störung.

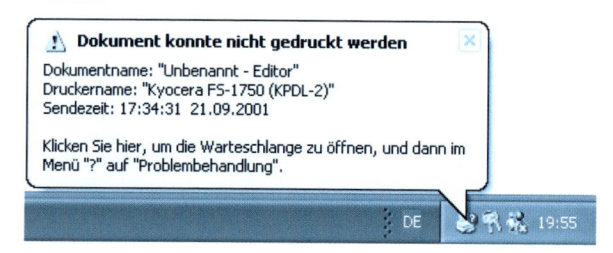

Sie können den Druckauftrag auch über den Druck-Manager beenden (siehe Kapitel 10). Zum Beheben der Druckerstörung sollten Sie die folgende Punkte überprüfen:

- Ist der Drucker eingeschaltet und erhält er Strom?
- Ist das Druckerkabel zwischen Rechner und Drucker richtig angeschlossen?
- Ist der Drucker auf **Online** gestellt?
- Hat der Drucker genügend Papier, Toner, Tinte?
- Gibt es eine Störung am Drucker (z.B. Papierstau)?
- Haben Sie beim Netzwerkdruck vielleicht einen falschen Drucker gewählt?
- Ist der Druckertreiber richtig eingerichtet (z.B. Auswahl der Druckeranschlüsse)?

Querdruck beheben

Die Druckausgaben erfolgen quer auf dem Blatt. In diesem Fall müssen Sie die Druckoptionen von Querformat auf Hochformat umstellen. Wie dies funktioniert, ist in Kapitel 10 beschrieben.

Drucker zieht Papier aus dem falschen Schacht ein (Brief, A4)

Ändern Sie die Druckoptionen für den Papiereinzug. Wie dies funktioniert, ist in Kapitel 10 beschrieben.

> **HINWEIS**
> Im Windows Hilfe- und Supportcenter (siehe Kapitel 1) können Sie den Hyperlink *Beheben eines Problems* wählen, um Hinweise und Unterstützung zur Problembehebung für verschiedene Bereiche abzurufen.

Lexikon

A

Account
Berechtigung, sich an einen Computer per Datenleitung anzumelden und z.B. im WWW zu surfen.

Adresse
Speicherstelle im Adressbereich (Hauptspeicher) des Computers oder Angabe zur Lage einer Webseite bzw. zum Empfänger einer E-Mail.

ANSI-Zeichen
ANSI ist die Abkürzung für American National Standards Institute. ANSI-Zeichen definieren die unter Windows verwendeten Zeichen.

Anwendungsprogramm
Programme, die zum Arbeiten am Computer benutzbar sind (z.B. Word, Excel, Access, CorelDraw etc.).

Arbeitsspeicher
Dies ist der Speicher (RAM) im Computer. Die Größe wird in Megabyte angegeben.

Aufzeichnungsdichte
Bei Disketten wird bei der Aufzeichnungsdichte zwischen **DD** (Double Density) und **HD** (High Density) unterschieden.

Ausgabeeinheit
Gerät, das Ausgaben des Computers aufnehmen kann (z.B. Bildschirm, Drucker).

B

Backslash
Das Zeichen \ (wird zum Trennen von Ordnernamen benutzt).

Baud
Geschwindigkeitsangabe bei der Datenübertragung über serielle Leitungen.

Benutzeroberfläche
Darunter versteht man die Art, wie der Rechner Informationen vom Benutzer annimmt und seinerseits Informationen anzeigt. Windows besitzt zum Beispiel eine grafische Oberfläche mit Symbolen und Fenstern.

Betriebssystem
Dies ist das Programm (z.B. Windows XP, Windows Millennium), welches sich nach dem Einschalten des Computers meldet.

Bildauflösung
Dieses Maß gibt die Zahl der Punkte zum Aufbau einer Grafik an (die als Punktreihen angeordnet sind). Die Bildauflösung bestimmt die Zahl der Punkte pro Zeile und die Zeilen pro Bild (gilt auch für die Bildschirmauflösung).

Bit
Dies ist die kleinste Informationseinheit in einem Computer (kann die Werte 0 oder 1 annehmen). 8 Bit werden zu einem Byte zusammengefasst.

Bitmap
Format, um Bilder oder Grafiken zu speichern. Das Bild wird wie auf dem Bildschirm in einzelne Punkte aufgeteilt, die zeilenweise gespeichert werden.

Booten
Starten des Computers.

Browser
Dies ist das Programm, mit dem sich die Seiten im World Wide Web anzeigen lassen.

Bug
Englischer Name für einen Softwarefehler in einem Programm.

Byte
Ein Byte ist die Informationseinheit, die aus 8 Bit besteht. Ein Byte ermöglicht es, Zahlen von 0 bis 255 darzustellen.

C

C
Name einer Programmiersprache.

Chat
Englischer Ausdruck für »schwätzen« oder »plaudern«. Bezeichnet einen Internetdienst, bei dem sich Teilnehmer in so genannten Chaträumen unterhalten können.

Chip
Allgemeine Bezeichnung für einen elektronischen Baustein.

COM
Name der seriellen Schnittstellen des PC (z.B. COM1:).

CPU
Englische Abkürzung für **Central Processing Unit**, die Recheneinheit des Computers.

Cursor
Dies ist der Positionszeiger auf dem Bildschirm (Symbol: Pfeil, Hand, senkrechte Linie, Sanduhr etc.).

D

Datenbank
Programme zur Speicherung, Verwaltung und Abfrage von Daten.

Desktop Publishing (DTP)
Aufbereitung von Dokumenten (Prospekte, Bücher etc.) am Rechner.

DFÜ
Abkürzung für Datenfernübertragung.

Download
Herunterladen von Daten per Modem z.B. aus dem Internet auf Ihren Rechner.

E

Editor
Programm zum Erstellen und Bearbeiten einfacher Textdateien.

Electronic Mail (E-Mail)
Nachrichten, die auf elektronischem Wege verschickt werden (siehe Kapitel 9).

Error
Englischer Name für einen Programmfehler.

F

FAT
Englische Abkürzung für **File Allocation Table**. Besagt, wie Windows Dateien auf der Diskette oder Festplatte ablegt werden.

Floppy-Disk
Dies ist ein anderer Name für eine Diskette.

Font
Englischer Name für Schriftart.

Freeware
Software, die kostenlos benutzt und nur kostenlos weitergegeben werden darf.

FTP
FTP steht für **File Transfer Protocol**. Dies ist eine Funktion im Internet, mit der sich Dateien zwischen Computern übertragen lassen.

G

Gbyte
Abkürzung für Gigabyte (entspricht 1.024 Megabyte).

GIF
Grafikformat, welches für Grafiken in Webseiten benutzt wird.

Grafikkarte
Steckkarte in einem PC zur Ansteuerung des Bildschirms.

H

Hardware
Als Hardware werden alle Teile eines Computers bezeichnet, die sich anfassen lassen (Gegenteil ist Software).

Homepage
Startseite einer Person/Firma im World Wide Web. Von der Startseite gehen Hyperlinks zu weiteren Webseiten.

HTML
Steht für **Hypertext Markup Language**, dem Dokumentformat im World Wide Web.

Hyperlink
Verweis in einem HTML-Dokument zu einer anderen Web-Seite.

I

Internet
Weltweiter Verbund von Rechnern in einem Netzwerk (siehe Kapitel 8).

J

Joystick
Ein Joystick ist der Steuerknüppel zur Bedienung von Spielprogrammen.

JPEG
Grafikformat, welches für Grafiken in Webseiten benutzt wird.

K

Kbyte
Abkürzung für Kilobyte (entspricht 1.024 Byte).

L

LAN
Abkürzung für **Local Area Network**; bezeichnet ein Netzwerk innerhalb einer Firma (Gegenstück ist ein Wide Area Network).

LCD
Spezielle Anzeige (Liquid Crystal Display) auf Laptop-Computern.

Linux
Unix-Betriebssystem, welches von einer internationalen Gemeinde weiterentwickelt wird und frei verfügbar ist. Konkurrenz bzw. Alternative zu Microsoft Windows.

M

Mailbox
Englischer Name für einen elektronischen Briefkasten.

Mbyte
Abkürzung für Megabyte (1 Million Byte).

Multimedia
Techniken, bei denen auf dem Computer Texte, Bilder, Video und Sound integriert werden.

N

Netzwerk
Verbindung zwischen Rechnern, um untereinander Daten austauschen zu können (siehe Kapitel 3).

Newsgroups
Diskussionsgruppen zu bestimmten Themen im Internet.

O

Online-Dienst
Dienste für den Zugang zum Internet wie T-Online, AOL oder CompuServe.

Outlook Express
Windows-Programm zum Erstellen, Versenden, Lesen und Empfangen von E-Mails.

P

Parallele Schnittstelle
Anschluss zwischen einem Computer und einem Gerät (meistens ein Drucker).

Path (Pfad)
Gibt den Weg von einer Festplatte zu einer Datei in einem bestimmten Ordner an (z.B. C:\Text\Briefe).

Prozessor
Anderer Name für die CPU.

Public Domain
Public Domain ist Software, die öffentlich zugänglich ist und mit Erlaubnis des Autors frei kopiert oder weitergeben werden darf (siehe auch Freeware).

Q

QWERTY-Tastatur
Dieser Name bezeichnet eine englische Tastatur (die ersten sechs Tasten der zweiten Reihe ergeben das Wort QWERTY).

R

RAM
(englisch für Random Access Memory) ist der Name für die Bausteine, aus denen der Hauptspeicher eines Rechners besteht.

S

Scanner
Ein Zusatzgerät, mit dem sich Bilder oder Schriftstücke in den Computer einlesen lassen.

Serielle Schnittstelle
Schnittstelle zum Anschluss eines Geräts (Modem, Maus).

Server
Hauptrechner in einem Netzwerk.

Shareware
Software, die kostenlos weitergeben und ausprobiert werden darf. Bei einer regulären Benutzung muss die Software beim

Programmautor gegen eine meist geringe Gebühr registriert werden. Damit hat der Benutzer die Möglichkeit, die Software vorher ausgiebig zu testen. Der Autor kann auf aufwendige Vertriebswege verzichten und daher die Software meist preiswert anbieten.

Software
Das ist ein anderer Name für die Programme.

T

Tabellenkalkulation
Dies sind Programme, mit denen sich Berechnungen in Tabellenform sehr einfach machen lassen.

Textverarbeitung
Dies sind Programme für das Erstellen von Briefen, Berichten, Büchern und so weiter (z.B. WordPad oder Microsoft Word).

U

Unix
Unix ist ein Betriebssystem, das insbesondere in der Welt der Großrechner (Mainframes) verbreitet ist.

URL
Abkürzung für **Uniform Resource Locator** (Adresse einer Web-Seite).

V

VGA
Grafikstandard (16 Farben und 640 x 480 Bildpunkte). Heute wird Super-VGA mit mehr Farben und Bildpunkten benutzt.

Viren
Programme, die sich selbst verbreiten und in andere Programme kopieren, wobei häufig Schäden an anderen Programmen, an Daten oder an der Hardware auftreten. Meist stören Viren den Computer bei einem bestimmten Ereignis (z.B. an einem bestimmten Tag).

W

Webseite
Dokument im HTML-Format.

WWW
World Wide Web, Teil des Internet, über den sich Texte und Bilder mit einem Browser sehr leicht abrufen lassen.

X

XML
Abkürzung für Extended Markup Language, eine Spezifikation zur Speicherung von Daten in Webseiten.

Z

Zeichensatz
Die Zeichencodes, die auf dem Rechner zur Verfügung stehen (ASCII, ANSI).

Stichwortverzeichnis

A

Abmelden 56
Absatzwechsel 164
Account 318
Administrator 20
– Konten pflegen 149
AltGr-Taste 164
Andere Orte 72
Änderung rückgängig machen 170
ANSI 318
Anzeigeoptionen, Ordnerfenster 77
Arbeitsbereich 21
Arbeitsgruppen anzeigen 115
Arbeitsgruppennetzwerk 108
Arbeitsplatz 38
Arbeitsspeicher, Definition 318
Attribute anpassen 134
Aufgabenleiste 68
Aufzählung 190
Aufzählungszeichen 190
Aufzeichnungsdichte 318
Ausgabeeinheit, Definition 318
Ausschneiden 171

B

Backslash 319
Baud, Definition 319
Benutzerkonto 18
– pflegen 146
Benutzeroberfläche, Definition 319
Berechtigungen verwalten 152
Betriebssystem, Definition 319
Bild
– anzeigen 194
– drehen 80
– drucken 80, 194
– erstellen 201
– scannen 194, 196
Bildauflösung, Definition 319
Bildlauffeld 35
Bildlaufleiste 34
Bildschirmauflösung ändern 300
Bildschirmhintergrund ändern 297
Bildschirmschoner einrichten 298
Bit, Definition 319
Bitmap, Definition 319
Blind Copy 268
BMP-Datei 66, 211
Brief
– nach DIN 5008 181
– schreiben 160
Browser 227
– Definition 319
Byte, Definition 319

C

Cache 236
Carbon Copy 268
CD
– brennen 200
– Handhabung 64
CD-Brenner 200
Central Processing Unit. *Siehe* CPU
Cookies löschen 242
CPU, Definition 320
Cursortasten 168

D

Datei
– anzeigen 67
– aus dem Papierkorb holen 99
– Download 244
– erzeugen 84
– Grundlagen 65
– kopieren 86
– löschen 97
– mehrere handhaben 93
– Namen 65
– Sortierkriterien 80
– suchen 102
– umbenennen 85
– verschieben 86
– verschlüsseln 140
– versteckte anzeigen 78
– Zugriffsrechte 156
Dateinamen, Regeln 65
Dateinamenerweiterung 66
– anzeigen 77
– sortieren nach 81
Dateisymbole sortieren 80
Dateisystem 132
Datenaustausch per Zwischenablage 173
Datenfernübertragung. *Siehe* DFÜ
Datum
– anpassen 56
– anzeigen 23
– einfügen 189

Defragmentierung 132
Desktop 21
– Hintergrund ändern 297
– Hintergrundbild entfernen 298
– mit Druckersymbol 287
– Programmsymbol einrichten 306
– Symbole anordnen 82
– Symbole nicht verschiebbar 82
– Verknüpfung einrichten 306
DFÜ, Definition 320
Diashow anzeigen 80
Digitalkamera 196
DIN 5008 181
Direkthilfe 55
Diskette 63
– formatieren 97
– kopieren 94
– Schreibschutz 64, 97
DOC 66
Dokument
– drucken 178
– unter neuem Namen speichern 177
Domain 109, 228
Doppelklicken 27
Download 244
Definition 320
Druck-Manager 287
Druckauftrag 288
– Besitzer 288
– Status 288
– verwalten 287
Drucken
– eines Dokuments 178
– Hoch- oder Querformat 179
Drucker
– als Desktop-Symbol 287
– einrichten 280
– Einstellungen ändern 290

– freigeben 125
– Papierformat einstellen 292
– Papierzufuhr wählen 292
– Statusanzeige 287
– wechseln 290
Druckerstörung beheben 286
Druckertreiber 280
Druckerwarteschlange 287
DVD, Handhabung 64

E

E-Mail 248, 320
– Datei anhängen 270
– erstellen 266
– Lesebestätigung anfordern 270
– im HTML-Format 269
– Text formatieren 269
E-Mail-Konto einrichten 251
Eigenschaftenfenster 56
Einfügemarke 86, 161
– positionieren 168
Eingabe fremdsprachlicher Zeichen 186
Eingabefeld 21
Eurozeichen eingeben 164
EXE 66
Explorerleiste 73
Extension 66

F

FAT, Definition 320
Fehler
– Drucker tut nichts 316
– Keyboard Error 308
– Rechner startet nicht 308
Fenster
– Größe verändern 31
– Größe zurücksetzen 30

– maximieren 29
– öffnen 27
– schliessen 31
– Symbol öffnen 30
– verschieben 33
– volle Bildschirmgröße 29
– wechseln 33
– zum Symbol verkleinern 30
Festplatte
– Fragmentierung 133
– Organisation 132
Feststell-Taste 163
File Allocation Table. *Siehe* FAT
File Transfer Protocol. *Siehe* FTP
Filmstreifen 80
Floppy-Disk 320
Fotos anzeigen 194
FTP, Definition 320
Funktionstasten 12

G

Geburtstage verwalten 275
Großbuchstaben eingeben 163

H

Hauptspeicher. *Siehe* RAM
Heimnetzwerk 108. *Siehe auch* Netzwerk
Hilfe
– abrufen 47
– Stichwörter nachschlagen 49
Hintergrundbild 297
Homepage 240
– Definition 321
HTML 227, 321
HTML-Datei laden 227
HTML-Dokument drucken 239

Hyperlink 231
– Definition 321
Hypertext Markup Language. *Siehe* HTML

I

Infobereich 22
Internet 218, 321
– Seiten blättern 233
Internet Explorer
– Download 244
– Optionen 240
– Startseite 240
– Suchen 242
– Verlauf leeren 242
Internet-by-Call 219
Internetkonto 219
Internetoptionen 231
Internetverbindung
– beenden 226
– aufbauen 224
– Leerlaufzeit 225
Internetzeit 56
Internetzugang 219
ISDN 219

K

Kennwort
– ändern 147
– erstellen 147
– löschen 149
– vergessen 151
– vergessen verhindern 151
Klicken 20
Kombinationsfeld 56
Kontakt
– anlegen 276
– nachschlagen 273

327

Kontextmenü 46, 82
– öffnen 85
Konto anlegen 150
Kontrollleuchten 12
Kopieren 171

L

LAN 321
Laufwerk 62
– anzeigen 67
– Bezeichnung 63
– Datenträgerbereinigung 141
– defragmentieren 132
– Fehlerprüfung 130
– freigeben 123, 153
– komprimieren 136
– optimieren 132
– wechseln 71
Linke Maustaste 14
Listenfeld 56
Local Area Network. *Siehe* LAN

M

Markieren 24, 86, 169
– mehrerer Objekte 93
– per Tastatur 170
Markierung aufheben 170
Maus 14, 19
– Bewegung zu schnell 312
– Doppelklick, Probleme 311
– doppelklicken 27
– klicken 20, 24
– markieren 24
– Mauszeiger schlecht sichtbar 312
– Tasten vertauscht 311
– zeigen 19
– Zeiger bewegt sich nicht 310
– ziehen 26

Mauspad 19
Mauszeiger 19
Mauszeigerspur anzeigen 312
Menü 25
– arbeiten mit 40
– Start 37
Menüleiste 28
Messenger 246
Modem 219
Monitor, Energiesparfunktion 299
Multimedia, Definition 322

N

Nachricht
– ablegen 264
– allen antworten 263
– Anlage auspacken 260
– beantworten 262
– Datei anhängen 271
– Dringlichkeit festlegen 270
– drucken 264
– formatieren 269
– kennzeichnen 260
– Priorität setzen 270
– verfassen 266
– weiterleiten 262
Nachrichtenleiste, Symbole 259
Navigationstasten 13
Netzlaufwerk
– trennen 121
– verbinden 121
Netzressourcen als Laufwerke 121
Netzwerk
– anmelden 113
– arbeiten 113
– Client 109
– Einführung 108
– einrichten 109
– konfigurieren 109

- Schreibschutz 125, 156, 157
- Server 109
- suchen 116
Netzwerkressource hinzufügen 117
Netzwerkumgebung 38
- Navigation 114
- Ressource löschen 120
Newsgroups 273
NTFS-Dateisystem 136
NumLock-Taste 309

O

Objekte, mehrere markieren 93
Optionsfeld 78
Ordner 67
- anlegen 82, 175
- anzeigen 67
- blättern in 72
- freigeben 123, 153
- Grundlagen 65
- komprimieren 138
- kopieren 86
- löschen 97
- mehrere handhaben 93
- mehrere kopieren 93
- mehrere markieren 93
- Namen 67
- Sortierkriterien 80
- suchen 102
- umbenennen 85
- verschieben 86
- wechseln 71
- wechseln zu 72
- Zugriffsrechte 156
Ordneranzeige
- anpassen 75
- sortieren 80
Ordnerfenster 68
- Anzeigeoptionen 77

- Explorerleiste 73
- Ordnerliste 73
- Statusleiste einblenden 76
- Symbolgröße einstellen 79
- wechseln 71
Outlook Express
- Adressen 273
- Einstellungen 254
- Kontakt anlegen 276
- Objekte löschen 265
- Papierkorb leeren 265
- Post senden/empfangen 255
- Postfach bearbeiten 257, 258
- starten 250
- Überblick 250

P

Paint 201
- Befehl rückgängig machen 204
- Bereiche ausschneiden 208
- Bereiche kopieren 208
- Bild laden 213
- drucken 214
- einfügen 208
- Figuren 204
- Linie zeichnen 202
- Pinselstärke wählen 203
- Radiergummi 203
- speichern 211
- Text formatieren 207
- Werkzeug Vieleck 205
- Werkzeugleiste 201
Papierart wählen 292
Papierkorb 22
- leeren 100
Papierquelle wählen 292
Parallele Schnittstelle, Definition 322
Portal 242

Positionieren 168
– Tastenkombinationen 168
Post lesen 257, 258
Postausgang ansehen 272
Programm
– Absturz 313
– beenden 31, 40
– installieren 302
– mit mehreren arbeiten 42
– starten 40
– vom Desktop starten 45
Programmgruppen 41
Programmsymbol einrichten 306
Provider 219
Prozessor. *Siehe* CPU

Q

Querdruck 292
QuickInfo 21, 23

R

RAM. *Siehe* Arbeitsspeicher
Randsteller 189
Rechner
– Bedienung 42
– starten 18
Rechte Maustaste 14
Registerkarte 53, 56
Ressource 108

S

Scanner 196, 322
Schaltfläche 21, 22
– Start 22
Schmuckpunkt 190
Schnittstelle
– parallele 322
– serielle 322

Schreibmaschinen-Tastenblock 11
Schrift
– fett 184
– kursiv 184
Schriftart 185
Schriftgrad 185
Sektoren 132
Serielle Schnittstelle,
    Definition 322
Server, Definition 322
Setup.exe 219
Sicherheitseinstellungen 152
Smartsurfer 224
Smileys 269
Sondertasten 12
Standard-Drucker 283
Startmenü 25, 37
– ändern 305
– Symbol anheften 306
Statusleiste 29
– suchen
– im Netzwerk 116
Surfen im Web 227
Symbol, Netzwerkumgebung
    einblenden 113
Symbolgröße einstellen 79
Symbolleiste 28
– ein-/ausblenden 162
Systemsteuerung 296

T

Taskleiste 22
Tastatur 10
– auf Großschreibung
    umstellen 163
– Bedienung 163
– Wiederholmodus 164
– Wiederholrate einstellen 309
Tastenkombinationen 168

Stichwortverzeichnis

Text
- Änderung rückgängig machen 170
- ausrichten 182
- ausschneiden 171
- bearbeiten 165
- Einfügemarke positionieren 168
- einfügen 166
- eingeben 163
- Einzug 164
- formatieren 180
- kopieren 171
- korrigieren 165
- löschen 167
- markieren 86, 169
- per Tastatur markieren 170
- positionieren, im 168
- überschreiben 166, 167
- unterstreichen 184
- verschieben 171
Textcursor 161
Textfeld 21
Titelleiste 28
TXT 66

U

Uhrzeit
- Anzeige einblenden 312
- stellen 56
UNC-Pfad 118
Untermenü 41
URL 229

V

Verbindung, Symbol in Taskleiste 225
Verknüpfung 306
- einrichten 306
- verschieben 171
VGA-Grafik, Definition 323
Virus 323

W

Webseite 323
- abrufen 227
- Favoriten 234
- merken 234
- offline lesen 236
- speichern 237
Webserver 218
Wechsel zum übergeordneten Ordner 71
Windows
- abmelden 56
- anmelden 18
- beenden 58
- Komponenten installieren 301
- starten 18
- Startmenü 37
Windows-Funktionen aufrufen 39
Winzip 272
Wochentag anzeigen 23
Word 160
WordPad 160
- Absatzwechsel einfügen 164
- beenden 180
- Befehl aufheben 170
- Blattrand 165
- Briefe schreiben 160
- Dateityp wählen 176
- Datum einfügen 189
- Dialogfeld, Optionen 165
- Dokument laden 177
- Dokument speichern 173
- Dokument drucken 178
- Erstzeileneinzug 189
- Lineal 165

– Modus Überschreiben 166
– Optionen 165
– positionieren im Text 168
– Ränder einstellen 189
– Seitenvorschau 179
– Text ausschneiden 171
– Text einfügen 166
– Text formatieren 180
– Text kopieren 171
– Text korrigieren 165
– Text löschen 167
– Text markieren 169
– Text verschieben 171
– Text überschreiben 166, 167
– Text umbrechen 165
– Zeichen löschen 168
– Zeilenumbruch 164
Workgroup-Netzwerk 108
World Wide Web (WWW) 218
– Definition 323

Z
Zahlen eintippen 163
Zahlenblock 12
Zeichen
– entfernen 167
– löschen 86, 164, 168
Zeichnung beschriften 206
Zeile einrücken 164
Zeilenlänge 189
Zeilenumbruch 164
Zeilenwechsel 164
Ziffernblock auf Zahleneingabe
    umstellen 164
ZIP-Archiv 272
Zugriffsrechte 156
Zuordnungseinheiten 132
Zwischenablage 171

... aktuelles Fachwissen rund um die Uhr – zum Probelesen, Downloaden oder auch auf Papier.

www.InformIT.de

InformIT.de, Partner von **Markt+Technik**, ist unsere Antwort auf alle Fragen der IT-Branche.

In Zusammenarbeit mit den Top-Autoren von Markt+Technik, absoluten Spezialisten ihres Fachgebiets, bieten wir Ihnen ständig hochinteressante, brandaktuelle Informationen und kompetente Lösungen zu nahezu allen IT-Themen.

wenn Sie mehr wissen wollen ... **www.InformIT.de**

Office XP – TRAINING
Einführung

von dem Erfolgsautor Malte Borges und seinem Team

MS Office XP
ISBN 3-8272-**6179**-1
€ 14,95 [D] / sFr 28,00

MS Word 2002
ISBN 3-8272-**6178**-3
€ 12,95 [D] / sFr 23,00

MS Excel 2002
ISBN 3-8272-**6180**-5
€ 12,95 [D] / sFr 23,00

MS Access 2002
ISBN 3-8272-**6192**-9
€ 12,95 [D] / sFr 23,00

MS PowerPoint 2002
ISBN 3-8272-**6181**-3
€ 12,95 [D] / sFr 23,00

MS Outlook 2002
ISBN 3-8272-**6182**-1
€ 12,95 [D] / sFr 23,00

Markt+Technik

Markt+Technik-Produkte erhalten Sie im Buchhandel, Fachhandel und Warenhaus.
Markt+Technik · Martin-Kollar-Straße 10–12 · 81829 München · Telefon (0 89) 4 60 03-0 · Fax (0 89) 4 60 03-100
Aktuelle Infos rund um die Uhr im Internet: www.mut.de · E-Mail: bestellung@mut.de

Alle mögen's *easy*

M+T EASY
LEICHT – KLAR – SOFORT

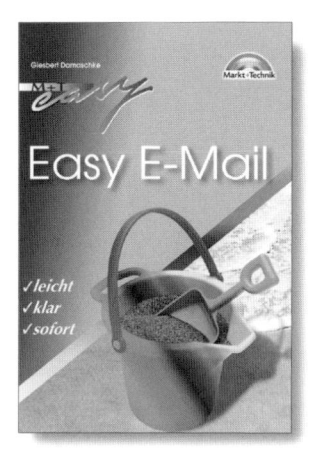

E-Mail
Giesbert Damaschke
ISBN 3-8272-5988-6
€ 14,95 [D] / sFr 28,00

Gezielt suchen und finden im Internet
Giesbert Damaschke
ISBN 3-8272-6062-0
€ 14,95 [D] / sFr 28,00

Start mit dem Computer
Caroline Butz
ISBN 3-8272-5985-1
€ 14,95 [D] / sFr 28,00

Markt+Technik

Markt+Technik-Produkte erhalten Sie im Buchhandel, Fachhandel und Warenhaus.
Markt+Technik · Martin-Kollar-Straße 10–12 · 81829 München · Telefon (0 89) 4 60 03-0 · Fax (0 89) 4 60 03-100
Aktuelle Infos rund um die Uhr im Internet: www.mut.de · E-Mail: bestellung@mut.de